虫の文学誌

奥本大三郎

小学館

虫の文学誌

読書の喜び《ラ・ジョワ・ド・リール》 La joie de lire

本書の元になったのは、「虫の文学誌」と題して、１９９３年の4月から6月まで、週1回、計12回、ＮＨＫ教育テレビで放送された「人間大学」という番組のテキストである。放送にあたって、話すことを一冊にまとめて下さい、ということだったが、その時はゆっくり書いている時間がなく、喋《しゃべ》ったものをテープ起こししてもらうという形で、ばたばたと作成した。

そのうち書き直そうと思ってはいたけれど、その余裕がないままに、あっという間に25年ばかりが経《た》ってしまった。その間、大学の勤務と、ファーブル『昆虫記』の翻訳という仕事があり、そのほかにも書きたいことがいろいろあったりして、なかなか時間が取れなかったのである。それをこの度、全面的に手を入れ、改訂することが出来た。

「何時《いつ》から虫が好きなんですか」と初対面の人からよく訊《き》かれる。相手は別に、本気で訊いている訳ではない。何を言っていいかわからないから、とりあえず、挨拶としてそう訊いてみたのであろう。だから、こっちもそう真剣に答える必要はないのだが、「物心ついた時から」と答えることにしている。本当にそうなのである。

　ほんの小さい時から、生き物、特に虫が好きで、そのまま大きくなった。もちろん本も好きで、本ばかり読んでいた。そして、文学をやろうか、昆虫学をやろうか、ちょっと迷ったけれど、結局、フランス文学にした。寝転んで本を読んでいても、なんとか務まるほうにしたのである。

　大学生時代の私は、授業が終わると、東大正門を出て、向かいの井上書店や、農学部のほうの考古堂などという、本のいい匂いのする古書店まで、散歩がてら歩いて行ったものである。誰にも拘束されることなく、好き勝手に本さえ読んでいればいい生活ほど、私にとって楽しいものはない。「自由よ（リベルテ）！」と歩きながら声に出して言いたいような気のする時もあった。

　神保町はもとよりだが、本郷の古書店も充実している。そういう店で、私は文学や博物学関係の書を漁《あさ》るのが楽しみだった。

　そしてそこで、荒川重理《あらかわしげみち》『趣味の昆蟲界』、金井紫雲《かないしうん》『蟲と藝術』などという本を見つけて、寝床で読みふけっていた。そういう生活が、本書を書くきっかけ、そして基礎になっている。

　もちろん、それ以前からも、小説、詩、随筆などを読んでいて、虫に関する事柄を見つけると、ここに、こんな文句があった、こんな文章があった、とメモをとったり、カードを作ったりしていた。後には、コピー機が手近なものになったために、急いでコピーをとって、それで安心してしまい、ちゃんと読むことをせずに積んでおく、などということさえ多くなった。それどころか、コピーをとったこと自体忘れてしまうようなこともあった。

　この方面の趣味を私に植え付けたのは、今述べた通り、先の二書であるが、後に、直接お会いして、古書の楽しみ、飲酒の不思議を私に伝授して下さったのは、長谷川仁、白水隆《しろうずたかし》、小西正泰、梅谷献二《うめやけんじ》、大野正男といった昆虫文化研究の泰斗《たいと》ともいうべき諸先生方である。

大学在学中に私の住んでいたのが、駒込神明町、次いで千駄木で、そこから、駒込の飲屋街までは遠くない。そしてそこに、「花壇」という、上記の虫の先輩方の集う店があった。そのあたりは、当時の、農林省農業技術研究所、通称、「西ヶ原の農技研」の帰り道方向にあたるのであった。

やがて、天才とも怪人ともいうべき荒俣宏というような人とも知り合いになったし、厳密な昆虫文化学者、田中誠氏とも知遇を得た。最近では「縁友老人会《エントモロージン》」というところから声がかかったりする。

以上、名を挙げた方々のことを念頭に浮かべると、浅学の私ごときがこういう本をまとめて世に出すことがためらわれるような思いがないでもないけれど、重い本を抱えたり、それをコピーの台に載せたりすることが億劫《おっくう》にならないうちにと、兎《と》に角《かく》まとめてしまうことにした。

本書の性質上、引用文が多くなったが、その文章があまりに長い場合は、論旨の筋道が見失われないように、一部を引用し、残りを割愛してしまったのでは惜しいし、読者にとっても不便だと思ったので、章末に送るようにした。

その章末の部分を虫文学、文献のアンソロジーとして読んでいただければ、と思う。俳句の歳時記のように、時々取り出して、好きなところから、読んでいただければ幸いである。

目次

第2章　『百蟲譜』――虫の日本文学・文化総説

第3章　トンボ――日本の勝虫、西洋の悪魔

第7章　ハンミョウとツチハンミョウ――毒殺の虫

第8章　マツムシ・スズムシ・コオロギ――暗きところは虫の声

第11章　ノミ・シラミ・ナンキンムシ――馬の尿する枕元

第12章　チョウとガ――てふの出て舞う朧月

〈凡例〉

・引用文は、基本的には底本にしたがったが、漢字の旧字体は新字体（常用漢字・人名用漢字）に改めた。ただし、一部の引用文、人名、書名においてはこの限りではない。
・ふりがな（ルビ）は全般的に読みにくいものに付したが、引用文中のふりがなは底本にしたがいつつも適宜省略、追加した。
・引用文が文の途中から始まったり、途中で終わったり、また一部省略されている場合、（前略）（中略）（後略）などを用いた。
・引用文中の誤字脱字と思われる部分は訂正した。また、現在の慣用に従って送り仮名を改めたところがある。
・本書の引用文には、今日の人権意識からみて不当、不適切と思われる表現が含まれている。しかし、底本とした作品が書かれた時代背景や、作品の価値を鑑み、原文のままとした。

第1章

むしめづる人々

——宇宙の豪奢を覗き見る小さな窓

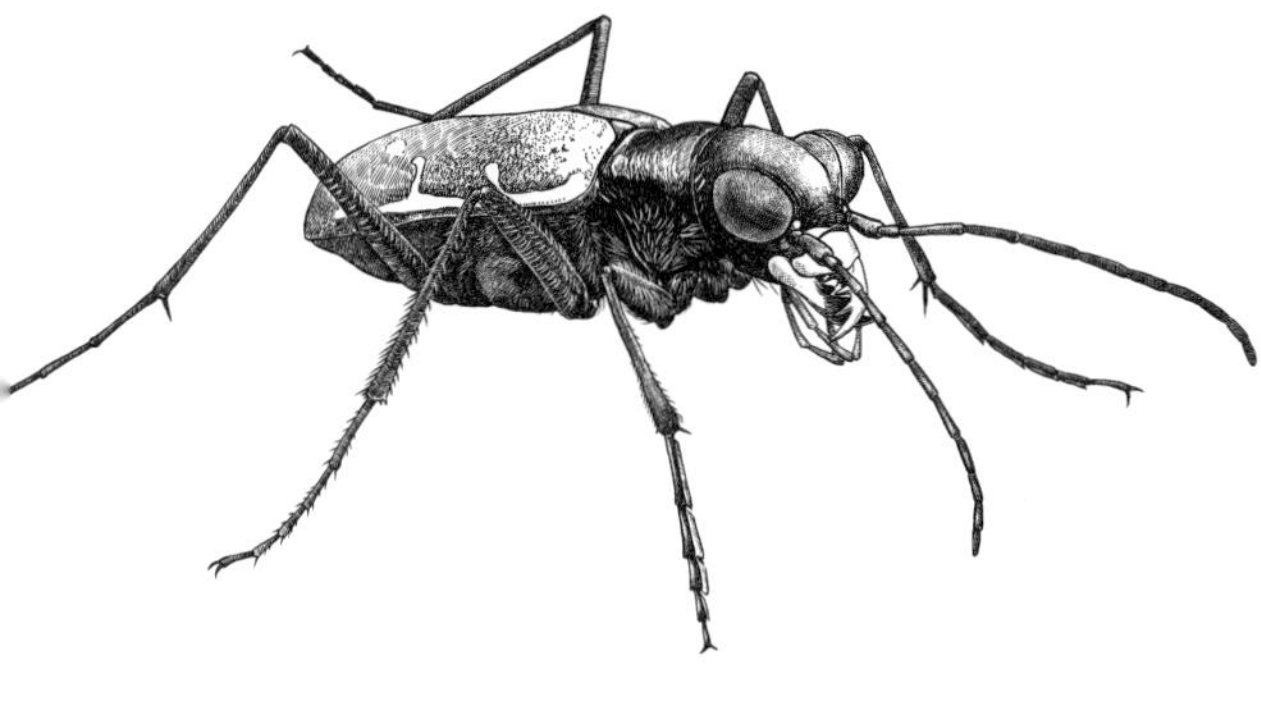

「むし」という言葉

「むし」といえば、今の我々は、チョウ、トンボ、バッタ、カブトムシのような、昆虫の仲間を思い浮かべる。そしてそのほかにも、クモやサソリのことなども「むし」と言っている。

では、ミミズやムカデのことはどうか。これもやはり「むし」と称することが多いであろう。要するに「むし」とは小さな生き物のことである。

しかし、そのほかにもまた「むし」という言葉を私たちはよく使う。たとえば「虫の知らせ」。遠くに離れている親や知人の異変を感じ取ったりする時にこういう言い方をする。「虫が好かない」というと、人のことがなんとなく気にくわないという意味だし、「虫がいい」というと、身勝手だということになる。

こういう「むし」は、われわれの身体《からだ》の中に住んでいるらしい。つまり、人の心であり、性格を形成するものなのである。

もう少しはっきりした、寄生虫のような「むし」もある。たとえば、芥川龍之介《あくたがわりゅうのすけ》（1892〜1927）の小説『酒虫』に出て来る、人の腹中に入って酒を欲しがり続ける虫がそうで、これは、その小説に書いてあるように、特殊な技術を使えば、取り除くことができるらしい。

あるいはまた「虫おさえ」という言い方があって、おなかがすいた時にほんの少し物を食べて空腹を一時的にまぎらわすという意味もある。

そのほかに「虫がつく」というと、もちろん書画や衣類に虫がつくこともいうが、若い娘などに悪い男がつくという意味にもなる。

辞書の中の虫

大槻文彦《おおつきふみひこ》博士（1847〜1928）の作った『大言海』という辞書を引いてみると、「虫」の項に「蒸《ムシ》ノ義、湿熱ノ気蒸シテ生ズ」という語源が示してある。要するに、「蒸し蒸し」するところから虫が生まれてくるという意味である。確かに、湿気の多い、じめじめしたところに虫は多いけれど、駄洒落《だじゃれ》めいていて、この語源説にはちょっと首を傾《かし》げたくなる。大槻博士のこの語源説がどうしてこのようなものになったかについては、のちに第13章「セミ」のところで、もう一度考えてみたい。

次に『広辞苑』を引いてみると、虫の①のところに「本草学で、人類・獣類・鳥類・魚介以外の小動物の総称。昆虫など」と書いてある。これならわれわれの常識からいって納得できる。もちろん、『大言海』と『広辞苑』とでは、辞書の作られた時代の環境が違う。すなわち前者は1935年、後者は1955年である。

漢和辞典で「虫」という字を引いてみると、その音は、一「キ」、二「チュウ」とある。「キ」という音は普通には使わないのだが、その意味を調べてみると、一が「マムシ」となっている。そして二が「普通のむし、または動物の総称、蟲という字の略字」と書いてある。

つまり、「虫」という字はもともとマムシのことなのである。この字の成りたちを調べてみると、古い字体として後掲のような字が書いてある。つまり、「虫」はもともと大きな頭をした毒蛇のマムシを表す字だったのであり、一般にヘビのことを指した。先の漢和辞典にもあるように、この字の音読みは「キ」なので、これを「チュウ」と読むのは本来から言えば正しくない。

虫の字を三つ書いた「蟲」という字は、虫の本字であって、かつては「虫」ではなく、この字を使った。たとえば昆虫図鑑も昆蟲圖鑑と表記されたのである。

この字の意味を詳しく調べてみると、なんと、ありとあらゆる動物がすべてこの蟲の中に含まれることになっている。

虫と蟲

すなわち、羽のあるのが羽蟲、毛のあるのが毛蟲、甲のあるのが甲蟲、鱗《うろこ》のあるのが鱗蟲、体に何も生えていないのが裸蟲という具合である。

羽のある蟲の中でいちばん偉いのが空想上の鳥の鳳凰《ほうおう》で、毛のある虫の中でいちばん偉いのが麒麟《きりん》であり、甲のある虫のいちばん偉いのが神亀、鱗のある虫のいちばん偉いのが蛟竜《こうりょう》。そして裸の虫の中でいちばん偉いのが人間、その中でも偉いのが聖人、というふうになっている。裸虫というのはミミズなどのことで、この分類学に従うと、人間はミミズの同類のようなことになる。

たとえば、孫悟空《そんごくう》が活躍する『西遊記』には、つぎのような場面がある。

孫悟空が仙人のところで修行を積んで如意棒も手に入れ、猿の大王として得意満面の時代に、ある日、酔って寝ていると地獄から使いが来る。閻魔《えんま》様のところに来い、お前はもう死んでいる、というのである。

かっとなった悟空は、耳の中から如意棒を取り出し、ふたりの使いを叩《たた》きつぶして、冥土《めいど》の城の中におどり込む。冥土の十人の王たちが驚き恐れて「閻魔帳」を見せるために正殿に案内した。

如意棒を手に、悟空はまっすぐ森羅殿にのぼり、そのまんなかに南面してでんと腰をおろしました。十王が生死簿を取ってこいと命じますと、担当の判官はいそいそと、執務室から五、六冊の帳簿やら十類の名簿を捧げもってきました。その名簿をとことんしらべましたが、悟空の名は、臝虫《らちゅう》・毛虫《もうちゅう》・羽虫《うちゅう》・昆虫・鱗介《りんかい》の属のどこにもありません。

（『西遊記（一）』中野美代子訳　岩波文庫）

この十類云々《うんぬん》が、先程述べた生物の分類法であり、虫の字を三つ書く「蟲」という字は、すべての生物を表すことになる。臝は裸に同じ。裸蟲はつまり、人間やミミズのことである、とは先に言った通り。

ところで、昆蟲という言葉を使ったが、「昆」の古い形は後に掲げるもので、上が胴体、下が足である。つまり、これも「むし」を表す字なのである。だから昆虫とは、まさしく、今のわれわれの考える「むし」にほかならず、昔の学者は英語の「インセクト（insect）」にこの字をあてたわけである。

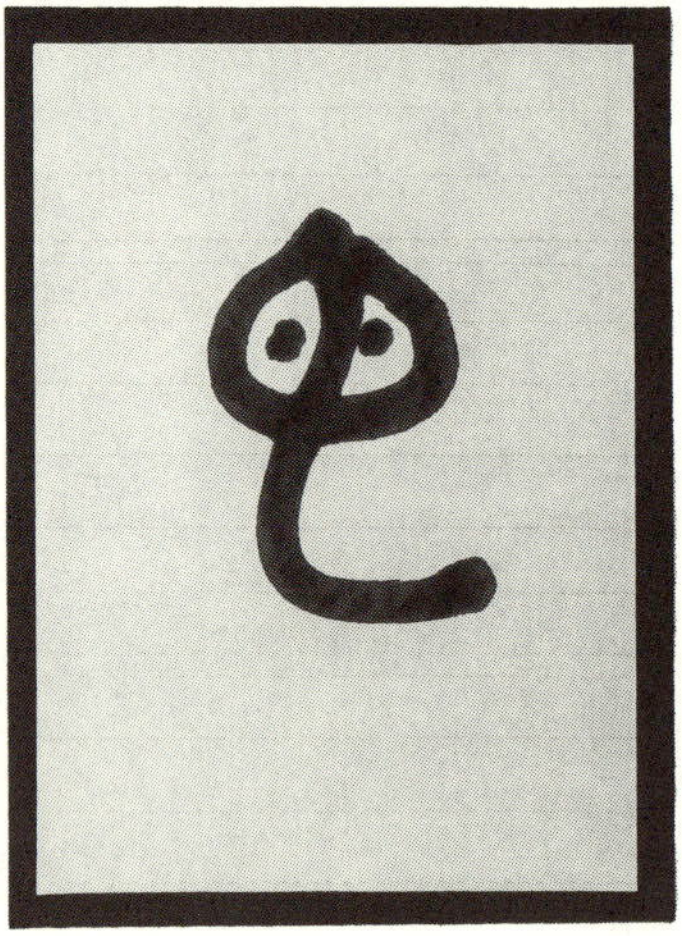

「虫」の古い字体。本来は頭の大きいマムシを意味した。

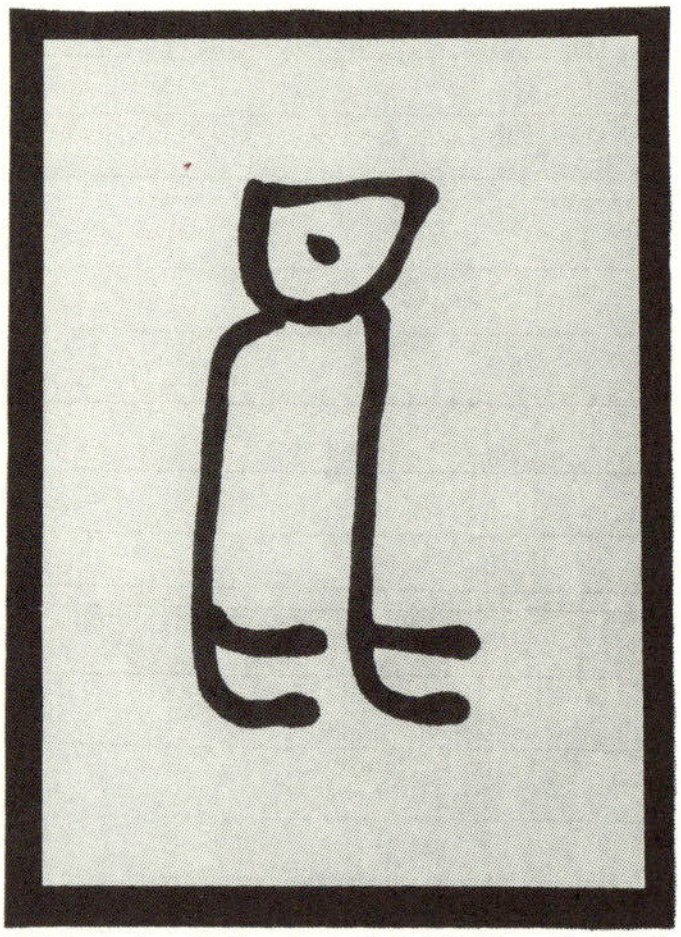

「昆」の古い字体。上の部分が胴体。下の部分が足を表す。

英語の「虫」

フライ　fly

英語の中で日本の「むし」にあたる言葉を探してみると、おそらくはハエを表すflyという単語がそれにあたるのではないかと思う。イギリス人などは、もともと牛や羊を飼って暮らしていたから、その家畜の周りにはハエがたくさんいる。それで、いちばん身近な虫はハエだったのではないかと思われる。

もちろん古代人は虫などをいちいち詳しく見てはいない。今の昆虫学でいえばハエではなくとも、翅《はね》があって飛ぶ「むし」は全部flyで表したのではないだろうか。

それからバターのような黄色の翅をした虫はバターフライで、これがチョウである（これには異説があって——どうもそっちのほうが正しいらしいが——チョウはバターを盗みに来るという俗信があり、それ故にこう呼ばれているという。確かに、タテハチョウやジャノメチョウの中には、作っている途中のバターの汁を吸いに来るものもいると思われる）。

それから、魁偉《かいい》な容貌をしたドラゴンに似ているフライがドラゴンフライで、これがトンボということになる。後で説明するように、日本では雄々しく美しいものとされるトンボの姿は、英国などでは、恐ろしい、無気味なものとされるようである。

そしてメイフライと呼ばれるのが、文字通り五月に発生するカゲロウの仲間のことである。

バグ　bug

そのほかにもうひとつ、いかにもつまらない「ムシケラ」を指すbugという言葉もあるが、その語源は非常に混み入っている。

この語は、中世英語のbugge（カカシ）という語や、boggart（幽霊）に結びつくらしい。またウェールズ語のbug（幽霊）にもつながるという。それなら、映画の『カサブランカ』などに主演した、ハンフリー・ボガート（Humphrey Bogart）などという名字はどうなってるんだ、綴《つづ》りは違うけれど音から言えば同じじゃないか、と訊《き》きたくなる。しかし、その方面に首を突っ込んだら、おそらく語源学の泥沼であろう。

ふつうに使われるbugという語はノミ、シラミ、ナンキンムシ、カメムシの類いらしいが、甲虫のことも、大雑把にbugというようである。ようするに、そんなこと細かく気にしてはいないのである。

ポーの『黄金虫』

アメリカの作家エドガー・アラン・ポー（1809～1849）に、『黄金虫』という中篇《ちゅうへん》小説があり、日本でも古くからよく読まれてきた。主人公は、キャプテン・キッドの財宝の在処《ありか》を記した地図の暗号を解読し、木の枝に打ち付けられた髑髏《どくろ》の眼窩《がんか》から、甲虫をくくりつけた紐《ひも》を垂らす……という、怪奇趣味の作品で、暗号解読を推理小説に持ち込んだ初期の作品として知られる。

そしてこの小説の原題が、『The Gold-Bug』なのである。その中で、問題の黄金虫は、こんなふうに描写されている。

「とんでもない！　――黄金虫だよ。金色にぴかぴか光ってるんだ――大きなクルミ《ペカン》の実ぐらいの大きさで――背の端の方にはふたつほど漆黒の斑点があって、もう一方の端にはもうひとつずっと大きな斑点がある（後略）」

（中略）「こいつはな、黄金虫でさぁ。翅《はね》以外は中も外もどこを取っても硬い金でできてるんでさぁ（後略）」

『黄金虫』初期の挿絵。木の枝に打ちつけられた髑髏の眼窩から、甲虫をくくりつけた紐を垂らし……。

（「黄金虫」『ポー短編集II　ミステリ編　モルグ街の殺人・黄金虫』巽孝之訳　新潮文庫）

こういう、ふたつの黒い斑点が、虚《うつ》ろな眼窩をした髑髏模様に見える甲虫やガは、それほど珍しくはない。ガではメンガタスズメ（面型雀蛾）が有名だし、甲虫では、コガネムシの類い、それに、新大陸のコメツキムシ等にもまさにそんな髑髏ふうの模様を持った種がいる。

ほぼ同時代のフランスの詩人、シャルル・ボードレール（1821〜1867）は、ポーに心酔し、ポーの詩や小説、エッセイの翻訳、紹介に努めたことでも有名であるが、この小説のタイトルを『Le Scarabée d'Or（ル・スカラベ・ドール、黄金の甲虫）』と仏訳している。こっちのほうが、原題の『The Gold-Bug』よりも、この小説の感じが出るかもしれない。

いずれにせよ、bugという単語は、今では都会化し、コンピューターの「邪魔者、欠陥」という意味でもっぱら用いられている。操作中に、ガが入って、機械が止まったことからそういわれるようになったのだという（英語辞典のbugの項には、英米の虫に関する文化的、民俗的感覚が凝集しているかの観が

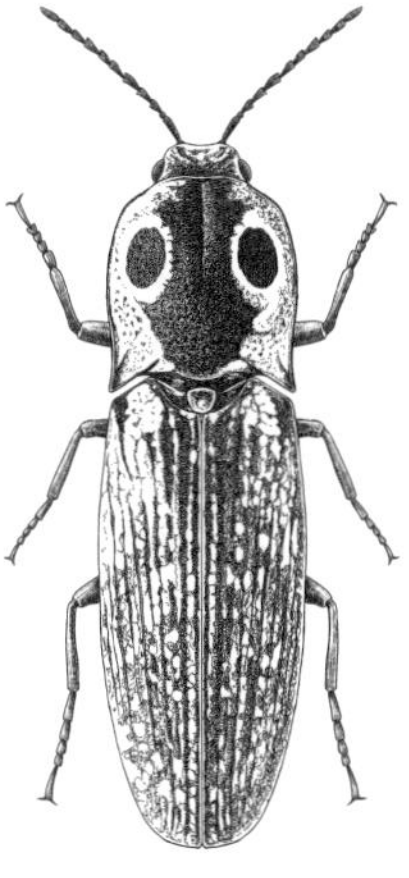

オオメダマウバタマコメツキ。北アメリカ産。背中（前胸）に眼のような黒点がふたつ。

メンガタスズメ。背中に髑髏面の模様を持つ。スズメガ科の一種。

ある)。

そして、昭和、平成の日本語では、「おじゃま虫」と言えば、本物の虫ではゴキブリ、人では、時宜をわきまえぬ人間、いわゆるKY、すなわち「K……空気が、Y……読めない」人を指すようである。

インセクト insect

さらに周知の通り、昆虫のことをインセクトともいう。この語はラテン語のinsecare(こまかく分ける)という言葉からきている。昆虫の体が体節に分かれているからである。「セクトに分かれている」、と言えば、かつては学生運動の派閥の話だったが、硬い外骨格の鎧《よろい》を着たような昆虫の体は、体節に分かれているから動くことが出来るのである。

昆虫学のことはエントモロジー(entomology)という。こちらはギリシャ語のエントモス(entomos)からきていて、やはり「切れ込みを入れられた」という意味なのである。Entomo+logyが「昆虫学」で、ロジーは「学問」である。フランス語ではこれをアントモロジーと発音する。たとえばファーブルの『昆虫記』の原題は『スーヴニール・アントモロジック(Souvenirs entomologiques)』つまり『昆虫学的回想録』という。

フランス語の「虫」

フランス語の場合は、ムーシュ(mouche)という言葉を、英語のフライとかバッグと同じように「むしけら」という意味で使う。このムーシュという言葉の第一番の意味もハエであるが、そのほかにも、人の周りを飛びまわり、顔にまつわりついたりしてうるさい羽虫の類いを「ムーシュ」とフランス人は呼んでいるようである。決して虫を尊んだ言葉ではない。しかし、日本人の中には、これらふたつの単語、ムーシュとムッシューの中間の発音をする人がいるからややこしい。うっかりすると「ハエ男」になってしまったりして。

野獣《ベート》　bête

ジャン・コクトーが作った『美女と野獣』という映画があった。もちろんシャルル・ペロー（1628～1703）の物語を原作とするものだが、その原題は、『La Belle et la Bête（ラ・ベル・エ・ラ・ベートまたはラ・ベレ・ラ・ベート）』である。belleが美女で、bêteが野獣。このbêteという語は英語のbeastにあたるものだが、英語のbeastがanimal、特に四本足の獣を指すのに対し、フランス語のbêteは、虫のことも表す。だから、フランス語の文章で、この語が「虫」を指しているときに、「けだもの」とか「野獣」とかと訳すと、わけがわからないことになる。

フランスのギ・ド・モーパッサン（1850～1893）の短編『ベロムとっつあんのけだもの』（La bête à Maît' Belhomme ラ・ベート・ア・メート・ベロム）なども、耳に虫が入って、中でがさごそ大きな音を立て、しかもひどく痛むという目に遭った話だから、フランス語がわかっている訳者本人としては、bêteを「けだもの」と訳すのはいいのだろうが、一般読者には、これでは通じにくいだろうという気がする。では、どうすればいいか。「悪魔が耳に入った」という感じなのだが。

同様の話は日本にもあり、昆虫民俗研究家、西原伊兵衛に、江戸時代の、耳に虫が入ったふたつの事件の記録を紹介した随筆がある。

昆虫愛好家への偏見と迫害

むしめづる人々は、常に偏見と誤解の危険にさらされているようであるが、特に、「マニア」と呼ばれる時、それがハッキリする。その昆虫マニアについての偏見を、実にきっちりと、見事に要約したのは、安部公房（1924～1993）の小説『砂の女』である。小説の冒頭、ひとりの中年男が失踪する。周りの人間による、失踪の原因の推測の中に、こういうのがある。

当然のことだが、はじめは誰もが、いずれ秘密の男女関係だろうくらいに想像していた。しかし、男の妻から、彼の旅行の目的が昆虫採集だったと聞かされて、係官も、勤め先の同僚たちも、いささかはぐらかされたような気持がしたものだ。たしかに、殺虫瓶も、捕虫網も、恋の逃避行の隠れ蓑《みの》としては少々とぼけすぎている。それに、絵具箱のような木箱と、水筒を、十文字にかけた、一見登山家風の男がS駅で下車したことを記憶していた駅員の証言によって、彼に同行者がなく、まったく一人だったことが確かめられ、その臆測も、根拠薄弱ということになってしまったのである。一人厭世《えんせい》自殺説もあらわれた。それを言い出したのは、精神分析にこっていた彼の同僚である。

前の大人になって、いまさら昆虫採集などという役にも立たないことに熱中できるのは、それ自体がすでに精神の欠陥を示す証拠だというわけだ。子供の場合でも、昆虫採集に異常な嗜好《しこう》をみせるのは、多くエディプス・コンプレックスにとりつかれた子供の場合であり、満たされない欲求の代償として、決して逃げだす気づかいのない虫の死骸に、しきりとピンをつきさしたがったりするのだという。まして、それが大人になってもやまないというのは、よくよく病状がこうじたしるしに相違ない。昆虫採集家が、しばしば旺盛な所有欲の持主であったり、極端に排他的であったり、盗癖の所有者であったり、男色家であったりするのも、決して偶然ではないのである。そして、そこから厭世自殺までは、あとほんの一歩にすぎまい。現に、採集マニアのなかには、採集自体よりも、殺虫瓶のなかの青酸カリに魅せられて、どうしても足を洗うことが出来なくなった者さえいるそうだ。……そう言えば、あの男がわれわれに、その趣味を一度も打ち明けようとしなかったこと自体、彼が自分の趣味を、後ろ暗いものとして自覚していた証拠なのではあるまいか？

（安部公房『砂の女』新潮社）

実に呆《あき》れるばかりに見事な、というか、身もふたもない分析で、さすが安部公房と、虫屋、つまり昆虫愛好家としてはおそれいるしかない。

バルザックの『幻滅』

さて、昆虫の学問をする人のことをエントモロジスト、すなわち「昆虫学者」というが、この昆虫学者というのが、文学の中ではときどき、ずいぶんと奇妙な形で扱われている。たとえばフランスの作家オノレ・ド・バルザック（1799~1850）の『幻滅』では衛生無害の、暇つぶしのようなことばかりやっている風変りな人物として昆虫学者が登場してくる。

ダヴィッド・セシャールは、妻の愛をうけて二男一女の父親となった。彼は上品にも、自分の過去の試みのことは話のたねにしたことがない。エーヴはかしこくて、夫に発明家たちのおそろしい天職をあきらめさせたのだ。まったく、発明家たちはホレブ山のあのモーゼのように、燃える野いばらに焼きつくされるのだから。いまダヴィッドは、気ばらしに文学をたしなんでいるが、利殖家の地主として幸福で安楽な生活をいとなんでいる。彼は名声とはきっぱり訣別《けつべつ》し、敢然と夢想家や蒐集家《しゅうしゅうか》の部類にはいった。そして、昆虫学に熱中して、科学がその最終の様態までしかきわめていず、現在まですっかり秘密につつまれている昆虫変態を研究中である。

（『バルザック全集　第十二巻　幻滅（下）』生島遼一訳　東京創元社）

このダヴィッド・セシャールなる人物は、もと発明家で、紙の安価な製法を発明した人ということになっている。

産業革命の時代の発明家というのは、富と名声に結びつく、時には山師のような存在と見られているのに反し、文学者や昆虫学者はもっぱら気ばらしを事とし、富や名声とはまったく縁のないものとして扱われている。昆虫学者は、ここでは科学者というよりは夢想家なのである。バルザックの小説ではまだ、無害な夢想家ぐらいのところで済んでいるけれど、この昆虫学者、あるいは昆虫蒐集家が、だんだんと殺人者、変質者風に扱われるようになってくる。

コナン・ドイルの『バスカヴィル家の犬』

イギリスの作家アーサー・コナン・ドイル（1859〜1930）の『バスカヴィル家の犬』では、ステイプルトンという男が、チョウ・ガの採集家として登場する。そのステイプルトンが、どうやら怪しいらしい。そしてその怪しさは、彼の昆虫採集の趣味に現れているようなのである。小説の舞台となっているムアという土地は、広大な湿地帯で、ポニーが底なし沼に呑《の》み込まれたり、正体不明の奇怪な叫び声が響いてきたり、さまざまに不気味な生き物がいて、周辺の住民を恐怖に陥れているように描かれている。シャーロック・ホームズの腹心ワトスンが着いてすぐ、その人物と出会うことになる。

突然、背後からかけ寄る足音とともにわたしの名前を呼ぶ声がして、考えごとは中断された。てっ

きりモーティマー医師だと思って振り向いたところ、思いがけず、わたしに追いつこうとしているのは見知らぬ人間だった。小柄でほっそりした、ひげをきれいに剃《そ》ってとり澄ました顔の男だ。色の薄い金髪に、とがりぎみの顎、年は三十から四十のあいだといったところで、灰色の服を着て麦《むぎ》藁《わら》帽子をかぶっている。植物採集用のブリキの容器を肩にさげ、片手には緑色の捕虫網を持っていた。

「ぶしつけですみませんが、ワトスン先生でいらっしゃいますね」息を切らしながら、そばに寄ってきて言う。「このムアではみんななれなれしい人間ばかりでして、正式に紹介されるまでじっと待ってたりはしないんです。お互いの友人、モーティマー君から、きっとお聞き及びでしょう。メリピット荘のステイプルトンです」

「その網と箱からして、もしやとは思いました。ステイプルトンさんは博物学者だとのことでしたからね。しかし、わたしのことは、どうして?」

（アーサー・コナン・ドイル『新訳シャーロック・ホームズ全集　バスカヴィル家の犬』日暮雅通訳　光文社文庫）

D・E・アレン『ナチュラリストの誕生　イギリス博物学の社会史』（阿部治訳　平凡社）によれば、博物学者の装備として、1704年までには、植物学者はブリキの容器、すなわち胴乱を使用するようになっており、1711年までに昆虫学者は、捕虫網を使用していたというから、その歴史は古い。ホームズの頃、つまりヴィクトリア朝のイギリスに、チョウ・ガのコレクターはかなり多かったようである。だから、捕虫網と胴乱とで、チョウ・ガ中心の博物趣味家ということが誰にでもすぐわかったのである。

さらに図鑑類についていうと、１７４９年から50年にかけて、ベンジャミン・ウイルクス（？〜１７４９頃）の記念碑的著述『英国の蝶と蛾』が発刊されている。

同書の序文によれば、鱗翅《りんし》類の研究家たちの「オーレリアン（いい発音だと、オーリーリアン）協会」は、１８４０年頃には隆盛に達していたし、その起源はもっと古いことは確かであるという。なぜなら、当時の蝶類趣味の指導的人物であり、「オーレリアン協会」の設立者のひとりであるジョゼフ・ダンドリッジは、１６９０年代以来、ロンドンの収集家として著名であり、この頃、多くの記録や標本を寄贈しているからである。ちなみに蝶類愛好家のことをオーレリアンと呼ぶのは、ラテン語の金（アウルム）からきていて、ある種のタテハチョウやマダラチョウの蛹《さなぎ》に、金箔を貼り付けたような部分があるからだ。

さて、ステイプルトンなる男はワトスンとの会話中、突然、「おっと、ちょっとだけ失礼します！　あいつはきっとシクロピデスだ」と言い捨てて、捕虫網をひらめかせ、全速力で走り出す。

小さなハエだか蛾だかが小道の上をひらひらと横切ったかと思うが早いか、ステイプルトンが猛然とかけだし、全速力で追いかけていった。その生き物はまっすぐに底なし沼のほうへ飛んでいっ

たので、わたしはうろたえた。知り合ったばかりの男は、ちっともためらうことなく草むらから草むらへと飛び移りながらあとを追い、緑色の捕虫網が宙に揺れる。灰色の服と、気まぐれにジグザグを描く彼の不規則な進み方が、巨大な蛾に似ていなくもない。

自己紹介したばかりの男が、いきなり、相手を放ったらかしにして走り出したから、こういう礼儀にうるさい当時のイギリス人としては、驚かざるを得なかったのであろう。これは、相当突飛な行動のようである。

それはさておき、この「シクロピデス」というのがどんな種なのか、私はこの小説を初めて読んだ中学生の頃から気になっていたのだが、光文社文庫版の訳者日暮雅通氏の注に、

残念ながら、「シクロピデス」という学名をもつ特定の種はないが、十九世紀前半にセセリチョウ

「ストランド・マガジン」に掲載された『バスカヴィル家の犬』の挿絵（シドニー・パジェット／画）。ヴィクトリア朝の採集家。紳士は、ネクタイを締め、上着にチョッキまで着て虫を採る。ただし、この絵ではブリキの胴乱を肩にかけていない。

科の蝶のいくつかが、そう名付けられていたらしい。

とある。確かに、湿地帯の禾本《かほん》科植物を好むチョウとしては、セセリチョウかジャノメチョウあたりがふさわしいであろう。

ステイプルトンはまた、

「(前略) ワトスン先生、ちょっと二階へいらして、わたしの鱗翅類《りんしるい》のコレクションでもごらんになりませんか? イングランド南西部ではいちばん種類がそろっていると思います。ひととおりごらんになるころには、昼食の準備もあらかた整うでしょう」

と誘ったりするのである。そんなコレクションがあるなら私も見たいところである。

そして〝コレクター〟

蒐集家は現代でも評判は良くない。ウィリアム・ワイラー監督の映画『コレクター』にいたっては、主人公の青年はまったくの変質者である。しかしこの映画のスチール写真などを見てもわかる通り、本当の虫好きから見れば、この映画はきわめて通俗的な、世間の誤解を体現した存在で、いかにも大衆受けをねらったものといえるであろう(だからヒットしたわけだ)。壁に掛けられた標本の並べ方などを見ても、まさに土産物屋に飾られたチョウである。

それに反してこの映画の原作であるイギリスのジョン・ファウルズ（1926〜2005）の小説『The Collector』のほうは、非常に高級、かつ知的な作品である（だから、それほど売れなかった）。

主人公のフレデリックは、下級の事務員だが、美人画学生ミランダに憧れを抱いている。階級と教育の違いから、フレデリックがミランダに近づくことは不可能だったが（このあたりがきわめて英国的）、フットボールの賭けで思わぬ大金を手にし（つまり経済的制約というこの世界の引力を免れて）、その女性を誘拐、監禁してしまう。世間から隔絶した古い館でのふたりの生活とその結末は、ハッピー・エンドを欠いた『美女と野獣』の物語に見えるが、その本質はむしろもっと深刻で、いわば現代版『青髭《あおひげ》』物語ともいえるのである。高貴な理想の美女を夢みていた男の、現実の女に接しての幻滅が痛ましくも詳細に記されている。逆説的に聞こえるかもしれないが、この小説は〝コレクター（例の映画以来受け入れられた意味をあえて借りるが）的心情〟の実に秀《すぐ》れた弁明の書なのである。

次の会話を読めば、犯人フレデリックと美人画学生ミランダとの永遠の食い違いがまずはっきりする。


「あと一つ、といえばセックスだけよね。私に何かしたいんでしょう」

彼女は僕をじっと見すえていた。

それは質問だった。ショックだった。
ぜんぜん違うんです。きちんと礼儀正しくします。私はそんな人間ではありません。
切り口上で僕は言った。
「そしたら、あなたは頭がおかしいのよ」と彼女は言ったのだ。

（拙訳）

もちろん、男の勝手な理想化によって監禁される女性にしてみれば、男の行動は理不尽そのものである。

とはいえ、そうした本質よりも面白いのはこの小説の細部のほうで、主人公の、社会的に適応性のない不器用な青年が、市役所の同僚にいつもしつこく同じ冗談を言われてウンザリしている場面などには、人間の狎《な》れなれしさ、下品さに対する激しい嫌悪が示されていて、虫屋の苦笑を誘わずにはおかない。

クラッチリーは嫌な性格で、しかもサディストなのだ。なにかというと僕の趣味をからかおうとする。とくに女の子がまわりにいるときなんかひどいもんだ。

「フレッド君はお疲れだね――小柄な色白さんとステキな週末を過ごしたね」とか、「あの厚化粧の女は誰だい、昨晩一緒にいるとこ見たぜ」とか、いつも言うのだ。トム爺さんはクスクス笑うし、

クラッチリーの女で、保険課からいつもうちの課に油を売りに来ているジェーンもウフフなんて笑うのだ。この女はまったくミランダとは正反対だ。僕は昔から下品な女が嫌でしょうがない。とくに若い女の下品なのは嫌だ。

「小柄な色白さん」Small white はモンシロチョウのこと。そしてヒメアカタテハの英名は、Painted lady すなわち「厚化粧の女」の意である。

テレビドラマなどにも、昆虫採集家、特にチョウのコレクターが、一種の変質者として登場することがよくあるが、日本でそんなイメージが強まったのは比較的近年のことではないかと思われる。

昆虫採集のよろこび

日本では明治の終わり頃から、ぼつぼつ昆虫採集が各地で行われるようになった。

物理学者で夏目漱石の弟子としても有名な寺田寅彦（１８７８～１９３５）は、明治11年の生まれであるが、『花物語』という随筆の「常山の花」と題した文章の中で、昆虫採集の喜びを次のように語っている。ちなみに常山木《じょうざんぼく》とはクサギのことである。

まだ小学校に通ったころ、昆虫を集める事が友だち仲間ではやった。自分も母にねだって蚊帳の

破れたので捕虫網を作ってもらって、土用の日盛りにも恐れず、これを肩にかけて毎日のように虫捕りに出かけた。蝶蛾《ちょうが》や甲虫類《かぶとむし》のいちばんたくさんに棲《す》んでいる城山《しろやま》の中をあちこちと長い日を暮らした。二の丸三の丸の草原には珍しい蝶やばったがおびただしい。少し茂みに入ると樹木の幹にさまざまの甲虫が見つかる。玉虫、こがね虫、米つき虫の種類がかずかずいた。強い草木の香にむせながら、胸をおどらせながらこんな虫をねらって歩いた。捕って来た虫は熱湯や樟脳《しょうのう》で殺して菓子折りの標本箱へきれいに並べた。そうしてこの箱の数の増すのが楽しみであった。虫捕りから帰って来ると、からだは汗を浴びたようになり、顔は火のようであった。どうしてあんなに虫好きであったろうと母が今でも昔話の一つに数える。年を経ておもしろい事にも出会うたが、あのころ珍しい虫を見つけて捕えた時のような鋭い喜びはまれである。今でも城山の奥の茂みに蒸された朽ち木の香を思い出す事ができるのである。いつか城山のずっとすそのお堀に臨んだ暗い茂みにはいったら、一株の大きな常山木があって桃色がかった花がこずえを一面におおうていた。散った花は風にふかれて、みぎわに朽ち沈んだ泥船に美しく散らばっていた。この木の幹はところどころ虫の食い入った穴があって、穴の口には細かい木くずが虫の糞《ふん》と共にこぼれかかって一種の臭気が鼻を襲うた。木の幹の高い所に、大きなみごとなかぶと虫がいかめしい角を立てて止まっているのを見つけた時はうれしかった。自分の標本箱にはまだかぶと虫のよいのが一つもなかったので、胸をとどろかし

て網を上げた。少し網が届きかねたがようよう首尾よく捕れたので、腰につけていた虫かごに急いで入れて、包みきれぬ喜びをいだいて森を出た。

（「花物語〜常山の花」『寺田寅彦随筆集　第一巻』岩波文庫）

その頃は、たいてい、古蚊帳で捕虫網を作ってもらったものだそうである。木の幹の穴はカミキリムシやボクトウガというガの幼虫がうがったもので、そこから樹液がしみ出すと、その匂いに誘われて、カブト、クワガタが蝟集《いしゅう》する。明治の中頃、四国、土佐の城跡には、さぞかし虫がたくさんいたことであろう。寅彦は昆虫発見の興奮を、「鋭い喜び」と表現している。

同じ漱石門下で、14歳年下の芥川龍之介も小学生か中学生時代には昆虫採集をしたと書いている。ふたりとも、昆虫採集をするのが当たり前のように書いているから、当時の人々にとって、それが珍しいことではなかったことになる。

ヘルマン・ヘッセの『少年の日の思い出』

同じ時期、西洋の、たとえばドイツでは、昆虫採集熱はもっとさかんであったようである。ヘルマン・ヘッセ（１８７７〜１９６２）は寅彦より一歳年長だが、虫の魅力にとりつかれたために、とりかえしのつかぬ罪を犯してしまう少年を描いた『クジャクヤママユ』（『少年の日の思い出』の初稿）の中で、やはり、昆虫採集の魅力を次のように描いている。

はじめは友達のみんながやる遊びだから、何となく始めたのだったが、ある時を境にチョウがのっぴきならぬ魅力を持ったものとして、少年の精神をわしづかみにするように、彼に迫ってくる。

蝶の採集は、ぼくが八つか九つの時にはじめた。最初はほかの遊びや趣味と同じように、特別熱心にやっていたわけではなかった。ところが、十歳くらいになった二年目の夏、ぼくはすっかりこの趣味のとりこになってしまい、それがやみつきになって、そのためにほかのことを何もかも忘れてすっぽかしてしまったので、みんなが何度もぼくにそれをやめさせねばならないと考えたほどだった。蝶の採集に出かけると、学校へ行く時間だろうが、昼食の時間だろうが、もうまったく塔の時計が鳴るのが耳に入らなかった。休暇のときなどは、ひときれのパンを植物採集用の胴乱に入れて、朝早くから夜になるまで、一度も食事にも帰らず、外をとびまわっていることがたびたびだった。

（「クジャクヤママユ」ヘルマン・ヘッセ『蝶』岡田朝雄訳　朝日出版社）

ここでは、チョウの惹《ひ》き付ける力はまるで麻薬の作用のような働きをする。抗し難い魔力というより、魔法にかけられた少年はその力の存在に気がつかないのだ。

今でも特に美しい蝶を見かけたりすると、ぼくはあの頃の情熱を感じることがたびたびある。そ

んなときぼくは一瞬、子供だけが感じることのできるあの何とも表現しようのない、むさぼるような恍惚《こうこつ》状態におそわれる。少年の頃はじめてのキアゲハにしのび寄ったときのあの気持だ。またそんなときぼくは突然幼い頃の無数の瞬間や時間を思い出す。強い花の匂いのする乾燥した荒野での昼さがり、庭での涼しい朝のひととき、神秘的な森のほとりの夕暮どき、ぼくは捕虫網を持って、宝物を捜す人のように待ち伏せていた。そして今にもとてつもなくすばらしい驚きやよろこびにおそわれるのではないかと思っていた。そんなとき、美しい蝶に出会い——その蝶は特別な珍品である必要は全然なかった——その蝶が日のあたった花にとまって、色あざやかな羽を息づくように開いたり閉じたりしているのを見ると、捕えるよろこびに息もつまりそうになり、そろりそろりとしのび寄って、輝く色彩の斑紋の一つ一つ、水晶のような翅脈の一筋一筋、触角のこまかいとび色の毛の一本一本が見えてくると、それは何という興奮、何というよろこびだったろう。こんな繊細なよろこびと、荒々しい欲望の入りまじった気持は、その後今日までの人生の中でもうめったに感じたことはなかった。

『不思議の国のアリス』の中でのように、チョウが異常な大きさで見えてくる、全身、全霊を以《もっ》てチョウを感じるのだ。そしてその感覚は主人公の一生を通して精神と身体の中に残る。たとえそれが少年時の残り香に過ぎぬとしても。

エルンスト・ユンガーとハンミョウ

しかし、昆虫の魅力について、もっとも美しい、瞑想《めいそう》的、哲学的な文章は、同じドイツの作家エルンスト・ユンガー（1895〜1998）の作品中にある。ユンガーの『小さな狩』から、ある部分は意訳しながら引用させていただく。彼は、さまざまな生物好きの人々を列挙した後で、こう述べるのである。

どういう生物に特に深い愛着を抱くようになるか——それは、生物の分類上の位置などによって決まるのではなく、愛好者の側の選択と観察によるのである。束の間の現象の海の中の、まさにそこで、波が光を反射してきらめいたのだ。そしてまさしくここに、宇宙の豪奢《ごうしゃ》を覗き見る小さな窓が開いたのである。

（拙訳、ただし、エルンスト・ユンガー『小さな狩—ある昆虫記』山本尤訳　人文書院を参考にした）

宇宙の豪奢を覗き見る小さな窓！——実に素晴らしい表現ではないか。その後、文章はこう続く。

最初に出くわした種の印象が一番鮮烈なのは、たまたまそうなったというようなことでは決して

ない。私たちは、この最初の出会いで、その種を識《し》るのであり、これは、その仲間を代表するどんな見事な種より、深く心に刻みつけられるのである。その後で同じ仲間に出会うと、最初に見た姿がはるかな深みから浮上してくる。西アフリカのあの素晴らしいアガマトカゲでも、この最初に見たもの以上の感動を与えることはできなかった。

ミュールベルクで、こうしたいくつかの出会いがあった。ハンミョウとの遭遇も、あの三本角のミノタウロスセンチコガネを初めて見つけたのと同じ年のことである。ただもう少し後、おそらく五月の初めだったろう。

その後でユンガーは、少年時代の、ハンミョウとの出会いの衝撃について回想している。ユンガーという人は、百歳を超えてなお壮健で、雑誌のインタビューなどに答えたりしていたが、ここに登場するのは少年時代の彼自身である。

家の近所の砂地に大きな窪地《くぼち》があり、そこにツバメが飛び交っていた。生き物の気配に少年たちは興味をそそられる。ある時、穴の上から下を覗《のぞ》き込んでいると、何かがふっと飛び立って消えたような気がした。——さっと飛んで消え去ったツバメの姿の残像だったのか。ところがこの現象が繰り返し起きたのである。

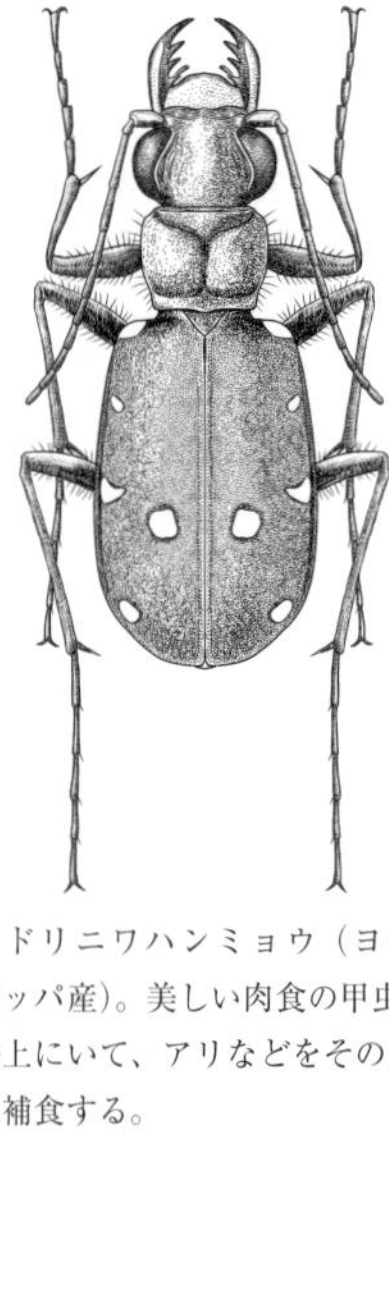

ミドリニワハンミョウ（ヨーロッパ産）。美しい肉食の甲虫。路上にいて、アリなどをその牙で補食する。

それは何か突発的な、はっきりとは見きわめ難いもの、言ってみれば一瞬ひらめいた影のようなものであった。あるいは目の錯覚か。穴の底の方で動いているものには、実体がないように思われた。矢のように飛んできて、底から二、三フィートの高さにしゅっと線を描いて空中に消えてしまう。かと思うと、今度はそれがいくつも現れ、群をなす。金緑色の光のかけらのようでもある。それとともに、淡褐色の地面の砂地と混じりあう別の何かが見えた。しかし、私が動くと、それは空中にふっと吐いた息のように消えてしまう。明らかに、私の影が動いただけでそれに反応して逃げてしまうのだ。

その時ちょっとした幸運がユンガー少年を発見に導いた。

その地点にじっと立ち止まり、それが生き物なのか、そうでないのか、判別しようとしていると、そうした影の一つが私の目の届く範囲に止まった――一瞬のことだったが、ここで私を翻弄していたのが、本物の生き物だと認めることができた。キンバエか、鮮やかな色をしたハチか、それとも甲虫だろうか。しかし私がこれまでに見てきた甲虫とは感じが全く違うのだ。もし甲虫だったらと思うと、胸がわくわくした。――昆虫の美しさにはどれも変わりはないにしても、当時私は、甲虫に熱中していて、そのことばかり考えていたからである。

甲虫採集に夢中だった少年のハンミョウとの出会いである。彼の眼《め》と精神は電光のようにそれに反応した。

前にも言ったように、その動きはほんの一瞬で、火花のようにぱっと散ったかと思うと、次の瞬間、同じ早さで消えるのだった。この二つの動きには、軽やかさと力とが結びついていた。平らな地面からぱっと飛び立ち、ほとんど目にも止まらぬ早さで空中をよぎると見る間に、虹色をした金属がふわりと破裂したようになって消えるのである。

目に見えるか見えないかの、瞬間の動き。ハンミョウはハエのように素早く飛ぶ、色鮮やかな美しい甲虫である。

さながら夢幻の国からの来訪者だ。私は、何としても捕まえようと追ってみた。それは一直線に飛んでいるようであった。消えた跡をまっすぐに辿《たど》ると、それが再び姿を見せるからだ。だがもちろん摑《つか》まえることはできない。やっと追いついたかと思うと、即座に飛び去ってしまう。地上を走るのだったら負けないだろうが、相手は空中を飛ぶから苦もなく逃げられてしまう。それでも、そ

の飛ぶ距離がだんだん短くなるのに気がついたが、私の力も衰えていた。アキレスが亀のあとを追うように、この虫を追いかけているうちに、陽《ひ》が沈み、夕陽の最後の光とともに、虫も消えてしまった。追跡は終わりだ。しかしその夜、夢の中で追跡が続いていた。それは、何か素晴らしいものを必死になって追いかけているのに、どうやっても摑まえることができないという夢であった。

とうてい、素手で捕まえられる相手ではない。翌日、ユンガー少年は昆虫採集道具を持って出直す。何としてでも捕まえてやるぞという意気込みである。

私は緑色のガーゼで作った網と、紙きれを一杯詰めた毒壜《びん》を持って、もう一度その場所にでかけた。壜のコルク栓に貼りつけた綿の玉には「弾を込めて」ある、つまり、エーテルをしみ込ませておいたのだ。

この時代も、捕虫網は緑色がよいとされていた。獲物に警戒されないためである。ただし、草原で採集する時は、うっかり叢《くさむら》の中に置くと、草の中に紛れてしまってひどく見つかりにくいという欠点がある。

そして毒壜に使用するのは、効き目の速い青酸カリ。手に入りやすいのはエーテルである。細かく切った紙切れは、虫同士がもつれ合ったり噛《か》み合ったりして傷まないように、つまり不完全品にならないようにするためである。

私の期待はうらぎられなかった。虫たちの飛び交う様、あの素晴らしい活動の状況は、昨日の午後よりもっと活発なもので、彩り豊かな火花が湧きあがるように飛び交っていた。今度は、私の方が虫より上手《うわて》で、すぐに捕り方のこつが分かってきた。まず、一頭に狙いをつける。そして、影が自分の背後に来るように注意して回り込みながら、そいつを追うのだ。虫の輪郭が地面にまぎれてしまうので、一度見失うと二度と見えなくなる。しかし、たいていの場合、それがいる地点を見きわめて網を構え、相手が飛び立つ前に、ぱっと、不意打ちのように被《かぶ》せるとうまくいく。こうして、草の中で何頭かを採集することができた。

捕獲した甲虫を網から出してみると、その無条件の美しさはまさに息をのむほどであった。少年はいつまでも飽きることなく虫に見入った。彩り豊かな翅鞘《ししょう》の美しさ、大きなするどい複眼とくわっと開いて指を噛もうとする大腮《おおあご》の牙の鋭さ、繊細な長い肢《あし》に美しい色が塗られているのだ。そして美とは何かについて、その謎が少しずつ解明されてゆくように彼には思われるのであった。一方で、美というものを部分的に解明したところで、全体の調和の謎は解けるものではない、と思い知らされもする……。

ヘッセやユンガーのように、偉大な「虫の詩人」を生み出したそのドイツにおいて、今はチョウの採集が全面的に禁止されているという。採っていいのは、わずかに、キャベツの害虫のモンシロチョウとオオモンシロチョウだけらしい。なにしろ、捕虫網を持って歩いているだけで警察に通報されるというのだから、お話にならない。

ドイツの虫好きの人々は、仕方なしに、南仏やスペイン、北アフリカ、トルコなど近隣諸国や、東南アジア、南米でさかんに昆虫採集をしているが、そういう状況であると、一般には、虫にまったく無関心であるか、あるいは自然保護とかいってひどくトンチンカンなことをする人ばかりが増えてしまう。

そういえば、昔、こんなことがあった。学生時代にフランスで、ロワール河沿いのお城の見学に行った時のことである。ドイツ人の学生が、黄と黒の小型のヤンマを捕まえた。庭の植え込みに止まっていたのだという。今考えれば、オニヤンマ科の一種であった。ヨーロッパにも小型のオニヤンマの仲間がいるのである。

彼は、そのまま、広大なお城の砂利を敷いた道を歩きながら、その翅をずっと汗ばんだ指でつまんでいる。

そんなことをしたら、翅に人間の指の脂が付いて、傷んでしまうのだが、「俺にくれよ」と言ったら、「君にやると殺すから駄目だ。後で、そっと放してやるんだ」とか言いながら、摘んだ草でも持つようにずっと持ったままである。

そもそも敏捷《びんしょう》なヤンマを、この男が素手で捕まえることができたのは、羽化直後で、翅がふにゃふにゃして飛べなかったからなのである。そんな乾き切らないビニールみたいな状態の翅を人間につまれたのでは、羽化不全と同じことになってしまう。

結局そのドイツ青年は、帰り際、お城の庭の木の枝に、よれよれになったヤンマを止まらせ、「また会おう」とか言って捨てて来た。彼は、マニア（私のこと）による虐殺からトンボを護《まも》ったのだと言って得意そうだったから、アホらしいともなんとも言えなかった。

それはさておき、寺田寅彦は「鋭い喜び」と言い、ヘルマン・ヘッセは「繊細なよろこびと、荒々しい欲望の入りまじった気持」と表現した、少年の頃に味わう、このような真の興奮こそが、科学者を作り、詩人を育てるのである、と私などは考えているけれど、そんな話はだんだん通じなくなってきている。子供の受験競争に夢中になっている親たちにアピールするのは、少年時代に昆虫採集に熱中した、福井謙一博士、白川英樹博士、赤崎勇博士らが後にノーベル賞を受賞したということぐらいか。

自然の中で遊び、そうした感覚を養った若者を、私などは育てたいのだが、親にも、子にも、欠けているのがその感覚そのものである場合には、話がし難いのである。

〈補説〉フランスにおける昆虫趣味

英国における昆虫趣味に触れたついでに、E・ルヴェルの『フランス文学における昆虫』によって、フランスでの昆虫採集の歴史をざっと見てみると、17世紀に、ヴェルサイユの宮廷でも、パリ市民の間でも、期間は短かったそうだが、チョウの採集熱がかなりの流行を見た、とブールソーの『新書簡集』Boursault : Lettres Nouvelles（1697）にあるという。また、いわゆるモラリストの代表のようにいわれるラ・ブリュイエール（1645〜1696）の人間観察の書『人さまざま』には、チョウの幼虫を飼育する物好きな人のことが次のように描かれている。

彼は悲しみに打ち沈んでいた……幼虫を指でつまむと言った。「もっとこっちに来て、近寄って見て下さい。もう死んでしまったんです。息を引き取ってしまったんです。蝶の幼虫です。それにしてもなんという見事な幼虫なんでしょう！」

（拙訳）

要するに、まったくの変人扱いである。

その他、17世紀フランスの文人たちのうち、詩人で批評家のボワロー(1636~1711)は、アリの知恵を例にとって説教をし、神学者で名説教家としても有名なボシュエ(1627~1704)と聖職者で小説家でもあったフェヌロン(1651~1715)は、ミツバチ、アリ、カイコ、クモの本能を称賛している。しかし、いずれの人も月並みのことしか言っていないようである。神学的な話題以外は、なかなか話が発展しない時代だったのである。

こうした教養人の中で、哲学者で神父のマールブランシュ(1638~1715)が、アリジゴクについて論じていることだけが、かろうじて注目に価する。

18世紀に出たディドロ、ダランベールの百科事典も、昆虫学に関してはそれこそ、ド素人のようなもので、やはり、もっと昆虫を本気で見ている、レオーミュール(1683~1757)かシャルル・ボネ(1720~1793)に書かせるべきであったろう。

この事典の「昆虫」の定義には「昆虫:血の無い、小さな生き物」と記されているのだから驚く。古代ギリシャの、アナクレオーンのセミの詩(第13章参照)からちっとも進歩していないかのようである。

とはいえ、この百科事典は、各種の昆虫について、学名と俗名をごちゃ混ぜに記すことによって、今となっては却《かえ》って貴重な記録となっている。

カツオブシムシ dermestes……Scarabées disséqueurs 解剖甲虫（食ってばらばらにする甲虫）
ツチハンミョウ méloés……Scarabées des maréchaux 元帥たちの甲虫
オサムシ carabes……Escarbots 又は Scarabées jardiniers 庭師昆虫

もう少し後、ナポレオン１世の没落後の時代だと、スタンダール（１７８３〜１８４２）の小説『赤と黒』の中で、主人公ジュリアンが、地方貴族レナール家の家庭教師となって、子供たちや母親と、チョウの採集をする。

この場合、チョウの採集は、奇人のすることではなく、流行の洒落《しゃれ》た遊びのように書かれている。その時に、『ゴダールの図鑑』という本を参考にしているが、地方貴族といえどもさすがは貴族であって、『ゴダールの図鑑』は手彩色の高価な豪華本である。

第2章

『百蟲譜』

――虫の日本文学・文化総説

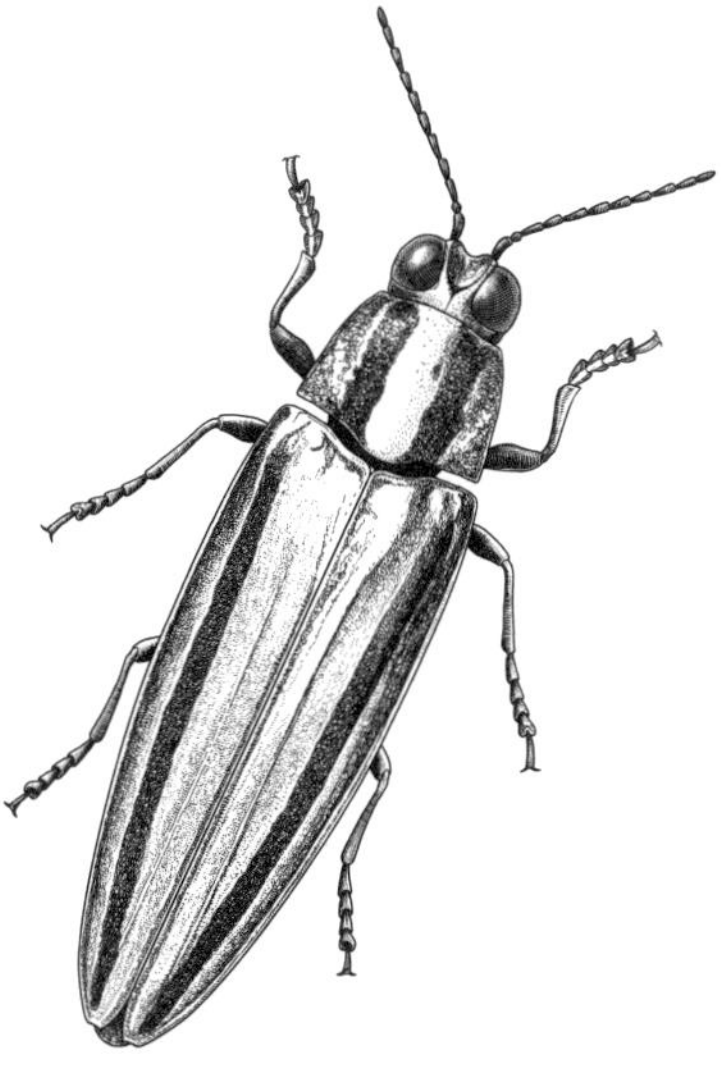

俳文『百蟲譜』

江戸中期の俳人であり、尾張藩の重臣であった横井也有《よこいやゆう》（1702～1783）の俳文集『鶉衣《うずらごろも》』の中の一篇《いっぺん》に、『百蟲譜』という文章がある。これは身の周りの虫を取り上げ、それをテーマに俳文を綴《つづ》ったものである……と書き始める前に俳文とは何か、説明しなければならないだろう。『日本古典文学大系92　近世俳句俳文集』（阿部喜三男、麻生磯次校注　岩波書店）によると、松尾芭蕉《まつおばしょう》（1644～1694）は、弟子の向井去来《むかいきょらい》宛の手紙の中で、「俳文」という用語と「実文」という用語とを区別して使っていたそうである。

なるほど、そう言われれば、それでもう、何となくわかった気がする。俳文とは、実用性がなく、俳諧味のある文章、つまり表向き役にも立たぬ、滑稽味のある、そして風情のある文章のことである。

確かに、日常身辺の器物を礼賛したり、虫を主人公にしたりする文章は、真っ向から政治について述べたり、哲学を語ったり、大所高所から人間の生き方を指導したり、害虫の防除法を講じたりする実文とは違う。無理して漢文で綴った難しげな、いわゆる和臭紛々《わしゅうふんぷん》の日本漢文とも違う。肩の力を抜いた、読んでいてほっとするような、それでいて深みのある、実文では表せないことを表した、まさに俳文というしかないものである。

日本では昔から虫たちを登場人物とする、軍記物や、仇討《あだう》ち、恋愛物語のパロディーが数多く書かれているが、ここで虫を扱かった俳文のいわば代表として、横井也有の『百蟲譜』を取り上げることにする。

さまざまな虫たちが、それぞれに俳諧の味わいをもって描かれているさまを紹介し、日本文化における虫の姿を概観するつもりで、『日本古典文学大系』の校注をたよりに、この作品をひとわたり眺めることにしたい。つまり、虫の日本文化総説である。ただし、ヘビ、カエル等は除き、昆虫に限ろう。全体は長いものであるが、短く区切って読む。

なお登場する虫の順序は、現在の分類からみるとおかしいものもあるが、原文のままとする。

チョウ

まずはチョウから。

てふの花に飛びかひたる、やさしきもの﹅かぎりなるべし。それも啼音《なくね》の愛なければ、籠にくるしむ身ならぬこそ猶《なほ》めでたけれ。さてこそ荘周《さうしう》が夢も此物には託しけめ。

チョウが花を訪れ、蜜を吸うその姿は、あらゆるものの中でとりわけ優にやさしいものであろう、と也有は虫の中でも真っ先にチョウを取り上げる。

幸いにして、チョウは秋の鳴く虫のようにいい声で鳴いたりしないために、捕らえられ、籠に閉じ込められて苦しむようなことがない。それは大変結構なことであるという。

ここで也有は、談林俳諧の始祖とされる、西山宗因《にしやまそういん》（１６０５〜１６８２）の、

もし鳴かば蝶々籠の苦を受けん

という句を踏まえている。ついでに言えば、宗因には、

世の中よてふてふとまれかくもあれ

という句もある。「止まれ」と「とまれかくまれ（ともあれかくもあれ）」の洒落《しゃれ》である。この句などは、古い、俳諧流派の始祖ともいうべき人の作風をよく示しているようである。

最初に戻って、「荘周が夢」というのは、もちろん、紀元前四世紀、春秋戦国時代の思想家・荘周（荘子）の文章を典拠とする。すなわち『荘子《そうじ》』「斉物論《せいぶつろん》」に、

昔者《むかし》荘周《そうしゅう》夢に胡蝶《こちょう》と為《な》る。栩栩然《くくぜん》として胡蝶なり。自《みずか》ら喩《たの》しみて志《こころざし》に適《かな》えるか、周なるを知らざるなり。俄然《がぜん》として覚《さ》むれば、則《すなわ》ち蘧蘧然《きょきょぜん》として周なり。知らず 周の夢に胡蝶と為るか、胡蝶の夢に周と為るかを。周と胡蝶とには、則ち必ず分《ぶん》有り。此を之《これ》物化と謂《い》う。

（「斉物論」『荘子（上）全訳注』池田知久訳注　講談社学術文庫）

というところがある。昔、荘周（荘子）が夢の中でチョウになった。ひらひら楽しく飛びまわっ

ているときは、すっかりチョウになりきっていて、自分が荘周であるという意識はまったくない。ところが、はっと目が覚めてみると、やはり荘周自身なのだった。いったい夢の中のチョウが本当の自分であるのか、それともチョウが今の自分になっているのか。夢と現《うつつ》のいずれが本当の生なのか、それがわからぬというのである。

この「荘周が夢」というのは、日本ではとくに好まれたテーマで、観世小次郎信光《かんぜこじろうのぶみつ》（1435〜1516）の謡曲「胡蝶《こちょう》」の中でも、

伝へ聞く唐土の荘子が徒《あだ》に見し夢の胡蝶の姿うつつなき、浮世の中ぞあはれなる

と謡われるし、日本の漢詩文を集めた平安の『本朝文粋《ほんちょうもんずい》』（1058年頃成立）の中では、

馬を喪《うしな》へる老《おきな》は、倚伏《いふく》を秋の草に委ね、
蝶《てふ》を夢みる翁《おきな》は、是非を春の叢《くさむら》に任す。

（「本朝文粋」『日本古典文学大系69　懐風藻　文華秀麗集　本朝文粋』小島憲之校注　岩波書店）

と詠まれている。また松尾芭蕉にも、

君や蝶我や荘子が夢心

の句がある。

中国では人間の存在についての一種の哲学的思想であったのが、謡曲では人の世の儚《はかな》さを謳《うた》う情緒的なものとなり、また日本漢詩では、イメージの美しさ、あるいは口調のよさが楽しまれ、俳句では、いかにも俳諧的な、軽いといえば軽いものになっている。これは『閑吟集《かんぎんしゅう》』の中の俗語などにも通じるものである。

いわば中華料理の鶏や豚の骨からとったスープが、カツオだしに変わっていくようなもので、大袈裟《おおげさ》に言えば、これがひとつの、日本的な文化輸入のパターンであるとも言えよう。

トンボ

『百蟲譜』のトンボに移ろう。

只《ただ》とんぼうのみこそかれにはやゝ並ぶらめど、糸につながれ、糯《もち》にさゝれて、童のもてあそびとなるだにくるしきを、あほうの鼻毛につながるゝとは、いと口おしき諺《ことわざ》かな。

「かれ」とは前出のチョウのこと。日本の子供は、トンボを捕って遊んだ。雌を糸につないでおとりにし、「トンボ釣り」に使うとか、あるいは竹の先に塗ったトリモチでトンボを刺すとか、夢中になってトンボを追ったものである。そうやって子供のおもちゃになるのはトンボとしてもさぞ苦しいことであろう。そのうえに「阿呆《あほう》の鼻毛に蜻蛉《とんぼ》つらるる」という諺まであるという、トンボとしては大変な屈辱に違いない。

ガ

美人の眉にたとへたる蛾《が》といふ虫もあるものを。

ガの触角、特にヤママユガの雌などの触角は、細くて山形に弧を描いているが、それを中国では古代の詩歌集『詩経《しきょう》』の時代から、「蛾眉《がび》」といって美人の眉に喩《たと》えた。昔の女優でいうと、グレタ・ガルボなどの眉は、剃《そ》って描いたものだろうが、それはまさにガの触角に似ている。20世紀の初めにはこんなメーキャップが流行《はや》ったようである。

グレタ・ガルボ（1905~1990）。女性の「蛾眉」が流行った頃。ⓒSNAP Photo Library ／ amanaimages

ハチ

ハチについて、也有はこう書いている。

子を持てるものは、その恩愛にひかれてこそ苦労はすれ。蜂の他の虫をとりて我子となす、老の

行衛《ゆくえ》をかゝらんとにもあらず、何を譲《ゆず》むとてかくはほね折るや。我に似よ〳〵とは、いかにをのが身を思ひあがれるにかあらむ。

古代中国人は、後に述べるように（第10章）、ジガバチには雌がおらず、そのため、子孫を絶やさぬようにイモムシ、アオムシなどを見つけると、それを穴の中に取り込んで養子にするのだと考えた。

その時穴の中でハチがジジジジと翅音《はおと》をたてる。それを昔の人は、「象我、象我」（日本では「似我《じが》、似我」）、つまり「我が形になれ」と呪文をかけていると聞いたのである。それ故日本ではジガバチ（似我蜂）と名を付けたという。これは中国の俗信に始まる迷信が日本に伝わったもので、『詩経』にこのハチのことが謳われている。

こんなハチの生態を科学的に調べたのは、フランスの博物学者ジャン＝アンリ・ファーブル（１８２３〜１９１５）で、『昆虫記』の中にその生態を詳しく叙述している。しかし、ファーブルよりも先の時代、江戸時代の日本でも栗本丹洲《くりもとたんしゅう》（１７５６〜１８３４）という人が、このハチの生態を観察して『千蟲譜』という虫譜（写生図を集めた一種の図鑑　第10章参照）を描いている。丹洲はその中に、「ハチがイモムシを幼虫の餌にする」と、習性を正しく記しているのである。

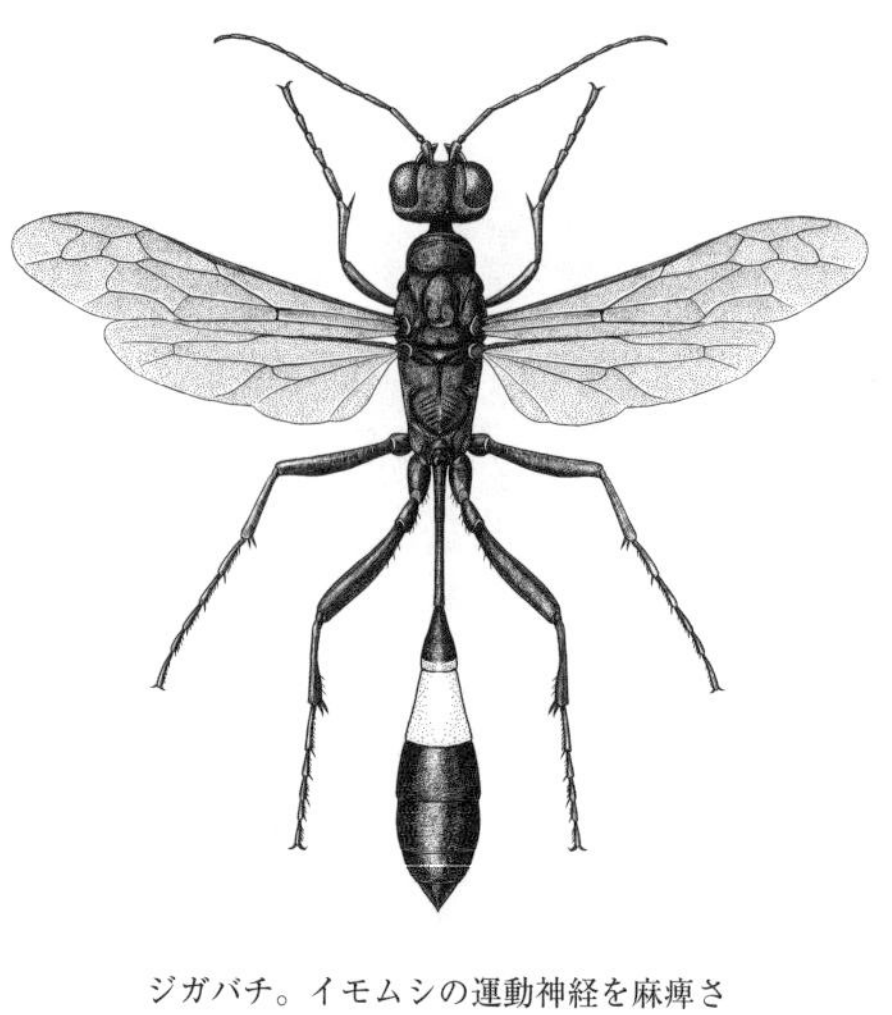

ジガバチ。イモムシの運動神経を麻痺させて幼虫の餌とする。腰が極端に細い。

もっとも、中国では古く唐代に、段成式《だんせいしき》（?～863）という人が『酉陽雑俎《ゆうようざっそ》』という本に、すでにこのハチのことを記し、『詩経』に疑義を呈している。

さて、次はミツバチ、そしてスズメバチである。

花に狂ずるとは詩人の称にして、歌にはさしもよまず。蜜をこぼして世のためとするはよし。只人目稀《まれ》なる薬師堂に、大きなる巣作りて、掃除坊主をおびやかさんとす。それも針なくば人にはにくまれじを。

漢詩人はハチが花に狂ずると言うけれど、和歌ではそんなふうには詠まない。この中の、蜜を集めるのはミツバチであり、山の中の薬師如来を祀《まつ》ったお堂などに大きな巣を作るのは、キイロスズメバチをはじめとするスズメバチの仲間である。巨大な巣を作り、しかもその毒は非常に強烈であるから、刺されれば人によっては、ショック死を起こしたりする。

ハチの後にはカエルなどが出てくる。昔はカエルも、ヘビなども「長虫」と言って虫の仲間であったが、ここでは省略することにしよう。

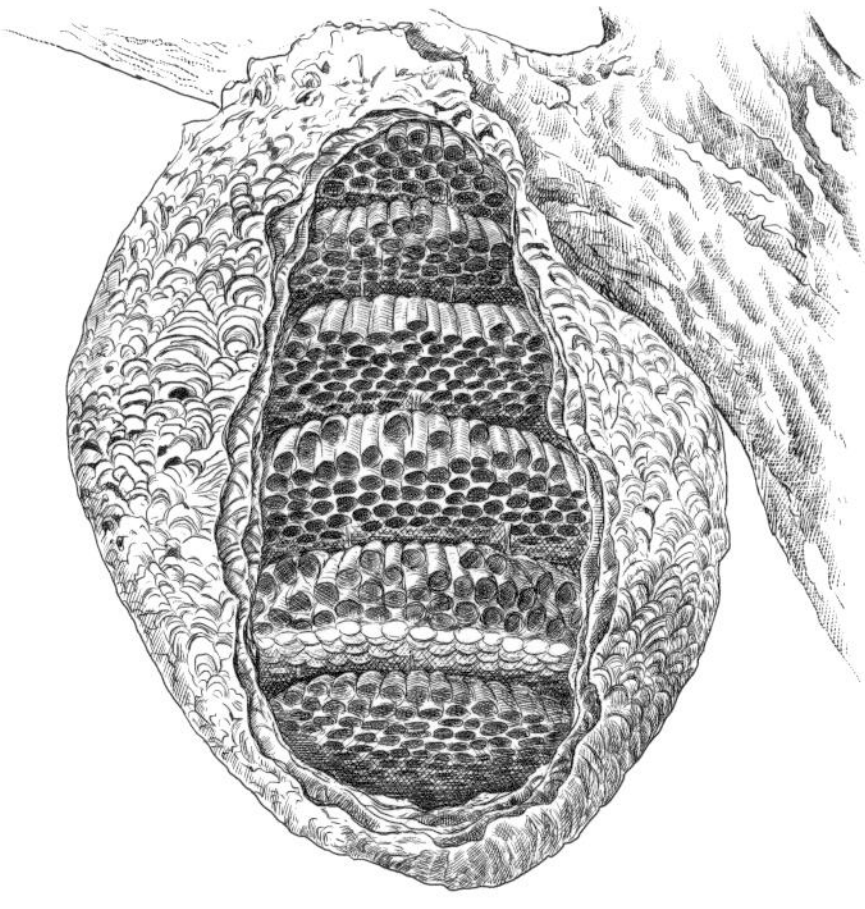

キイロスズメバチの巣。多数で集まって社会生活を営み、巨大な巣を造る。

セミとホタル

蟬《せみ》はたゞ五月晴に聞《きき》そめたるほどがよきなり。や丶日ざかりに啼《なき》さかる比《ころ》は、人の汗しぼる心地す。されば初蝶とも初かはづともいふ事をきかず。此物ばかり初せみといはる丶こそ大きなる手がらなれ。やがて死ぬけしきは見えずと、此もの丶うへは、翁《おきな》の一句に尽たりといふべし。

五月晴れの頃鳴き始めるのは、ハルゼミで、ギーギーと結構やかましく鳴く。そして梅雨が過ぎる頃、チーとニイニイゼミの声が聞こえる。

夏になって、アブラゼミ、ミンミンゼミ、クマゼミなどが本格的に鳴き始めると、天ぷらを揚げるような声で、ジージーとか、ミーンミーンとか、シャーシャーシャーとか鳴くものだから、それでなくても暑いのに、セミの声でよけい暑くなる。人の汗をしぼる心地がするのである。だから、初チョウとか初カワズと言わないのに、セミばかりは初ゼミと言って、初めのうちの、比較的弱々しい声で鳴くセミを、もっぱら鑑賞することになるわけである。

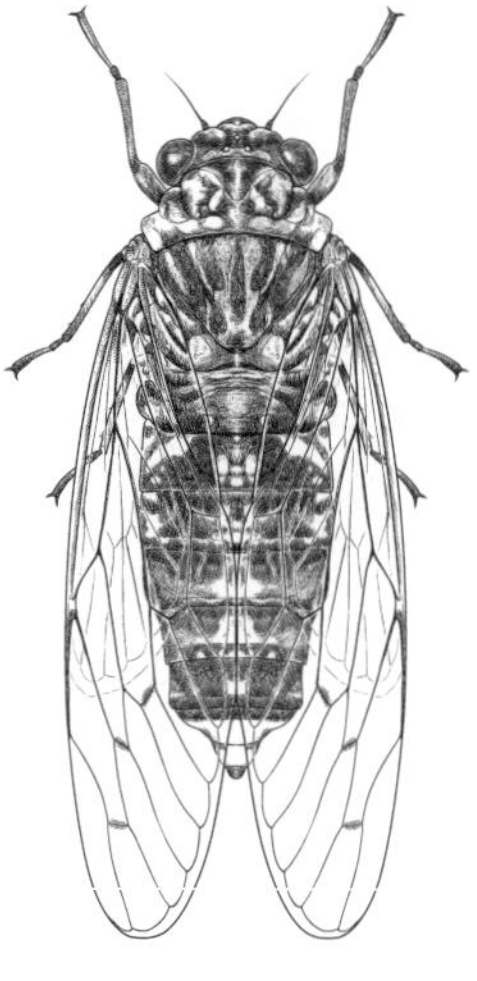

ハルゼミ。五月頃、マツの木などでギーギーと鳴く。

やがて死ぬけしきは見えず蟬の声

というのは、『猿蓑《さるみの》』の中にある芭蕉の有名な句だが、短い命を、声をかぎりに鳴きしきるセミは、芸術家の象徴と、芭蕉はとったのであろうか。

ほたるはたぐふべきものもなく景物の最上なるべし。水にとびかひ草にすだく。五月の闇はたゞこの物の為《ため》にやとまでぞ覚ゆる。しかるに貧の学者にとられて、油火の代《かはり》にせられたるは、此《この》もの、本意にはあらざるべし。歌に蛍火とよませざるは、ことの外の不自由なり。俳諧にはその真似《まね》すべからず。

横井也有は、ホタルを特に嘆賞している。「水にとびかひ草にすだく」さまを愛したのである。この場合の「すだく」は、鳴くわけではなくて、草に群れ集まる、ということであろう。「貧の学者にとられて」というのは、晋の車胤《しやいん》が、本を読むための灯油が買えないので、ホタルを集めてその光で読書をした故事、また孫康《そんこう》が雪を集め、その反射光で読書したという「蛍の光、窓の雪」の故事である。私の学生時代には、「蛍雪時代」という受験雑誌があった。

日ぐらしは多きもやかましからず。暑さは昼の梢《こずゑ》に過て、夕は草に露をく比《ころ》ならん。つく〳〵ぼうしといふせみは、つくし恋しともいふ也《なり》。筑紫の人の旅に死して此物になりたりと、世の諺《ことわざ》にいへりけり。哀は蜀魄《しよくはく》の雲に叫ぶにもおとるべからず。

ヒグラシは、朝、そして夕方、あるいは雲がかかって急に暗くなった時などに、涼しい声でカナカナカナカナと鳴き出すが、その鳴く声は、ほかのセミと違って、たくさん鳴いても決してやかましい感じがしない。

「聞き做《な》し」という言葉がある。鳥や虫の声に人の言葉をあてはめて解釈することである。外国には、鳥の声の聞き做しはあるが、虫の聞き做しは少ない。日本の場合、ツクツクボウシの声を「筑紫恋《つくし》し」と聞いたり、「(夏の去るのが)つくづく惜しい」と聞いたりしている。

ついでに言えば「蜀魄」はホトトギス。ツクツクボウシの風情は、朧月《おぼろづき》をかすめて鳴くホトトギスにも劣らぬというのである。

イモムシ、カイコ、カゲロウ

芋虫は腹たつものにたとへ、毛虫はむつかしき親仁《おやじ》の号とす。(中略)油むしといふは、虫にありてにくまれず、人にありてきらはる。

なぜか昔の人は、イモムシがむくむくしている様子を、「腹をたてている」と解釈したようである。また「毛虫親父《おやじ》」という言い方があったようで、人に嫌われる気難しい親父のことを、そう呼んだという。

人にたかって、酒をおごってもらったり、飯を食わせてもらったりする人のことを、昔は「油虫」といった。「虫にありてにくまれず、人にありてきらはる」というが、昔の人は現代の日本人ほど、油虫、つまりゴキブリを大袈裟に嫌がったりは、しなかったようだ。

蚕の生涯は世の為に終り、火とりむしはたがために身をこがすや。蜉蝣《かげろふ》ははかなきためしにひかれ、蓼《たで》くふむしは不物《ふもの》ずきの誹《そしり》となれり。さは俳諧するものを、俳諧せぬ人のかくいふ折もあるべし。

絹糸を生産するカイコは、いっしょうけんめいクワの葉を食べて大きくなり、繭を紡ぐと糸を取るために煮られて死んでしまう。まったく人のために役に立つだけで、自分は少しも楽しまない。「火とりむし（火取虫）」というのは、ガをはじめとして灯《ひ》に飛び込んでくる虫のことである。

朝に生まれ夕べに死すというカゲロウは、命のはかないものの例にひかれる。フランス語でもカゲロウは「つかの間の、はかない」という意味の形容詞エフェメール（éphémère）が、そのまま名になっている。「蓼《たで》食ふむし」は、人の好きでないもの、たいていの人の嫌うものを好む人のことをいう。蓼はひりりと辛いが、鮎の塩焼きなどに蓼酢を添えると、料理の味が引き立つのである。

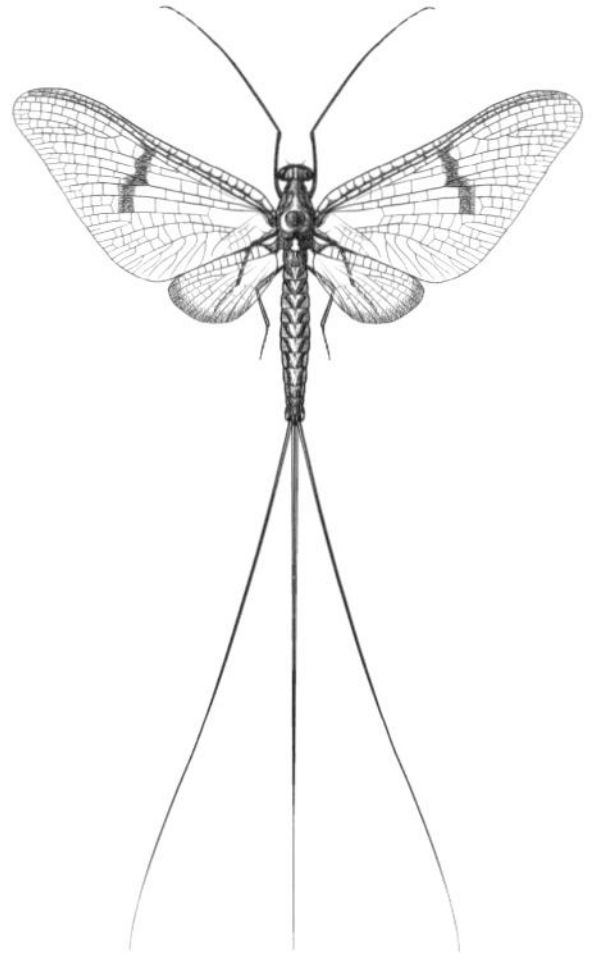

カゲロウ。短命の虫。成虫にはたった一日も生きられないものがある。

甲虫《こうちゅう》類

おなじ宝の名によばれて、玉むしはやさしく、こがね虫はいやし。

玉も黄金も宝である。玉、つまり宝石にも比せられたタマムシは、優にやさしいものとされる。『玉虫の草紙』などの中では、この虫は、玉虫姫として登場する。これは玉虫姫をめぐって、いろいろな虫が恋の葛藤を演じ、最後に松虫の左大臣が勝利者となるという、平安朝恋愛物語の陳腐な趣向を採って、これに虫をあてはめただけのものである、と江崎悌三先生の日本の虫文学の解説にある。

一方、コガネムシのほうは、お金がからんでくるわけで、卑しいものとされている。商業蔑視、あるいは金銭蔑視の思想がここにも表われているといえるであろう。

蟻《あり》は明《あけ》くれにいそがしく、世のいとなみに隙なき人には似たり。東西に聚散《しゅうさん》し、餌を求《もとめ》てやまず。
いつか槐安《くわいあん》の都をのがれて、その身の安き事を得む。さるもたよりあしきかたに穴をいとなみて、
千丈の堤を崩すべからず。

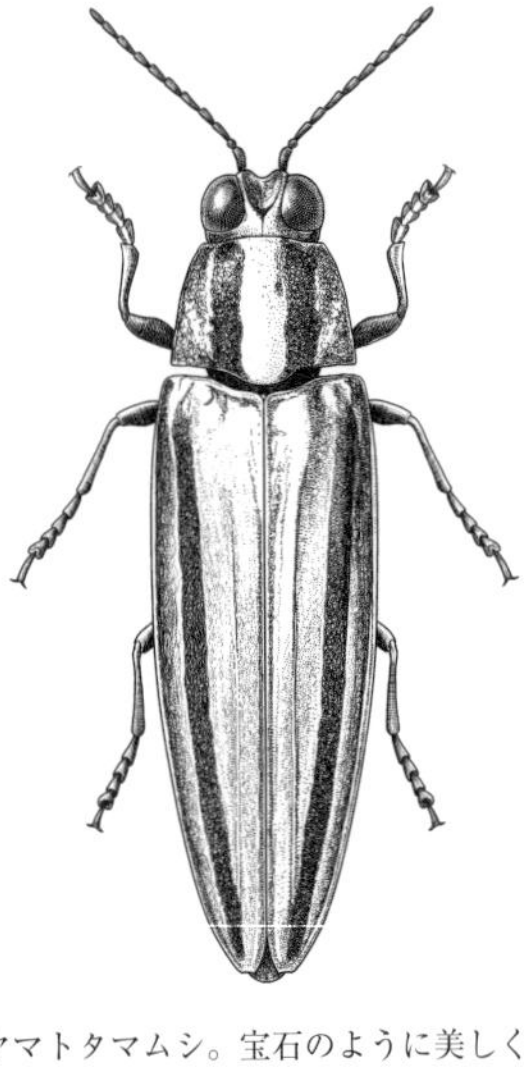

ヤマトタマムシ。宝石のように美しく輝く甲虫。工芸品の材料にもされてきた。

アリが朝から晩まで忙しそうに地面をはいずりまわって働いているところは、よく働く人間のようである。あっちに行き、こっちに行きしていつも餌を探している。いつになったら槐安《かいあん》の都、つまりアリの王様の目の届かないところに脱走して、ひとり安楽に暮らすことができるのだろうか。アリが社会性の昆虫であることは昔からよく知られていたようである。

「たよりあしきかたに穴をいとなみて」……川の堤のようなところに穴を掘って、大きな堤をアリの一穴から崩してしまうようなことをしてはいけない。

ハエ、シミ、シラミ

蠅《はへ》は欧陽《おうやう》氏に憎まれ、紙魚《しみ》は長嘯子《ちやうせうし》にあはれまる。

宋の学者の欧陽修《おうようしゅう》（1007〜1072）という人が、第4章の「ハエとカ」のところで紹介するように、「蒼蠅《そうよう》を憎むの賦」という詩を書いており、木下長嘯子《きのしたちょうしょうし》（1569〜1649）が『挙白集《きょはくしゅう》』という歌文集の中に、「紙魚の辞」というのを書いている。

狗《いぬ》の歯に噛《かま》るゝ、蚤《のみ》はたま〳〵にして、猿の手にさぐらるゝ、虱《しらみ》は、のがるゝ事かたかるべし。

ヒトノミ。肢でよく跳ねる。翅は退化してなくなっている。

麻生氏の注釈によると、まぐれあたりの喩えに「犬の蚤の噛《か》みあて」という諺があるという。犬がときどき痒《かゆ》そうに鼻にシワをよせて自分の背中を噛んだりしているが、あれではなかなかノミを噛み当てることはできないだろう、その反対に猿の器用な手に探られるとシラミは絶対に逃げることができない、というわけである。

虱を千手観音と呼ぶに、蚰蜒《げぢげぢ》は梶原《かぢはら》といへり。さるは梶原が異名なりや、げぢ〳〵が異名なりや、先後今はしりがたし。

シラミは、白虫が語源だというが、その姿が観音様（千手観音）に似ているので、「千手観音」と名前がついている。戦中戦後はシラミが大発生したから、その姿をよく知っているのは昭和一桁以前の人に多いはずである。

またゲジゲジを「梶原《かじわら》」と呼ぶ。梶原は梶原景時《かげとき》のこと。源義経《みなもとのよしつね》のことを、頼朝《よりとも》に讒言《ざんげん》したとされ、歌舞伎などでも敵役であるが、ゲジゲジと梶原と、どっちがどっちの異名なのか、今となってはわからない、という。

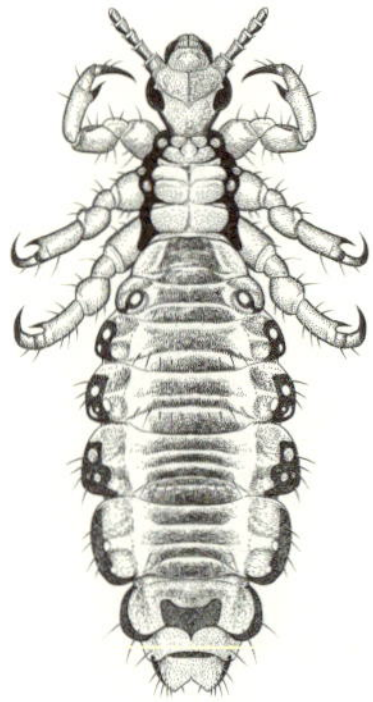

コロモジラミ。アタマジラミとは非常に近縁。

カマキリと「鳴く虫」

蟷螂の痩たるも、斧《をの》を持たるほこりより、その心いかつなり。人のうへにも此《この》たぐひはあるべし。

カマキリというのは、恐ろしげな斧《おの》を持っているが、それよりもなによりも、その心構えがいかにも猛々《たけだけ》しい。人間の中にもこんな人がいるものである。

促織《はたおり》鈴虫くつわむしは、その音の似たるを以て名によべる、松むしのその木にもよらで、いかでかく名を付《つけ》たるならん。毛生ひむくつけき虫にも同じ名有て、松を枯し人にうとまる。一ト在所にふたりの八兵衛ありて、ひとりは後生をねがひ、ひとりは殺生を事とす。これ松むしのたぐひなるべし。

「促織」とは現在のキリギリスのこと。「キリギリス・チョーン」と一定のリズムで鳴くのが、機を織る「トントン　パタリ」という音に似ているというのである。

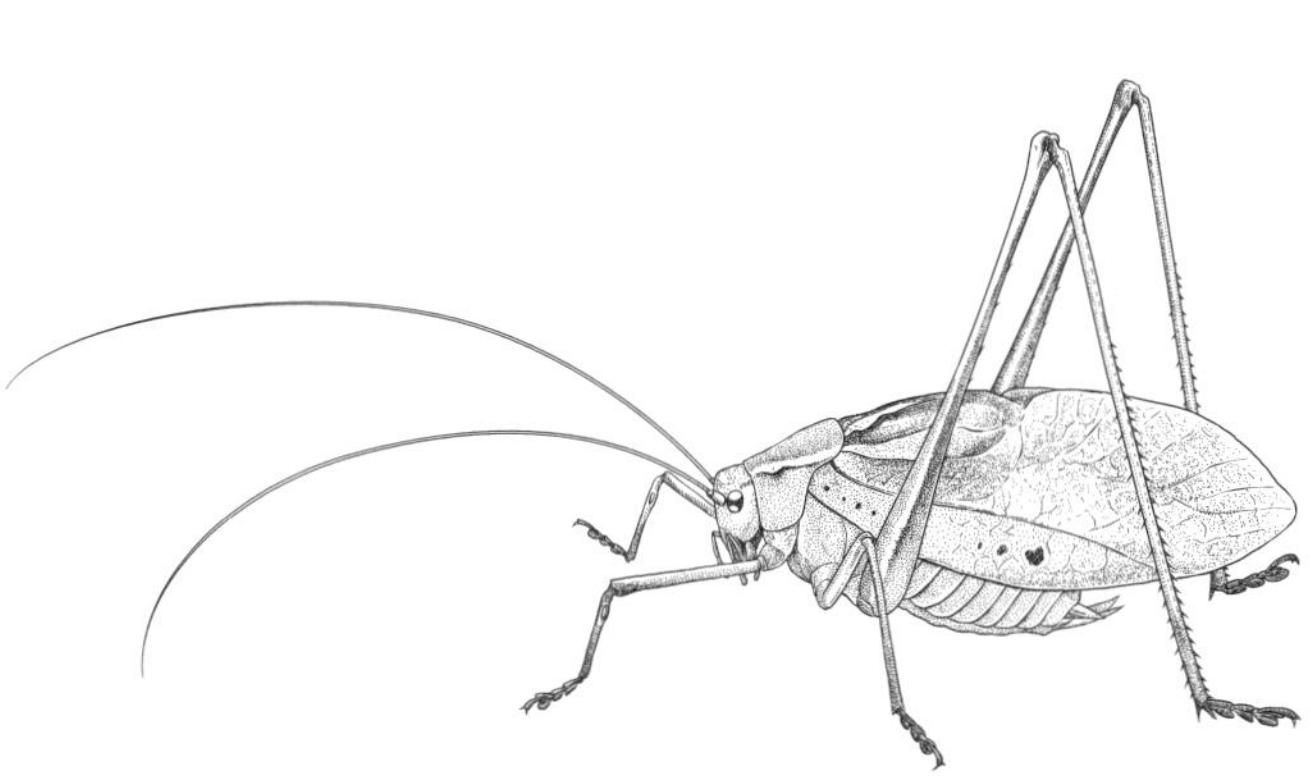

クツワムシ。「ガチャガチャ」とやかましく鳴く。
馬のくつわの鳴る音に喩えられた。

「鈴虫」は、今でも夜店で売っているリーンリーンと鳴くスズムシであり、「くつわむし」（クツワムシ）はガチャガチャと鳴く虫であるが、その声が馬のくつわの音に似ているのでその名がある。「その音の似たるを以て名によべる」というわけである。

しかし、「松むし」（マツムシ）は、松の木にはつかないから、なんでこんな名前をつけたのか、それがわからない。それからマツケムシは、マツカレハというガの幼虫だが、「松を枯し人にうとまる」。これもマツムシと呼ばれるが同じ名前がついていてもずいぶん違う。ひとつの村里に八兵衛という男がふたりいて、ひとりは信心深くてよい行いをし、もうひとりは殺生ばかりしている。これも同じ名前でまったく違ったものがふたついるマツムシの類いである。

きり〴〵すのつゞりさせとは、人のために夜寒をおしへ、藻にすむ虫は、我からと只身の上をなげくらんを、蓑《みの》虫《むし》の父よと呼《よぶ》は、守居《ゐもり》の妻を思ふには似ず。されど父のみこひて、などかは母をしたはざるらん。

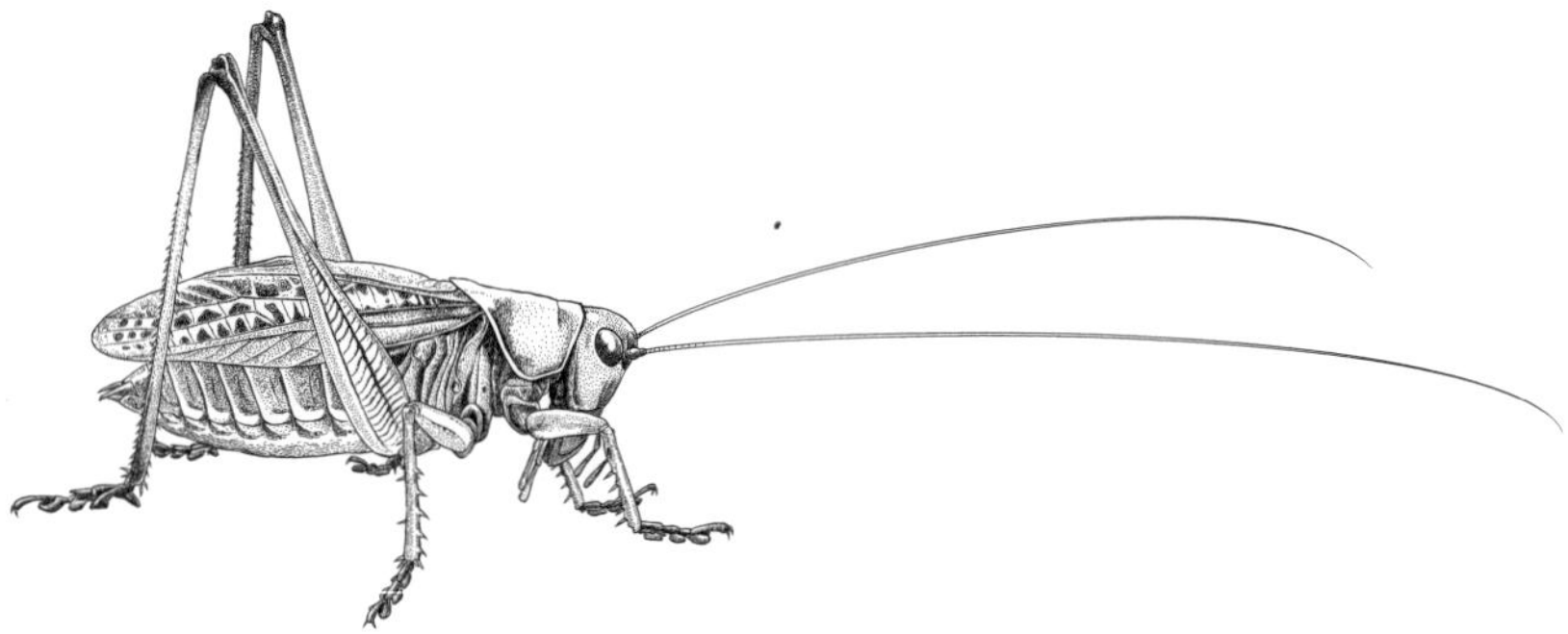

キリギリス。昼間、草むらで「キリギリス・チョーン」と鳴く。

「きり〴〵す」は、今のコオロギである。ツヅレサセコオロギという種類もあるが、冬が近づく頃に、「カタサセ　スソサセ　ツヅレサセ（肩のほころびを刺して繕え、裾を刺せ、綴《つづ》れを刺せ）」と寒さにそなえることを人に教え、戒めるといわれていた。

「藻にすむ虫」はワレカラという海産の甲殻類の仲間である。乾くと体が割れることからワレカラ（割れ殻）の名がある。古くから和歌の題材とされ、「我から」にかけて詠まれる。

そのワレカラは、ただ身の上を嘆くばかり。ところが、「蓑虫」（ミノムシ）は、『枕草子』にも、「ちゝよちゝよとはかなげに鳴く。いみじうあはれなり」とあるように、父ばかりを恋い慕うのはなぜなのか。家を守る母をなぜ恋い慕わないのか。ミノムシというのは、ミノガというガの幼虫だが、そのように鳴くと信じられていたようである。

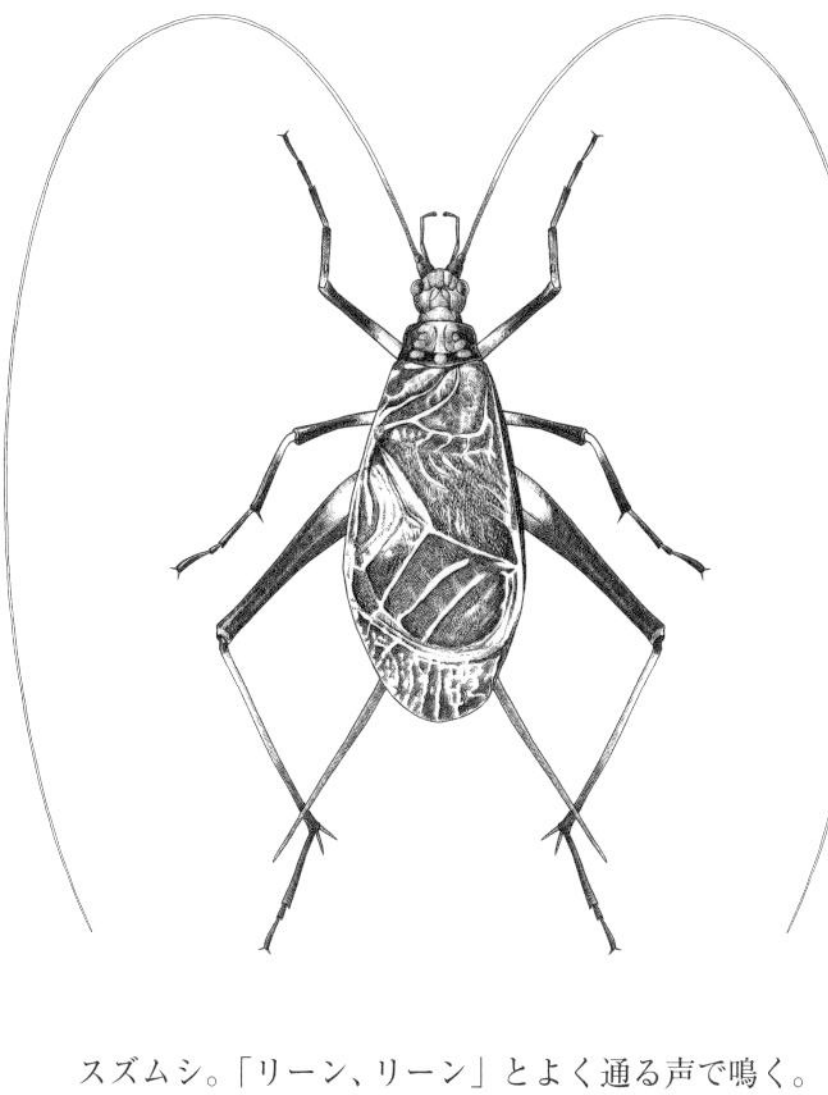

スズムシ。「リーン、リーン」とよく通る声で鳴く。

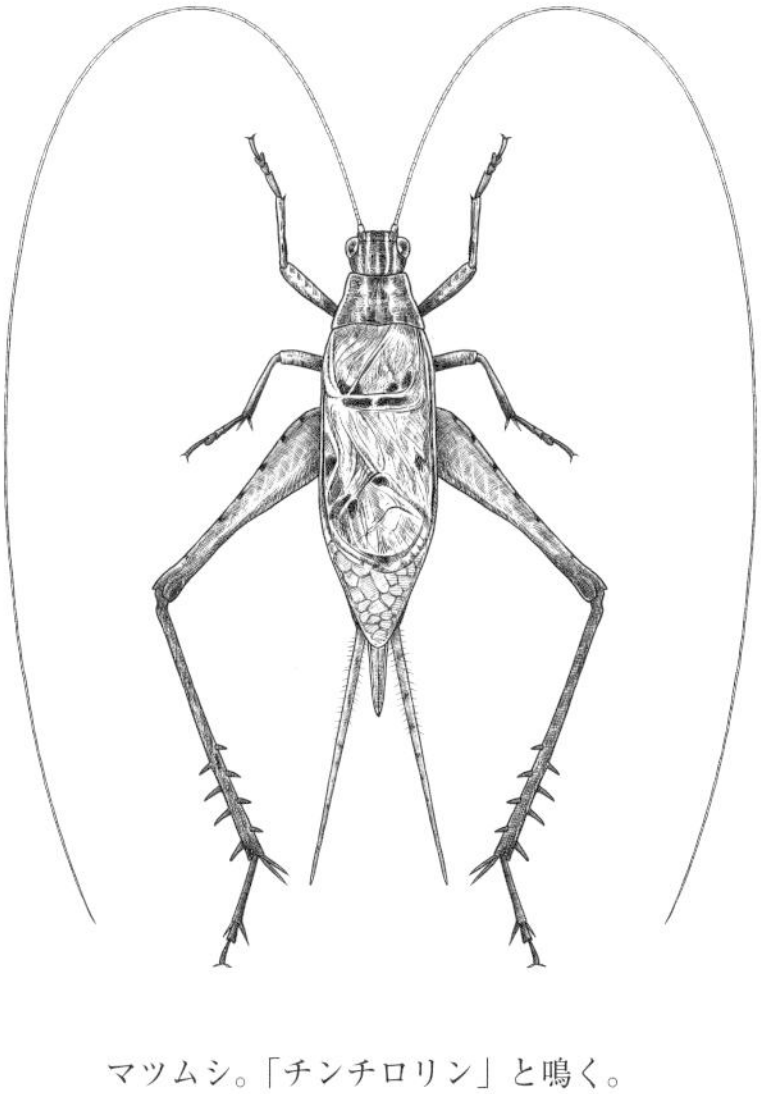

マツムシ。「チンチロリン」と鳴く。

カ

蚊はにくむべき限《かぎり》ながら、さすが卯月《うづき》の比《ころ》、端居めづらしき夕べ、はじめてほのかにきゝたらむ、又は長月の比《ころ》、ちからなくのこりたるはさびしきかたもあり。蚊屋釣《つり》たる家のさま、蚊やり焼《たく》里の烟《けむり》など、かつは風雅の道具ともなれり。藪蚊《やぶか》は殊にはげしきを、かの七賢の夜咄《よばなし》には、いかに団《うちは》の隙《ひま》なかりけむ。

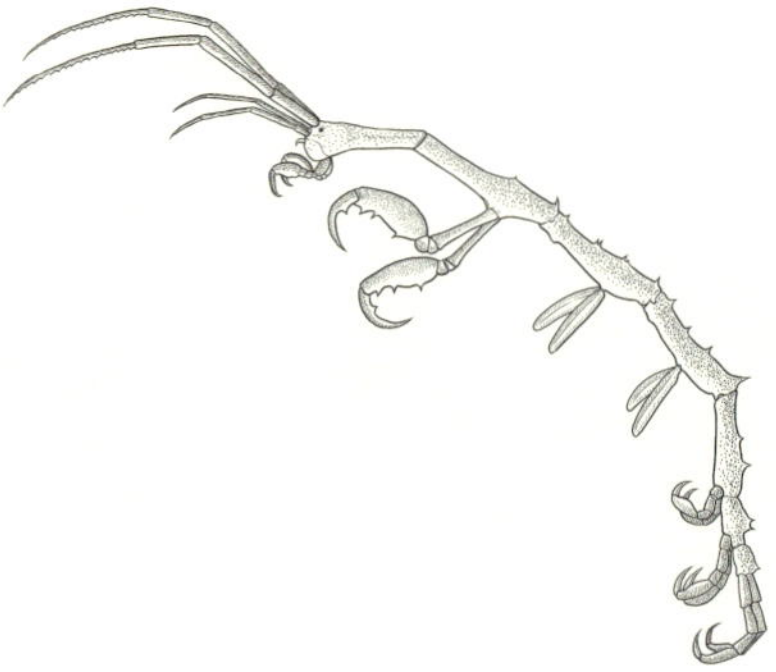

ワレカラ。海中に棲む甲殻類。「割れ殻」と書く。

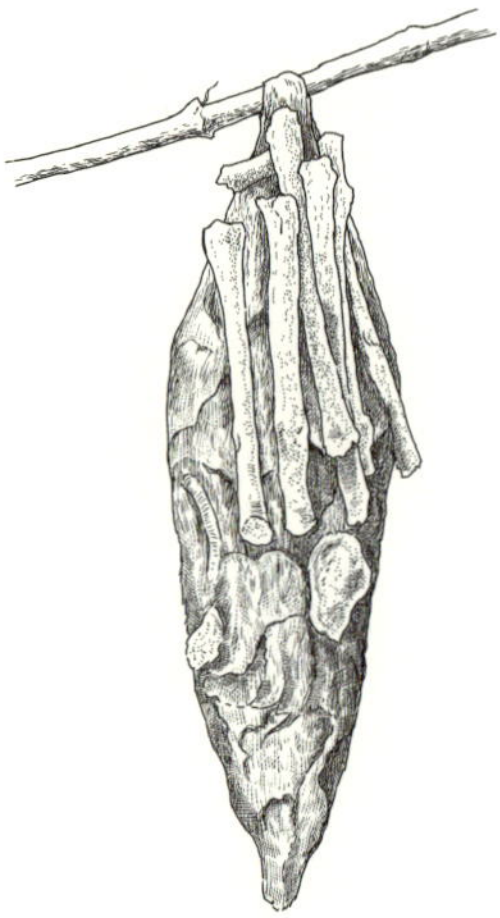

ミノムシ。木の葉、小枝を絹糸で嚢のような袋状にして中に棲む。

昔の人は特にカに悩まされたようで、第4章に述べるように、カにまつわる風物は実にたくさんあるが、さすがに、卯《う》の花の咲く陰暦の四月、まだ夕涼みのために縁側に出ることが珍しい頃に、初めてカの羽音がブーンと聞こえてくると、その風情は必ずしも悪いものではない、というわけである。または、陰暦の九月、長月の頃に、「哀れ蚊」というそうだが、生き残った力ないカの音は、いかにも哀れを誘う淋《さび》しいものである。

中国晋代の阮籍《げんせき》、嵇康《けいこう》、山濤《さんとう》ら竹林の七賢は、俗塵《ぞくじん》を避けて竹林に隠棲《いんせい》したそうだが、おそらくヤブカが多くて閉口したことだろう、団扇でパタパタ忙しくあおぎながら清談した、そのさまが想像される、というわけである。このへんはいかにも俳諧風のからかいの趣がある。

むかし銀に執心のこせし住持は、蛇となりて銭箱をまとひ、花に愛着せし佐国《すけくに》は、蝶《てふ》となりて園に遊ぶ。そも俳諧に心とめし後の身、いかなる虫にかなるらん。花にくるひ月にうかれて、更行《ふけゆく》行《あん》灯《どん》の影をしたひ、なら茶の匂ひに音《ね》を啼《なく》らんこそ哀《あはれ》なるべけれ。

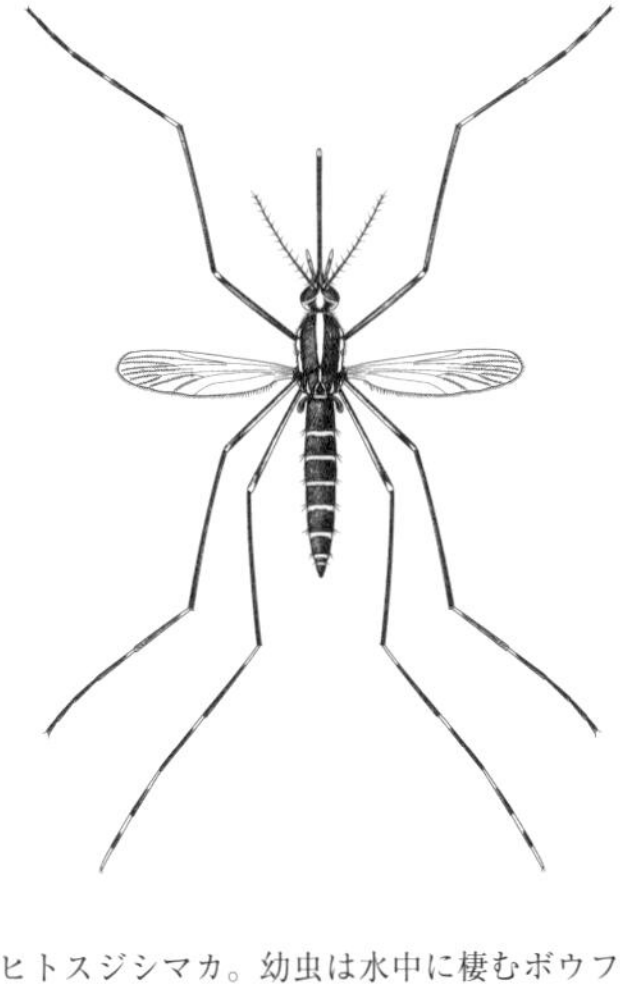

ヒトスジシマカ。幼虫は水中に棲むボウフラである。成虫は人や獣の血を吸うために口吻が発達している。本種はデング熱を媒介する。いわゆるヤブカの一種。

昔、お金に執着を残して死んだ坊主がヘビになって銭箱に巻きついたという話がある。それから、大江佐国《おおえのすけくに》という人がいて、花を大変愛したけれど、後にチョウになってまたその園に舞い戻ってきた。私たちのように俳諧に打ち込んでいる人間は、後にどんな虫になってしまうのだろうか。俳諧の集まりでは最後に奈良茶飯《ならちゃめし》が出るものと決まっているが、その匂いをかいでなつかしさに鳴くような、なんだか哀れな虫になりそうな気がする、というところで横井也有はこの『鶉衣』中の『百蟲譜』を終えている。

第3章

トンボ

——日本の勝虫、西洋の悪魔

『日本書紀』にみえるトンボ

トンボは、大きなふたつの複眼と、しっかりした胸、そして長い立派な尻尾を持ち、四枚の透明な翅《はね》で、自由自在に、またすばらしいスピードで空を飛ぶ美しい虫である。日本では古くから、トンボはめでたい虫として愛され、尊ばれてきた。実際、日本には、世界有数の大きなヤンマであるオニヤンマや、美しいギンヤンマ、貴重なムカシトンボ、夢のように小さくて美しいイトトンボと、たくさんの種類のトンボの仲間がいる。

『日本書紀』には神武天皇の逸話がある。

長く激しい征服者としての生涯を送ってきた神武天皇は、その晩年に、腋上《わきがみ》の嗛間丘《ほほまのおか》というところに登って、自分の領地を見渡し、満足げに次のような嘆声を発している。

妍哉乎《あなにや》、国を獲《え》つること。（中略）内木綿《うつゆふ》の真迮《まさ》き
国と雖《いへど》も、蜻蛉《あきづ》の臀呫《となめ》の如《ごと》くにあるかな

（『日本古典文学大系67　日本書紀　上』坂本太郎、家永三郎、井上光貞、大野晋校注　岩波書店）

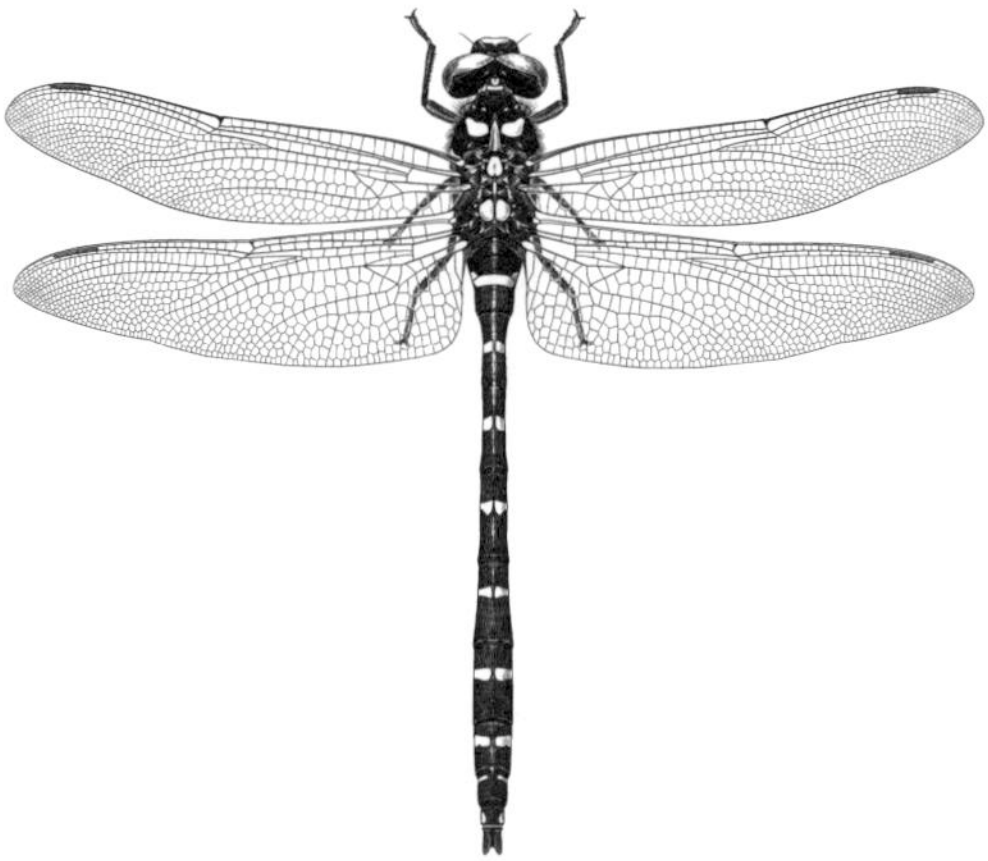

オニヤンマ。日本最大のトンボ。世界でも
有数の大きさを誇る。幼虫は渓流に棲む。

これが「秋津島夜麻登《あきづしまやまと》」という国号の興りだそうである。大変有名なくだりである。

「ああ、なんとすばらしい。我が獲得した領土は、狭いけれども、雌雄のトンボがつながっているようだ」

という意味なのだが、この「臀呫」というのはトンボの交尾の形態を表すものである。

トンボの交尾の形態には二通りある。雄が雌の首を尻尾の先の付属器ではさんで縦につながって飛ぶ場合を指したとすれば、この領土は細長い形に見えるし、雄と雌がくるりと輪のようになって飛ぶ形を指したとすれば、いくぶん丸い形、あるいは、イトトンボのようにハート形をしていたことになる。

同じく『日本書紀』にもうひとつ、トンボの話が、雄略天皇の四年秋八月の項に見える。

天皇が吉野の上流の原野に狩りに出た時のことである。勢子《せこ》に獲物を追わせて、弓をとって待ち伏せていると、アブが飛んできて天皇の腕を刺した。するとそこへ、トンボが颯爽《さっそう》と現れてそのアブをさらっていった。雄略帝が大いに喜んで謳《うた》った歌の後半は次のようになっている。

（前略）猪鹿《しし》待つと　我《わ》がいませば　さ猪《ゐ》待つと　我が立たせば　手腓《たくふら》に　虻《あむ》かきつき　その虻を

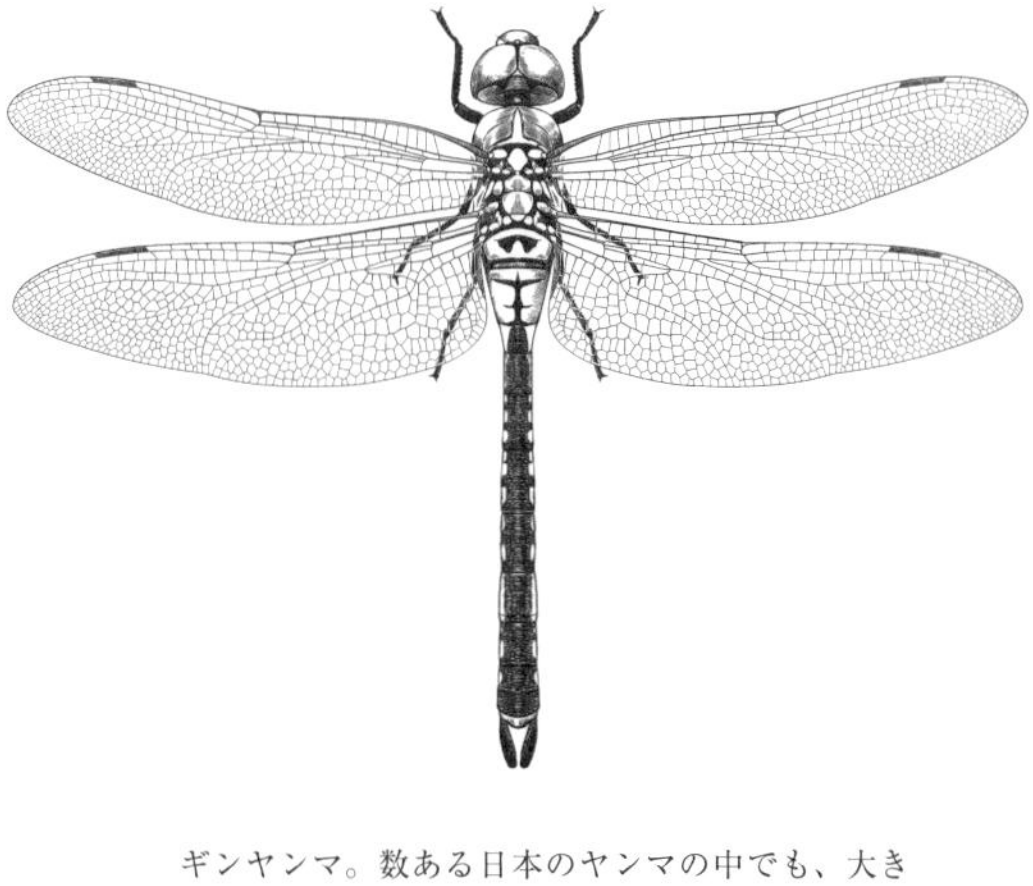

ギンヤンマ。数ある日本のヤンマの中でも、大きさと美しさの故に子供たちにもっとも愛された種。幼虫は池や沼に棲む。

蜻蛉《あきづ》はや囓《く》ひ　昆《は》ふ虫も　大君《おほきみ》にまつらふ　汝《な》が形《かた》は　置かむ　蜻蛉嶋倭《あきづしまやまと》（後略）

（現代語訳）

そのシシを待つと私が構えていると、猪を待つとて私が立っていると、手のこむらに、虻が食いつく。しかしその虻を蜻蛉がさっと食う。つまり、昆虫までも私に奉仕しているわけだ。だからお前の記念のものをば残して置こう。『蜻蛉島倭』という名をつけて。

トンボにはこうした勇壮な姿から「勝虫」の古名がある。農業の大敵であるウンカや、不快なハエ、カを捕食する益虫であるという実利もさることながら、日本人には、ことに男の子には、古来、本能的なといってもよいほどのトンボへの憧れがあるように思われてならない。

イトトンボの仲間は、交尾の際、ハート形になる。雄に首をしっかりと摑まれた雌は、雄の交尾器から受精する。上が雄、下が雌。

トンボ釣りという遊び

トンボ釣りけふはどこまでいったやら

加賀千代女

という有名な句がある。しかし、「トンボ釣り」とは実際にどのようにして行なうのか、そのやり方を知っている人、あるいは実際にやったことがある人は、だんだん少なくなっているようである。外国で子供がトンボを捕っているところはめったに見ないが、日本でも同様になった。しかし、これは、かつて、男の子にもっとも人気のある遊びだったのである。

この句の作者、加賀千代女《かがのちよじょ》は、元禄《げんろく》に生まれて安永まで生きた人だそうである（1703～1775）。この句にはいかにも、遊びに行ってなかなか帰ってこない子供のことを、池にでも落ちたのではないか、などと案じている母親の詠んだもの、という感じが出ている（実際に千代女は子供を亡くした経験があるという説もある）。

トンボ釣りの起源は相当古そうであるが、いずれにせよ、江戸時代にはすでに、男の子なら誰でもやる遊びだったようである。

相手となるトンボは、その辺の田んぼの縁を、ちゃらちゃら飛んだり止まったりしているシオカラトンボなどではない。子供の網の届かないあたりを、悠々と巡回飛行するギンヤンマでなければならない。

しかし、これが用心深くて捕り難い。網の柄の長さを見切っているし、いざとなったらひらりと身をかわす。なによりも、その存在感が凄《すご》いのである。

ギンヤンマは、雄と雌とで色彩に違いがあり、雄の腰の部分は、エナメルを塗ったようなぴかりと光る青、雌は緑なのである。翅の色は、雄や若い雌では透明だが、老熟した雌では、茶色にけぶり、これが雄にとってはたまらない魅力の源なのである。こういうヤンマは結構長生きで、雌の卵巣が成熟するのにひと月ほどの時間がかかるという。

昼間、水面《みなも》の王者として、池や田んぼをパトロールしているのは雄ばかりであるが、ごくたまに、雌雄のつがったものが飛んで来ることがある。

それを首尾よく捕らえたらしめたもの。雌を1メートルほどの長さの木綿糸で縛り、糸を木切れの先にくくり付けて、飛んでいる雄の前で飛ばすのである。

すると、あれだけ用心深かったギンヤンマが、たちまち色仕掛けにかかり、人間がそこにいるのも目に入らなくなるのか、じゃらじゃらと羽音を立てて雌に飛びかかる。

雄は、尾端の把握器で雌の複眼を、痕のつくほどしっかり摑《つか》んで、攫《さら》って行こうとする。しかし、雌は自由の身ではない。ひも付きならぬ糸付

トンボ釣りをする著者。

オオルリボシヤンマの雄（左）と囮の雌。

きである。あせって飛ぼうと、空中でもがいている野良雄を子供は、難なく手で捕まえるという次第。

しかしこの時に、前翅と後翅の間を通した黒い木綿糸で、ヤンマの中肢と後肢を一緒に縛ると、胴体に糸が食い込んで、ヤンマの腹が切れるようなことがないとか、ときどき雌に水を呑《の》ませるとか、ハエを食わせるとか、ノウハウはいろいろある。囮《おとり》の雌を飛ばしながら歌う歌も全国に何百もあったらしい。

そういうことは皆、年上のガキ大将が教えてくれるのであって、学校の勉強はできなくても、遊びにかけては、器用でカンの鋭い、名人がいたものである。彼らはただ威張っているのではなかった。小さい子が川の深みにはまらないか、肥壺《こえつぼ》に落ちないか、漆にかぶれないか、などと、ちゃんと気をつけてやる。ため口を叩《たた》けば殴る。言葉遣い、すなわち人間関係まで、遊びの場で教えたりしたのである。

ここに、松井一郎『随想　睡生夢死　あるごくらくとんぼのたわごと』という、珍しい文献がある。雑誌「インセクタリウム」（1973年5月）発表の後、自費出版したもので、著者が私に贈ってくださったのを大切にしている。

松井氏が収録している「トンボつりの歌」などは、急速に消えつつあるか、あるいはすでに消え去ったもので、いわば民俗資料としてこれは貴重なものである。

松井氏はまず、地元名古屋地方のトンボ釣りから語っている。

名古屋地方ではギンヤンマのオスのことを「オッキ」、メスのことを「メッキ」とよんでいます。（正しくは「よんでいました」かも知れません。現在は子どもたちはこの言葉をほとんど知りません）（中略）てっとりばやくオスを捕えることが必要です。さもないと獲物ににげられるからです。

（「とんぼつり」松井一郎『随想　睡生夢死　あるごくらくとんぼのたわごと』中日本蜻蛉談話会）

次に沖縄、朝鮮のとんぼ釣りについての紹介……と話は続くが、ここでは話の筋がわかりやすいよう、その紹介は章末に送ることにする。

小出楢重とトンボ

大正時代から昭和の初めにかけて活躍した大阪出身の洋画家で、主にガラス絵で知られる、小《こ》出楢重《いでならしげ》（１８８７～１９３１）の随筆の中に、「下手《げて》もの漫談」というのがある。その中にトンボについて次のような面白い、そして私のような年代の者には懐かしい文章がある。

蜻蛉《とんぼ》の羽根と胴体を形づくる処《ところ》のセルロイド風の物質は、セルロイドよりも味がデリケートに色彩と光沢は七宝細工《しっぽうざいく》の如《ごと》く美しい。あの紅色の羽根が青空に透ける時、子供の私の心はうれしさに飛び上った。そしてあの胴体の草色と青色のエナメル風の色沢は、油絵の色沢であり、ガラス絵であり、ミニアチュールの価値でもあった。

私の夏は蜻蛉釣り以外の何物でもなかった。夕方に捕えた奴《やつ》をば大切に水を与え、翌朝は別れをおしんで学校へ行くのだ。学校では、蜻蛉の幻影に襲われて先生の話などは心に止まらない。

ある時、算術の時間中、私は退屈して、蜻蛉が、とりもち竿《ざお》でたたかれる時の痛さというものについて考えつづけた。竿があの草色のキラキラした頭へ衝《つ》きあたった時は、どれ位いの痛さだろと思ってちょっと頰《ほっ》ぺたを平手で試《た》めして見た。も少し痛いかと思って少し強く叩《たた》いて見たがどうもまだなまぬるかった。とうとう私は夢中になって私の頰《ほお》をぴしゃりと強く打ったものだ。忽《たちま》ち静かな教室の皆の者が私の顔を見た。私は蜻蛉に同情したために放課時間中、教室に一人立たされていた。

でも、早くあの蜻蛉に会いたくて走って帰ると、蜻蛉は猫に食べられて二、三枚の羽根となって散了していた。私は地団太踏んで泣いた。とうとう、丁稚《でっち》と番頭につれられて、八丁寺町《はっちょうてらまち》へ大蜻蛉狩りを行った事である。

（「下手もの漫談」『小出楢重随筆集』岩波文庫）

実際に、かくいう私も含めて、トンボのたくさんいるところに育った子供は、もちろん人にもよるけれど、朝から晩まで、夏になるとトンボ捕りのことを考えていたものである。

捕り方には何種類もあって、網で捕る方法、モチ竿で捕る方法、それからもうひとつ、松井氏が書いているように、ブリ（関東ではトリコ）という道具を使って捕る方法がある。それは糸の両端に小石を付けて、その糸を空中に投げ、獲物と間違えて糸がからみついて落ちてきたトンボを捕らえる方法である。

こんなふうに、トンボというのは、日本では男の子の遊び相手であった。

西欧におけるトンボ

ところが、西欧においてはどうだったかというと、驚くべきことに、トンボは不吉な恐ろしい虫、忌むべき虫として扱われている。

たとえば、昆虫学者アラン・デボーはこのように記している。

この憎々しい顔をした大型の昆虫は、敏捷《びんしょう》で、ほっそりしていて、紗《しゃ》のような羽と短剣のような長い体とをもち、田舎の小川の流れに沿って、あるいは貯水池の岸のアシの間を、矢のように飛んだり舞ったりしている。空中を飛び交う動作が驚くほど早く、またはっきりした目的をもっているようにみえるので、見なれていない人はぎょっとするのだろう。

（中略）

飛行中のトンボの姿もうす気味わるいが、それよりもいやらしいのは小川のほとりの小枝にとまっているところで、邪悪な針の長さをあからさまに見せ、妙な羽脈のある羽を平らに左右に張り、口が大きく、大きな目玉のついた頭は細い首の上にのって、あたりをうかがうように回転する。しかも実際には、この不吉な外観をもった生物は、人間には何の害も加える力をもたず、かえって蚊を食い殺してくれることで人間の味方となっている。

（「昆虫界の脅威——トンボ」アラン・デボー『動物界の驚異と神秘』日本リーダーズ ダイジェスト社）

というのだが、日本人にはあのように優雅に見えるトンボが、どうしたらこんなふうに感じられるのか、とこちらは逆に驚いてしまうわけである。

たまたまトンボをつぶさに見る機会のあった一般のアメリカ人の反応は、おおむねこのようなものになるという。もちろん、トンボの飛んでいる姿になど、ふつうのアメリカ人はことさらに目をとめることはない。見えても、単に「虫（bug）が飛んでいるな」ぐらいですまされてしまうらしい。

子供たちも、もちろんトンボ捕りなどはしない。アメリカには、トンボにまつわる不吉な迷信がいろいろあって、トンボの別名には、「悪魔のかがり針（デヴィルズ・ダーニング・ニードル）」とか、「魔女の針（ウィッチズ・ニードル）」というのがある。これは、トンボが飛んできて人間の耳を〝針のような〟尻尾で縫いつけてしまうとか、子供が嘘《うそ》をついたり、いけないことを言ったりすると、くちびるを縫ってしまう、という迷信と結びついているのだそうである。親がそのようなことを言って小さい子を脅かす。マーク・トウェイン（1835~1910）の『ハックルベリー・フィンの冒険』の中でおばさんが、ハックにそう言って戒める場面がある。あるいはトンボがヘビに危険を知らせてやるので、トンボのことを「スネーク・ドクター」と言ったりもする。

日本では、本多忠勝のように、侍が兜《かぶと》の前立てに、トンボの形のしたものをつけたり、あるいはトンボが止まろうとして自然にすぱっと切れてしまったということから、「蜻蛉切」という名前がつけられた有名な槍《やり》があったらしい。トンボは進むことを知って退《ひ》くことを知らない「勝虫」として有名であった。そんなふうに日本では、なにかにつけてトンボは雄々しい、愛される虫なのだが、西洋世界では、多くの人が、トンボは

写真は本多忠勝のものではないが、兜の意匠にはトンボをあしらったものが多い。鉄錆地帽子形兜（てつさびじもうすなりかぶと）勝虫前立　江戸時代前期　17世紀。公益財団法人 岩国美術館所蔵。

あの太い尻尾の先で刺すと思っている。

西洋のトンボの詩

日本では和歌や俳句の中にトンボを謳ったものは、少なくないが、西洋ではそれは真《まこと》に少ない。こういう時、私が頼りにするのは、ラフカディオ・ハーン（1850〜1904）の「虫の詩」や「フランスの虫の詩数編」と題する文章で、これらは大学での講義録である。この時代には、帝国大学にもまだフランス文学科がなかったので、1896年（明治29年）から1903年にかけて英文学講師であったハーンは、フランスの詩についても自由に〝越境して〟話している。その「虫の詩」の中でハーンは、こう、言い切っているのである。

トンボへの言及は英詩全体によく散見されるところだが、しかしその言及はこの虫の変態《バシング》についての単純で無味乾燥な叙述以上のものをほとんど表明していない。しかしながら、虫の描写のみに限れば、もっともみごとな現代詩の詩行は、なぜかトンボに関するものである。しかもそれらはまたなぜかテニスンの詩ばかりなのだ。自然主義者や科学者たちはその詩行を大いに賞讃してきた。自然に対する真摯《しんし》な姿勢と詩行に表われる観察の正確さのためである。そのことは「二つの声」（The Two Voices）という題名の詩のなかに窺《うかが》い知れる。

To-day I saw the dragon-fly
Come from the wells where he did lie.

An inner impulse rent the veil
Of his old husk; from head to tail
Came out clear plates of sapphire mail.

He dried his wings; like gauze they grew;
Thro' crofts and pastures wet with dew
A living rush of light he flew.

今日、私はトンボを見た
身を横たえていた池から飛び立つ姿を。

内なる生の衝動が古い殻皮の仮面を
破り裂き、頭部から尾へと
サファイア色の甲冑《かっちゅう》のつややかな鎧板を現わす。

はねを干せば、はねは更紗《さらさ》のごとく変わり
露しだく畑地、草地に
命ある瞬光の疾駆を彼は放つ。

(『ラフカディオ・ハーン著作集　第七巻　文学の解釈・Ⅱ』池田雅之、伊沢東一、立野正裕、中里壽明訳　恒文社)

「英語でトンボを歌った詩で真に迫るものは、しかし、きわめて少ない」とハーンは言う。

だからこの虫の際立った美しさと優雅さを考え併せると、このことは諸君にとって奇妙に思われる

かもしれない。だがもう少し経《た》てば、諸君にもその奇妙さが理解できるものと私は思う。日本の歌びとに比べ、英国詩人の虫の主題に対する寡黙さは普遍的な原因に帰因しており、それは講義の終盤で考察することになろう。

そう言って、ハーンは講義の終盤に、約束通り、その理由について語っているのだが、その理由なるものは、キリスト教の存在だという。つまり初期教会の見解では、人類以外の生物の魂や亡霊、またいかなる類いの知性の存在も否定されていたことに、虫を主題とする詩の少なさの原因がある、というのである。ハーンは、人間以外の生き物の「魂」について、歴史的な視点で論じているが、それは章末に収録することにしよう。

トンボの美術

トンボのモチーフは、もともと西洋世界にはごく稀《まれ》な、というより例外的なものであったが、アール・ヌーヴォーのエミール・ガレのガラス器などの中に突然出現するようになる。それはヨーロッパの伝統的なものではなく、どうやら幕末の日本から輸入された葛飾北斎《かつしかほくさい》など、日本の芸術家の作品に触発されたもののようである。その事情については、1988年に国立西洋美術館で催された「ジャポニスム展」の図録に詳細な解説がある。

私が見つけたフランスのトンボの詩の中では、19世紀の詩人、テオフィル・ゴーチエ（181

1～1872）の次の一編が優れているように思われる。それを訳して挙げておく。なお、フランス語で一般にトンボは、リベリュル（libellule）と呼び、イトトンボの仲間をドムワゼル（demoiselle）と呼ぶ（demoiselle は普通には、「お嬢さん」という意味である）。ここでは、その高翔ぶりから見て、イトトンボではなく、ヤンマかなにか、大きいトンボであるようだ。

蜻蛉《ドムワゼル》

テオフィル・ゴーチエ

露に濡れた
**　ヒースに、**
野薔薇《のばら》の茂みに、
暗い樹林に、
**　道端の**
垣根に、
夢みるように　小首をかしげた
**　ひかえめな**

小さな雛菊《ひなぎく》に、
風の翼の気まぐれが
　　　　　　繰りひろげる
緑の大波の　ライ麦畑に、

絵を見るような花飾りで
　　　　　　色とりどりの
野原に向って下ってゆく
牧場に、丘の上に、
　　　　　　荒地に、
亭亭と独り聳《そび》ゆる　楡《にれ》の大樹に、

蜻蛉は　ゆらゆら止っている、
　　　　　　たち込める霧の中、
空の端から　キラキラと、

黄金の光がさして来ると、
　　　　蜻蛉はひかる
空気《アリエル》の精のまなざしのように。

木の下道の　かたわらで
　　　ぶんぶん唸《うな》る

虫の群を横切って、
蜻蛉は虫らの　移ろう輪舞《ロンド》に
　　　混ってゆき、
自分も同じ輪を描く。

間もなく蜻蛉は飛びたつと
　　　大空に
噴きあげ　落下し　廻《めぐ》りゆき
せせらぎとなって流れ去る

噴水の輪をくぐって
たわむれる。
微風よりも速やかに、透きとおった
水の面を
気ままな蜻蛉は　かすめ飛ぶ
水の面に　憂い顔の柳が姿を映し
自分の姿に
見惚れている
水の面に　白と黄の　水蓮の花が　榛の木の、
木立ち越しに
垣《かい》間《ま》見《み》え、
ひたひたと打ち寄せ
花をぬらす

波の間にまに　二つの色を見せている、

水の面に白雲が　身を浸し、
　　　　　ほほえみかける
夏の空が　水の面を移ってゆき
太陽がとび込んで　ぶるっと身をふるわせると、
　　　　　東方の
美事な太陽に　さも似て見える。

巡回飛行の　黒い燕が
　　　　　蜻蛉のそばを
通り過ぎ　澄んだ水に
蒼《あお》いさざ波を
　　　　　なみ立てるとき、
蜻蛉はツイと身をかわす。

歌う森、芳香に満ちた
　　　　若草の野、
木目紋様《モワレ》に波立つ湖、青い丘、
雲が通ってゆく空、
　　　　広い虚空、
突兀《とっこつ》たる岩の山、

これこそが、広い広い蜻蛉の領地
　　　　彼女は　ここを
気随気ままに飛びまわる、空中の花、
真珠色の蜻蛉、
　　　　碧玉《へきぎょく》のような
薔薇と緑のかがやき。

蜻蛉《ドムワゼル》の　近い親戚

娘たちは　誰もが
幾度も　願い、夢見てやまぬ、
彼女のように振舞うことを、
蜻蛉、
自由な蜻蛉。

（拙訳）

〈アンソロジー〉

『随想　睡生夢死　あるごくらくとんぼのたわごと』

とんぼつり

松井一郎

（はじめに）

最近、めっきりみられなくなりましたが、トンボつりは昔から日本の子どもたちに親しまれてきた楽しい遊びの一つです。しかし、学問的には今なお不明な点が多く、いったい、オトリのメスのどこをねらってオスが飛んでくるのか明らかではありません。

昔の人は毎日の観察と経験からトンボつりを自然に考え出したものでしょうが、形とか色とか臭とか、いずれにしても生殖に関係のあることは想像にかたくありません。

トンボは複眼のため動くものしか認められませんので、オスが最初にオトリを発見して飛んでくるのは、メス自体にひきつけられるというより、ものが動くから一つにはエサとして、また、一つには異性として近づいてくることが考えられます。あとで紹介します沖縄本島のトンボつりは前者の良い例といえましょう。そうして近くまで飛んできて、同性であったりまたちがった種類のトンボであれば直ちに

飛びさってしまいますが、同じ種類のメスであれば連接交尾が行なわれます。トンボつりには多くの場合ギンヤンマが使われます。そして、まずトンボ（主としてメス）の両翅の間で胸部を糸でしばり、一mくらいの竹ざおの先に他方の糸の端をくくりつけ、昼間、トンボの飛んでいる水田や原っぱでゆっくりと振廻すのです。そのとき唱える言草はあとでお話しますように日本各地でそれぞれ異っていて、中にはおもしろいものもあります。オトリが生きたトンボであれば問題ありませんが、死んだトンボの場合や弱っている場合は、ある程度の技術が必要です。それはあたかも生きたオトリが飛んでいるように見せかける必要があるからです。死んだ個体の場合、竹ざおにつないで振廻しますと両翅がちょうどカサの半開きのような格好になり、ほとんどトンボをつることができません。また、オトリがオスの場合、両翅を赤く絵具で染めたり腹部の二、三節の空色の部分を緑色のものでおおうなどします。

各地のトンボつり

つぎに日本各地のトンボつりの模様についてお話しましょう。

（名古屋地方のトンボつり）

名古屋地方ではギンヤンマのオスのことを「オッキ」、メスのことを「メッキ」とよんでいます。（正しくは「よんでいました」かも知れません。現在は子どもたちはこの言葉をほとんど知りません）「メッキ」というのは江戸時代からいわれていたらしく、江戸末期、尾張藩士、吉田雀巣庵の作った「蜻蛉譜」にもそのようにかかれています。名古屋地方ではトンボの交尾（ここではおつながり—連接の状態といい、真の交尾のことではありません）を「づうる」とか「づうた」といい、真の交尾を「おわんづうる」といいます。東京では前者を「おつ」後者を「おかご」といいます（東京地方のトンボつりについては内田亨先生のくわしい話が本になっています）「おわん」とはそのようすが「椀」「碗」に似ていることからきているのでしょう。

また、「づうる」「づうた」というのは「つるむ（婚）」の意味から変化してきたものではないかと思います。トンボつりでギンヤンマを採ることを「もーる」といいます。トンボつりをするときには「やんまもーし」「やんまもーし」と反復して唱えたり、「フィーロリ、フィーロリ」と口笛をふきながらオトリを廻してとばすのです。オスがメスにからむと、連接しないまえ（これを「がさ」といいます）に竹ざおを下において、オスをとらえたり、そのまま連接させて、「もーった」「もーった」とか、「づうた」「づうた」といって飛ばして遊ぶのです。しかしオトリがオスのときは、「がさ」のとき、てっとりばやくオスを捕えることが必要です。さもないと獲物ににげられるからです。この地方の一部には、関西で「ぶり」といわれる方法でとるところもありますが、くわしいことはそのときにふれることにします。

（沖縄本島のトンボつり）

沖縄のトンボつりはいままでにまったく紹介されていないと思いますが、なかなかおもしろいので簡単に紹介いたしましょう。ここでも本州の各地で行なわれているように、ギンヤンマ（沖縄にはギンヤンマ、リュウキュウギンヤンマ、オオギンヤンマとよく似たギンヤンマの仲間が三種います）をオトリに使っているようですが、三種類のうちどれを主として使っているかは明らかではありません。

沖縄では、オトリのギンヤンマを採るにもトンボつりをするのです──われわれがやったような竹ざおに「とりもち」をぬってトンボ採りはしないようで、戦前の子どもは自分で、捕虫網をあんで「たも」をつくりトンボ採りをしたそうです。したがって、オトリになるギンヤンマも必ずしもメスではなく、オスも使われたと思われます。沖縄ではギンヤンマのことを「そうちんたアー」（ほんとのとんぼ）、ミナミヤンマのことを「やんばる（国頭）ちんたアー（とんぼ）」といいます。ミナミヤンマは以前は島の南部でもときおりみかけたといいます。よだんはさておき、トンボをつるには最初、禾本《かほん》科の植物の一種の穂のついたものの先端をすこしのこしてつみとり、それをトンボのいるところで、8の字状にまわしながら、「ちんたアーまあしょ、こいよーしれくらんしか、ふりむんだ」（トンボよこい、これをくわんのは馬鹿だーという意味）と唱うのです。これは「ちんたアーぐア」（ぐアーとは小さいという意味、したがって小さなトンボ＝ヒメトンボか？）がエサとまちがえてくいつくのです。さらにこのトンボを禾本科植物の茎の先端で「うまぐアーむすび」（うま結び）で両翅の間をくくり、目の高さで8の字状にまわしながら、まえに紹介した言葉を唱えるのです。今度は「くる（黒）ちんたアー」「あか（赤）ちんたアー」をとるのです。これはショウジョウトンボやシオカラトンボの仲間のようです。そしてつぎにこれをエサにしてギンヤンマをとり、最後にギンヤンマをオトリにして、トンボつりをして、ギンヤンマをとるのです。このときは禾本科の植物の茎の先で、オトリのヤンマを「うま結び」にして、左右に水平に飛ばしながら振るのです。そして「がさ」の状態になるまえに急にからだをまわしながら後方にトンボを振って地面におろし、「がさ」の状態で採るのです。よほどこの振り方がうまくないとトンボはつれないそうです。

（ぶり）

つぎに、大阪地方のぶりについてお話しましょう。これはトンボが夕方、カなどの小さな昆虫をたべに集まってくるのをまち受け、小さな石か鉛を二つの長い髪の毛の両端に布切れか紙に包んで結びつけ（これを「ぶりんこ」といいます）、これをトンボのいるところへ振上げると、トンボはこれをたべようとして髪の毛にからまり、石の重さで地上におちてくるところを捕えるのです。

（トンボつりの歌）

以上、簡単に二、三のトンボつりを紹介しましたが、今度は各地のトンボつりの歌を紹介しましょう。まず最初に島根県出雲地方のトンボつりの歌ですが、この歌の意味はちょっとむずかしく、土地の子どもでもよく知っているものは少ないということです。「コイシコイ、コナオンジョコイ、アブラヤミタオンジョ、マケテニゲルオンジョ、ハジヤナイカヨ」これは「こな男将高麗、東の女頭に、負けて逃げる男将、はじじゃないか」と、すなわち、「そこなる高麗の男の大将よ、東の女の頭目（神功皇后？）に負けて逃げるははじではないか、はずかしくはないか」という意味で、トンボのオスをけしかけてトンボつりを成功させようというのです。歌の本質は沖縄のトンボつりの歌と同じといえましょう。

このような意味の歌は「トンボ採り」の歌としては各地に残っているようです。日本各地の「トンボつり」の歌は、大田才次郎という人の「日本児童遊戯集」や岩波文庫の「日本のわらべ歌」などに収められていますので、以下それにもとづいて紹介しましょう。

（東京）「やんまうしうし赤とんぼ」

（静岡）「おーとべーり」

（大阪）「よーよーろっかんしょ」（摂津地方）「ろっかん」とは交尾の方言だということです。「やーんま、やんまあ　こちゃめんた　あっちおんた　おーれにーかーかれ」（河内地方）

（佐賀）「やもよ、やもよおどんに目がけてござらんかん」「やも」は大型のヤンマのこと。トンボつりはギンヤンマが主に使われるためかこのヤンマがあまり多くない東北地方以北のトンボつりの歌は少ないようで、山形県庄内地方のつぎのような歌が記録されているにすぎません。「やんまや、つるめ（交尾）ちゃァ山どんぼめ（雌）やんまのォ　お（雄）やんまのォどーぐに（利益）しィけェ　懸かれちゃァや」また鶴岡地方では、「おヲいや　おヲいやー」と呼ぶといいます。トンボつりはまた、朝鮮でも行なわれる（あるいは行なわれた）らしく、岩波文庫の「朝鮮童謡選」には、その言葉として、忠北道方面で「ナマリトングトング　バリトングトング」と唱うことが記録されているのもおもしろいことです。

（おわりに）

急速な環境の汚濁や自然の破壊によるギンヤンマの減少や、幼稚園から大学入学までの一貫したテスト主義教育による子どもからの遊びの収奪等々 ― 自然的、社会的環境の変化、破壊は、日本の子どもに古くから親しまれてきたなつかしい遊びである「トンボつり」を忘れさせようとしています。これはたいへん寂しいことです。最後に沖縄のトンボつりについて、おしえて下さった沖縄出身の友人、大城勇君に厚く御礼申し上げます。

（「とんぼつり」松井一郎『随想　睡生夢死　あるごくらくとんぼのたわごと』中日本蜻蛉談話会）

〈補説〉英国詩人に虫をテーマにした作品が少ない原因

本文89ページよりハーンの考察。

英国詩人の虫の主題に対する寡黙さの原因を、ハーンは以下のように解説している。ローズ・テリークックという詩人の「アラクネ」という作品を引用した後での説明である。なお転載にあたり、訳者の伊沢東一先生に再読いただいたところ、一部の語句の訂正を得た。

この詩の末連に「魂」という語が用いられていることで、この講義の冒頭で提起された問題――この二千年というもの西欧の詩人に虫を題材とした詩がきわめて少ないのはなぜかという問題――へ私は立ち戻ることになる。三、四千年前には、虫を歌ったこの上なく美しい詩――いかなる英詩よりも完成度の高い詩――が書かれている。日本の古代文学にも、虫の歌句は無数に見出されるはずだ。この喜ばしい主題に対する西欧諸国の現代における根強い沈黙の意味は何か。教義《ドグマ》としてのキリスト教こそ、そうした長い沈黙の帰因するところだと私は信じている。初期教会の見解では、人類以外の生物の魂や亡霊、またいかなる類いの知性も否定されていた。いかなる動物も自動人形《オートマトン》――すなわち、妥当な名称に欠けるため、本能と呼ぶしかないものに動かされる自動の機械――とみなされていた。教会が絶大な権力を握っていた中世に、動物の魂とか精霊について語ることはきわめて危険なことであったし、よしんばそのようなことになれば本当に身の危険を招くか魔術者の汚名を負って問責されないともかぎらない。当時、デーモンはしばしば動物に化身すると考えられていたからだ。動物の〈心〉を話題にすることは、教会から教えられるような人間の魂の存在に対してキリスト信仰が疑念を投げかけることにもなろう。もしも動物がものを考えることができるとするならば、人間は魂がなくても思考できることを認めなくてはならないし、また魂が思考と行動の根本的素因でないことも認めなくてはならないからだ。のちに動物は単なるマシーンにすぎないと哲学的に論証したデカルトが出てくるまでは、西欧でこの問題について合理的な論議を交わすことはほとんど不可能だったのである。

（中略）

多分、われわれはキリスト教以前にまで遡って、こうした差別の意図するところを推し測らねばなるまい。ユダヤ教の勃興したアジア古代民族間には、虫にまつわる奇妙で不吉な信仰――古代アッシリアの迷信、古代バビロニアの信仰――が存在した。そうした昔の人々には、虫はまことに神秘的な生きものであったらしい（その点は実際には今もって変わりない）。どうやら虫はデーモンや悪霊の世界と密接な関係があると考えられていたふしがある。彼らの神々のひとりにベルゼブブという神がいるが、その神の名が〈蠅の王〉を意味することは周知のことと思う。タルムード文献にも明らかなように、ユダヤ人はこれらの考えを多少とも受け継いでいたから、それらがキリスト教時代に流れ込んだことは大いにありうることである。それにまた、北アフリカの初期キリスト教時代には、教会は古代エジプト人の信仰に由来するやはり幾分奇異な迷信と闘わねばならなかった。エジプト人の間では、ある種の虫――たとえばカブトムシ（スカラベのことか――引用者注）――は神聖視され、神格の象徴になっていた。ともあれ、こうした理由から虫の主題は早くからキリスト教が危険視していた主題であったから、以後この主題の文学作品には、一種敵意のこめられた批判が趨勢《すうせい》をみたのだと思う。

（「虫の詩」『ラフカディオ・ハーン著作集　第七巻　文学の解釈・Ⅱ』伊沢東一訳　恒文社）

第4章 ハエとカ

——文武文武と夜も眠れず

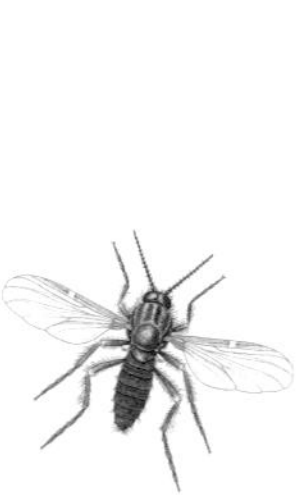

ハエの飛翔力

ハエは昆虫の中でも、もっとも飛ぶことの巧みなものである。普通の昆虫が、二対で合計四枚の翅《はね》を持っているのに対し、ハエの場合は一対、つまり二枚しか持っていない。前の翅だけが残って後ろ翅（後翅《こうし》）は退化し、平均棍《こん》というものになっている。

二枚では飛び難いのではないか、と思うが、実は、このためにかえってハエは自由自在に飛ぶことができるのである。

四枚翅がある昆虫の中にも、たとえばセミやハチのように、実際に飛ぶ時には、前の翅と後ろの翅とを鉤《かぎ》のようなものでひっかけて、二枚を一枚のようにして羽ばたいているものがいる。ハエの場合は、その傾向をもっと進めて、二枚だけを残し、あとの二枚を退化させてしまったのである。

先に述べた平均棍というものが感覚器になって、航空機の安定を保つジャイロのようにバランスを取り、ハエが上手に飛ぶ助けになっているといわれている。

かつて「ハエとジェット戦闘機のどちらがすぐれているか」という議論があった。マッチとライターの優劣を問うことより大分問題の範囲が広い。

ハエは、上下左右に飛べるし、後ろ向きにさえも飛べる。ぶーんと飛んで来て、いきなり天井にぱっと逆さに止まることも出来る。こんなことがジェット機に出来るか、とか、ジェット機のように高速で飛ぶことがハエに出来るか、とかいろいろ言い合ったのだが、勝負がついた。結局ハエに軍配が上がった。

その決め手は、ジェット機が2台あっても、数は殖《ふ》えまい、ということだったそうだ。確かに、ハエがジェット機に確実に勝っている点は、増殖すること、それと、傷ついても自然に治癒することである。それはハエが生物だからである。

しかし、夜中に格納庫で、2台のジェット機が交尾なんかして、小さなジェット機が次々に生まれてきたら気味が悪いだろう。そんなことはないほうがよい。

ハエの害

ハエというのは、幼虫がウジの形で、汚いところに棲《す》むし、成虫は人の顔や食物にたかるので、大昔から人類をずいぶんと悩ませてきた。それに、アフリカでは眠り病を、東南アジア、中南米ではマラリア、黄熱病などを媒介する大変危険な昆虫でもある。とてもとても、〝五月蝿《うるさ》い〟どころではすまないのである。

マダガスカルの市場で、真っ黒な肉を見た。何かの獣の皮付きの肉か、と一瞬思ったのだが、親父《おやじ》が手を触れると、ハエが一斉に飛び立って、やっぱり肉色の肉であった。

古代パレスティナのペリシテ人は、このどうしようもないハエをとうとう、バアルゼブブ（ベルゼブブ）という神様として祭り上げ、つまり敬して遠ざけることによって、その災厄から、なんとかして逃れようとしたという。

清少納言とハエ

清少納言は、『枕草子』の中で次のように言っている。

蠅《はへ》こそにくき物のうちに入れつべく、愛敬《あいぎやう》なきものはあれ。人々しうかたきなどにすべき物のおほきさにはあらねど、秋などただよろづの物にゐ、顔などに濡《ぬ》れ足《あし》してゐるなどよ。

（『新編　日本古典文学全集18　枕草子』松尾聰、永井和子校注・訳　小学館）

ハエこそは憎らしいものの中に分類しなければならぬ。これほど愛敬もなにもなく、憎たらしいものはない。大袈裟《おおげさ》にこの敵め、などと問題にするほどの大物ではないけれど、ありとあらゆるものに止まり、人の顔にまでぺたぺたとぬれ足で止まったりしてまあ……というところ。ハエは、人が昼寝をしている時などに飛んで来て、顔の上に止まったりする。肢《あし》だけでなく、あの冷たい口でぺたぺたと人の顔の味見をしたりする。「まずい面だ」と言ったりはしないが、清少納言でなくとも、まことに不快なものである。

皇居のハエ

ハエはこのように嫌われものであるが、昭和天皇の時代に皇居で園遊会が開かれることになった際、東京医科歯科大学の衛生昆虫学の加納六郎先生のところに、宮内庁から問い合わせがあったそうである。

「なんとか園遊会の食べ物にハエが来ないようにしてほしい、ただし薬剤などを撒《ま》いてハエを殺すのは困る」

昭和天皇はそういう薬剤などを撒いてハエを殺すことなどが大変お嫌いだったようである。その時に加納先生は一計を案じて、普通の食物よりもっとハエが好むものを草むらに隠しておいた。つまり魚のはらわたとか、腐ったものなどを罠《わな》（トラップ）に仕掛けて草むらに隠しておいたのである。

すると、ハエはそっちのほうがアトラクティブなので、人の食べ物のほうには来なかった。大成功である。先生のほうも、同時に、大量のハエを捕まえることが出来た、という次第。加納先生は、このハエ捕りの装置をずっと続けて草むらに仕掛けることを宮内庁に依頼した。

そうやって、長期間にわたり合計五十万匹のハエを捕まえたそうだが、結果を分析してみると、そのうちのほとんどが、昔から武蔵野《むさしの》にいる野外性のハエで、普通の民家などにいるイエバエの仲間は大変少なかったそうである。

それは、東京の真ん中でありながら、皇居というところにいかに野生が残っているかということの証拠にもなるのである。

蒼蠅を憎むの賦

ハエのことを描いた文学作品として重要なもののひとつは、宋《そう》の欧陽修《おうようしゅう》（1007～1072）の「蒼蠅《そうよう》を憎むの賦」であろう。『古文真宝』にも出ている有名な作品である。長いものなので、そのごく一部を引用しよう。

若《も》し乃《すなは》ち華榱《くわすゐ》廣廈《くわうか》、珍簟《ちんたん》方牀《はうしやう》、炎風の熯《あつ》く、夏日の長きに、神昏《しんくら》く気蹙《せま》り、流汗 漿《しやう》を成す。四肢を委《ゐ》して其《そ》て挙ぐること莫《な》く、両目眊《りやうもくくら》くして之《こ》れ茫洋《ばうやう》たり。惟《ただ》枕を高くして之《こ》れ一《いつ》覚《かう》し、煩歊《はんけう》を之れ暫《しばら》く忘れんことを冀《こひねが》ふ。念《おも》ふに爾《なんぢ》に於《おい》て何をか負《そむ》き、乃ち吾《われ》に於て之れ殃《わざはひ》せらるるや。頭《かうべ》を尋ね面《おもて》を撲《う》ち、袖に入《い》り裳《もすそ》を穿《うが》

（現代語訳）

もし華やかに彩ったたるきのある広い家の中で結構な竹のすのこを敷き、四角な寝床を置いて涼しくしつらえても、暑い風が吹いて、夏の日が長いときには、意識もうすれて息が苦しく、流れる汗はこんずの汁のようで、手足を投げ出して挙げることもできず、両眼は見えず、ぼんやりとなってしまう。そこでただ枕を高くして一睡し、うんざりする熱気をしばらく忘れたいとねがうのであるが、おもうにお前に何の気に入らないことをしたのだろうか、それなのに、わたくしはこんなにわざわいされるのである。頭を尋ね顔にあたり、袖

つ。或《あるひ》は眉端に集まり、或は眼眶《がんきやう》に沿ふ。目瞑《めい》せんと欲して復警《またいまし》め、臂《ひぢ》已《すで》に痺《しび》れて猶《なほ》擾《かか》ぐ。此《こ》の時に於て、孔子何に由ってか周公《しうこう》を髣髴《はうふつ》に見ん。荘生《さうせい》安《いづく》んぞ蝴蝶《こてふ》と飛揚することを得んや。徒《いたづら》に蒼頭《さうとう》丫髻《あけい》をして、巨扇もて揮《き》颺《やう》せしむるも、或は頭を垂れて腕脱《だつ》し、或は立ちながら寐《い》ねて顛僵《てんきやう》す。此れ其の害を為《な》すの一《いつ》なり。

に入り裳にもぐりこみ、眉のさきに集まったり、目ぶたのふちをつたったりして、ねむくて目はつぶりそうになっても、また気になり、臂はもう知覚がなくなっても、やっぱり振り挙げるのである。こんな時には、孔子でも何によって夢にありありと周公旦を見ることなどできよう。荘周もどうして夢の中で胡蝶となってともに飛び揚ることなどできよう。下男や女中に大きなうちわを振り上げあおがせてもむだで、かれらも疲れ睡《ねむ》って、頭を垂れて腕の力がぬけてしまったり、立ちながら睡って引っくり返ったりしてしまう。これは蠅が害をなすことの第一の例である。

（「蒼蠅を憎むの賦」『新釈漢文大系 第16巻 古文真宝（後集）』星川清孝著　明治書院）

「袖に入り裳を穿つ。或は眉端に集まり、或は眼眶に沿ふ」というあたりは、まったく目に見えるようである。

この青蠅というのは、もちろん、賄賂をむさぼったりする役人、小人物の比喩でもある。そしてこの比喩のもとは、古代中国の『詩経』の、「青蠅」に由来するもので、ハエは王様に讒言《ざんげん》をする有害な人物のこと。その詩ではこう謳《うた》っている。その一部を引用する。

青蠅は羽音を立てて
樊《まがき》にとまる
めでたき君子よ
讒言をまに受けますな

（『中国古典文学全集　第1巻　詩経・楚辞』目加田誠訳　平凡社）

一般に、中国の詩で虫が扱われる時は、単に虫を謳ったものではなく、人間の比喩であることが多い。中国人は、ものをただ単には詠《よ》まないようで、必ず裏に政治的、あるいは哲学的な意味などを付け加える。

山水画の場合も同じで、険しい岩山にも老い松にもシンボリックな意味がある。まさに画面中意味だらけで、それがほぼ習慣化している。料理でいえば、汁物に胡麻油《ごまあぶら》を入れないと気がすまないようなものである。

その点で、静かに風景や虫のみを見つめて詠み、ただそれだけで、何もなく、余韻を楽しむかのような俳句、和歌、あるいは日本の漢詩とは違っているようである。

巨大なハエ

英国では、18世紀の初め、すなわち1726年に出版されたジョナサン・スウィフト（1667～1745）の『ガリヴァー旅行記』の中に、巨大なハエが出てくる。小人国滞在の後で、ガリヴァーは巨人国に漂着するが、その国にあるものはすべて巨大化している。ハエでさえ、この国ではヒバリほどもある。

お前はいつもおっかなびっくりでいる、といって私はしばしば王妃にからかわれた。お前の国の人々はみんなお前みたいな臆病者なのか、と口ぐせのようにお訊《たず》ねになった。そんな風に私が見られたのには、次のようなわけがあった。この国には夏になると蝿が多くて、人々を悩ませていた。不愉快きわまるこの虫は、どれもこれもダンスタブル産の雲雀《ひばり》くらいの大きさがあり、これが食事の際私の耳もとで絶えずぶんぶんと唸《うな》って飛びまわるので、落ちついてろくに物も食べられなかった。どうかすると食物の上にとまって、汚らしい糞を垂れたり卵を生んで飛び立っていった。この国の連中にはそれが見えないらしいが、私にははっきり見えた。彼らの大きな眼は、微小な物を見る点にかけては、私の眼のように鋭くはなかった。蝿の奴らは、どうかすると私の鼻の上や額にとまって、いやっというほど刺したり、悪臭を放ったりした。自然科学者にいわせると、こいつらが足を天井にくっつけて歩けるのは、足についている粘着性の物質のせいだそうだが、私の眼にはそのねばねばした足跡まではっきり見えた。この憎むべき害虫から自分の身を守ることは大変なことであった。顔にとまられると、もう我知らず飛び上がる始末であった。侏儒《こびと》は、わが国の学童がよくやるように、数匹の蠅を片手でさっと摑《つか》むのが得意であったが、それだけでなく、その蠅をぱっと私の鼻先きで放つ悪い癖があった。もちろん、私を威《おど》かすとともに、王妃にも大いに楽しんでもらおうという魂胆からであった。自衛策としては、ぶんぶん空中を飛びまわっている蠅を、ナイフで斬って斬って斬りまくる他はなかった。それがまた見事だというわけで、みんなの喝采を博した。

（ジョナサン・スウィフト『ガリヴァー旅行記』平井正穂訳　岩波文庫）

このようにガリヴァーが昆虫を巨大に描写しているのは、ノミなどを顕微鏡でのぞいて大きく拡大し、図示したロバート・フック（１６３５〜１７０３）の『ミクログラフィア』（１６６５年）などの影響もあるのであろう。同書は肉眼では見えぬ世界を紹介し、一般人の世界観に衝撃を与えた。

ここまで取り上げたものは、ハエというものを、憎むべきものとして描いているわけだが、やはり英国のウィリアム・ブレイク（１７５７〜１８２７）の詩集に、ハエに大変同情的なやさしい作品がある。次にこれを挙げてみよう。

蠅

小さな蠅よ、
おまえの夏の遊びを
私の思想のない手が
叩《たた》きつぶした。

私もおまえのような
蠅ではないのか。
それともおまえは
私のような人間ではないのか。

なぜなら私は踊って
飲んでそして歌う、
ある盲目の手が

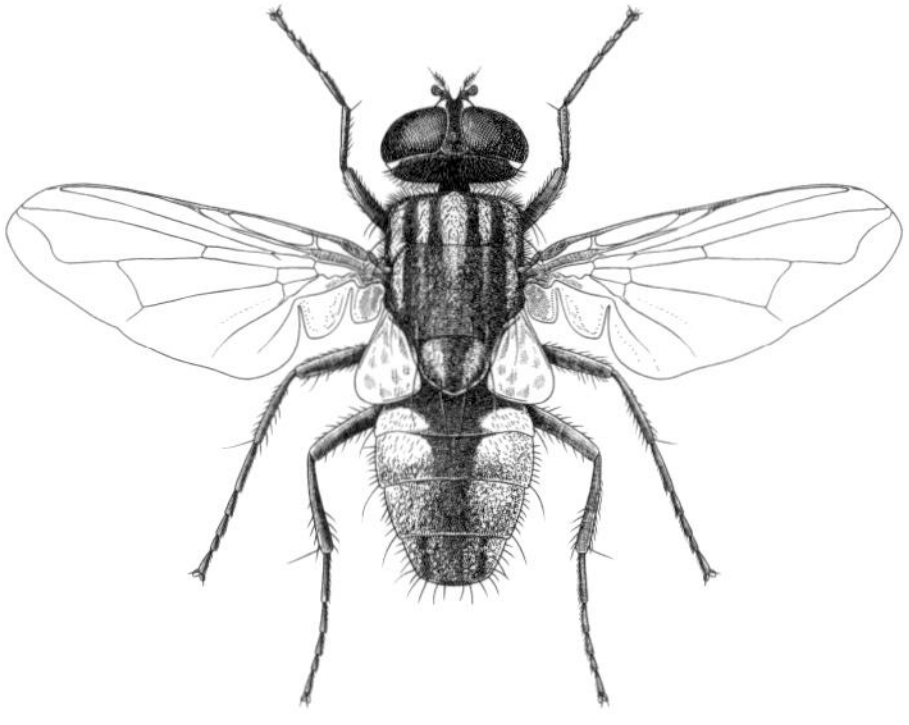

ハエは双翅目といって二枚翅で、英語ではフライ。ハエは飛ぶことのもっとも巧みな虫である。

私の翅《はね》を叩きおとすまで。

思想が生命であり
力で呼吸であるならば、
思想の欠如が
死であるならば、

その時、私は
幸福な蠅である、
私が生きていようと、
死んでいようと。

（『対訳　ブレイク詩集――イギリス詩人選(4)』松島正一編　岩波文庫）

しかし、どこかしら、いつもキリスト教的な匂いのする英国とは違い、日本では、特に江戸時代のごく庶民的な川柳などでは、ハエは憎らしさよりも滑稽さが強調されていたりする。たとえば『柳多留』の中には、

蠅は逃げたのに静かに手を開き

というのがあって、これなどは、ハエをぱっと摑《つか》んだつもりで、そうっと手を開いてみる、その間抜けさ、滑稽さ加減をよく描写していると思う。

蠅の生捕り捨て所に困ってい

というのもある。今度はうまく手で捕まえたのはいいけれど、握りつぶすのも汚い気がするし、その後どうするか、往生しているところである。

蠅たたきこれさいわいと嫁の尻

などは、蠅たたきを使っているのは、姑《しゅうとめ》だろうか、舅《しゅうと》であろうか。嫁いびりか、いたずらだろうか、まあ、後者であろう。

色っぽいハエ

詩人、堀口大學《ほりぐちだいがく》の父で、外交官の堀口九萬一《くまいち》に「東西ほくろ考」という随筆がある。「東洋と西洋とは、その風俗習慣に就て、いろいろ異《かは》つた点が多い中で、特に黒子《ほくろ》に関する観方ほど異《かは》つてゐるものはなからうと思はれる」と書き起し、西洋で付け黒子《ぼくろ》の習慣がなぜ流行《はや》るようになったかについて、蘊蓄《うんちく》を傾けており、その中にこんな文章がある。

この人工的のほくろのことをフランス語では「ムーシユ」と云ふ。「ムーシユ」とは「蠅」と云ふ意義である。白い美しい顔の上の黒一点は、恰《あたか》も白磁の花瓶に一疋《ぴき》の蠅がとまつたやうだと云ふ形容から来たものださうである。何ものでも美化して形容したり命名したりする処が如何《いか》にもフランス人らしくて好《よ》いではないか？

（「東西ほくろ考」堀口九萬一『随筆集游心録』第一書房）

堀口は、この習俗の起源を、古くイタリアに求め、それが16世紀フランスに伝播《でんぱ》、18世紀のルイ15世の時代に貴婦人らの間で大流行を見たことを、詳しく考証している。

カの飛行性能

カもまた、双翅目《そうしもく》といって、ハエと同じ仲間の、翅が二枚しかない昆虫である。その体は、小さいうえに、きわめて軽量で、弱々しく出来ている。ハエのように素早く飛ぶのではなく、空中を漂うように、ふうわりふうわりと飛ぶ。

もしこれが大きければ、もっと恐ろしい虫ということになるだろうが、そうなれば人に見つかりやすくて、あっさり退治されてしまうことになる。ハチのように毒針を持っているわけではないから、いくら大きいといっても、体長10センチ程度なら、叩《たた》けばつぶせる。

そうして、カが人より大きい存在になろうとすれば、今の体の構造では、脆《もろ》くて、立っていることも羽ばたくことも出来ない。すぐにクシャッと、自重でつぶれてしまう。

その証拠に、大きなカの模型を作ろうとすれば、軽金属か何かを材料にしなければならない。

カは小さいからこそ、繁栄しているのである。

こうした小さい生き物にとって、空気というものは、粘っこい、濃厚な物体として感じられるらしく、人間でいえば水の中を行くような抵抗感があるという。風に逆らって飛ぶことは出来ない。「風立ちぬいざ生きめやも」、とはいかないのである。

また体が小さければ小さいほど、飛ぶために羽ばたく回数は多くなる。昆虫が飛ぶ時、1秒間

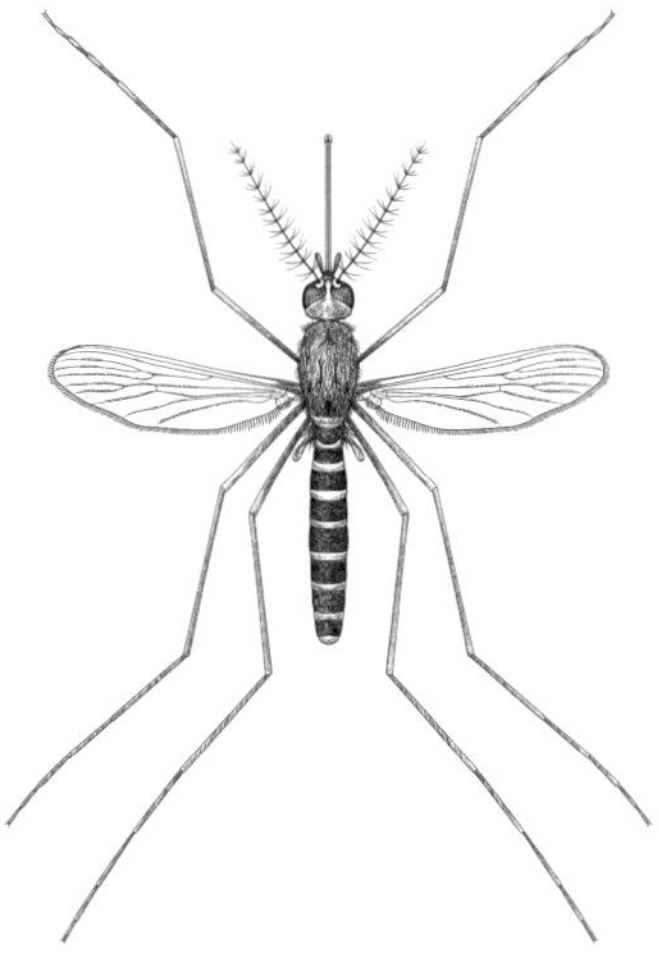

アカイエカ。幼虫は水中に棲み、ボウフラという。成虫は人や獣の血を吸うために口吻が発達している。家の中に入ってきて、耳元でうるさいカ。

に何回羽ばたくかを示す指数を「羽音周波数」というが、カの仲間の羽音周波数は実に、300から600だという。

要するに、カは1秒間に600回近くも羽ばたいているのである。一秒間に600回！　いったいどういうメカニズムになっているのか。とにかく、その時発生するのが、あのぷーんという腹立たしい羽音である。しかもその際に、翅を微妙にひねり、複雑な気流の動きを作り出しているというから、人間の感覚ではとてもとても付いて行けない世界の話である。

吸血の虫

カは血を吸う。それは雌が産卵するためのタンパク質を手っ取り早く他の生き物から奪う手段である。だから、血を吸うのは雌だけ、雄は草葉の陰で、その汁を吸っている、というのはよく知られているけれど、血を吸う際にお土産を残していくから問題なのである。

マラリア、デング熱、黄熱病……重大な熱病をカは媒介する。古い話だが、パナマ運河がなかなか完成しなかったのは、彼の地でマラリアが猖獗《しょうけつ》をきわめたからであった。古いイタリア語のmala aria、つまり「悪い空気」というのがマラリアの語源で、昔は悪臭が病気のもとだと考えられていた。カザノヴァのように、不衛生きわまるヴェネツィアの地下牢などに閉じ込められれば、ほとんど死刑に処せられたも同然であった。

だからそんな囚人と絶えず接触する裁判官は、その悪臭を打ち消しさえすれば感染が防げると考え、そのためにスミレの花束を持っていたというし、あの黒い法服は、実は作業着であったという説がある。

人はカに刺されていても気がつかない。カが、人の皮膚の痛覚をよけて刺すからである。カの口器は多くの部品から成り立っていて、きわめて複雑に出来ている。相手の皮膚をノコギリのように切り裂き、ストローのような、細い管を刺して吸血するその仕組みは精妙そのものである。しかも吸血し終わるまで、血が固まらないよう、唾液を出す。これが痒《かゆ》みのもとなのである。

近年、町工場を経営する天才的な発明家が、カの口吻《こうふん》をヒントに、痛くない注射針を作り出して話題になった。

トンボの翅脈の血を吸う

小さい、といえばヌカカという昆虫がいる。漢字では「糠蚊《ぬかか》」と書く。米糠のように細かいのである。正確にはカの仲間ではなく、身体《からだ》は普通のカよりひとまわり小さい。その仲間には、トンボの翅脈《しみゃく》に止まって体液を吸うものがいるというから、その小ささが想像できる。さらにそのヌカカの翅脈から血を吸うものがいたらどんな小ささになるだろう……と考えるが、それはまだ発見されてない。

夏の夜など、「さあ、寝よう」と灯《あか》りを消すと、どこにいたのか、耳もとにぷーんとかすかな羽音をさせて寄ってくるカ。

せっかく眠りにつきかけたところを起こされて、「畜生！」とまた灯

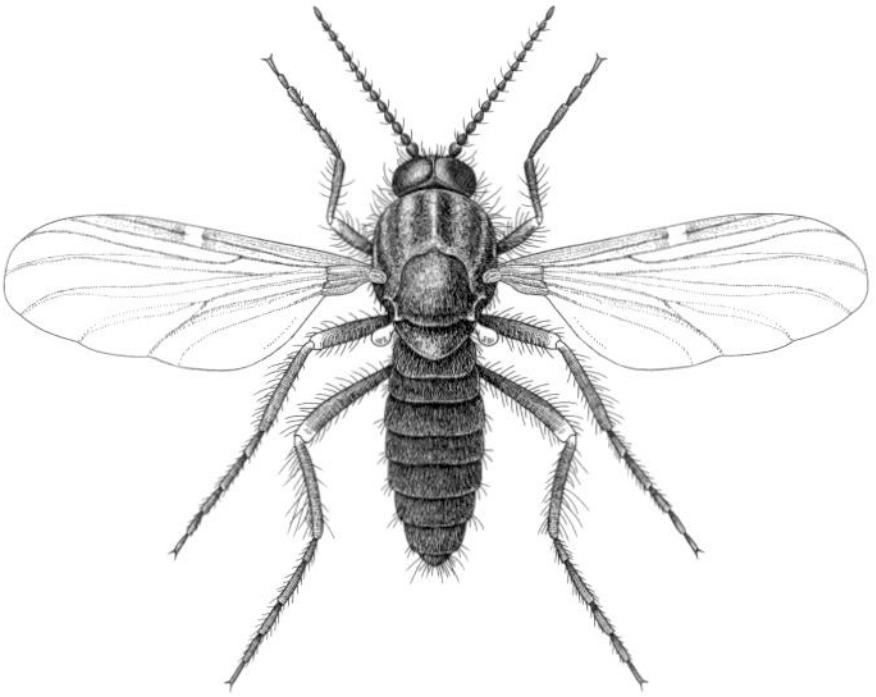

ヌカカ。糠の粒のように小さいという意味の名で、カとついているが、ユスリカに近い双翅目の昆虫。吸血性のものが多い。

りを点《つ》け、必死の形相で見回すと、どこに隠れたのか、壁にも、ベッドの下の暗がりにも姿はない。あきらめて灯りを消すと、またぷーん。つくづく腹の立つ昆虫である。
ところが夜中に、便所に行こうと起き上がると、自分の体重ほど血を吸って腹のふくれたやつが、壁にじっと止まっているではないか。満腹して動きのにぶくなったやつを、ねらいすまして手のひらでぱちん。壁に血の跡。あわてて拭き取っても、かすかな跡は消えない。

漢詩の中のカ

日本の漢詩の中にカを罵る語は少なくないが、大窪詩仏《おおくぼしぶつ》（1767〜1837）の「秋の蚊」を、読み下し文と現代語訳の形で引用しよう。

秋の蚊

孑孑《ぼうふら》　又《ま》た孑孑
浮沈して水中に楽しむ
一旦化して鳥と為《な》り
翼を生じて飛びて空に上《あが》る

（現代語訳）

ぼうふらよ、ぼうふらよ。
おまえたちは浮いたり沈んだり、水中の生活を楽しんでいる。
それがある時、姿を変えて鳥になり、
羽を生やして飛んで空に舞い上がる。

啻《ただ》に翼有りて飛ぶのみならず
利觜《りし》は剣鋒《けんぽう》よりも勝る
黄昏《こうこん》　群れて市《いち》を為し
其《そ》の声は雷《かみなり》と同じ
人を齧《か》みて厭《あ》くことを知らず
営営として西東に翻る
或《ある》いは酒気を認めて到《いた》る
知んぬ　爾《なんじ》　鼻も亦《ま》た通ずるを
或いは人声《じんせい》を聞きて集《あつま》る
知んぬ　爾　耳も亦た聡《さと》きを
窃《ひそ》かに来《きた》り　窃かに逃げ去る
知んぬ　爾　目の瞢《くら》からざるを
団扇《うちわ》もて払うも除き難《がた》く
奇策は火攻に在り
忽《たちま》ち散じ　又た忽ち聚《あつま》るは

ただ羽が有って飛ぶばかりではなく、
剣の切っ先にも勝るような鋭いくちばしも持っている。
夕暮れになると群れて蚊柱を作り、
その声は雷と同じような凄《すさ》まじさである。
飽くことなく人を噛《か》み、
せっせとあちこちを飛び回る。
ある時は酒気を察知してやって来る。
それでおまえは鼻も利くということが分かった。
ある時は人の声を聞き付けてやって来る。
それでおまえは耳もよく聞こえるということが分かった。
そして、こっそりとやって来、こっそりと逃げ去る。
それでおまえは目も見えないわけではないということが分かった。
うちわで払っても、なかなか追い払うのは難しいが、
妙計は火攻めにあった。
あっという間に散らばり、あっという間に集まって来るのは、

羌戎《きようじゆう》を逐《お》うに似たる有り
知らず　造物者の
何《なん》の心にて此《こ》の虫を生み
其れをして自在を得さしめ
其の毒は蜂よりも甚しきかを
請う看《み》よ　露筋《ろきん》の碑
一読　涙　胸に満つ
一夜　秋雨の声
爽気　簾櫳《れんろう》に入《い》る
長喙《ちようかい》　之《これ》が為《ため》に破られ
檐前《えんぜん》　舂《うすづ》くに力無し
恰《あたか》も似たり　王者の師の
過ぐる処《ところ》　草　風に偃《ふ》すに

羌や戎という異民族を追い駆けるようなものである。
天地間の万物を創造した神は、
いったいどんなつもりでこの虫を生み出し、
自在に飛び回れるようにし、
その毒は蜂より甚だしいものにしたのであろうか。
ご覧なさい、あの露筋の碑を。
碑文を一読すると、いたわしさのあまり涙で胸がいっぱいになる。
やがて秋雨の音が聞こえる夜になると、
爽やかな気配が簾《すだれ》の掛かった格子窓から入って来るようになる。
すると蚊の長いくちばしは秋の爽やかな気配に破壊され、
軒先にいても飛んで上下する力は無くなってしまう。
それはあたかも王の先生が通過すると、
草が風になびき伏す如《ごと》く人民がなびき従うのと同じようなものだ。

（「秋の蚊」『江戸詩人選集　第五巻　市河寛斎・大窪詩仏』揖斐高注　岩波書店）

カも漢詩に詠まれると、途端に、何やらいかめしい、大仰に構えたものとなる。もちろん、ここには誇張のユーモアがふくまれている。難しい言葉でただの虫ケラを謳うところがまず可《お》笑《か》しい。

それはやはり、日本人の漢詩に対する感じ方が中国本土の人のそれとは違っているからで、あちらの人は日常、普通に使っている言語、あるいは勉強して覚えた言葉遣いで書いているのに対し、日本人のほうは、実用の言語ではない、大変な努力の末に習得した、読み書きだけの言語で、いわば曲芸的な努力の末に書きつけているからであろうか。フランス人がラテン語で詩作する時も多少似たようなところがあるようだけれど、あちらは両方の言語そのものが似ているから、日本人が漢詩をひねり出す時のように、本当の発音も聞いたことがなく、詩の韻を踏むのに『佩文韻府《はいぶんいんぷ》』などという、漢詩を作る際の、いわばアンチョコに頼るような苦労も要らないわけである。

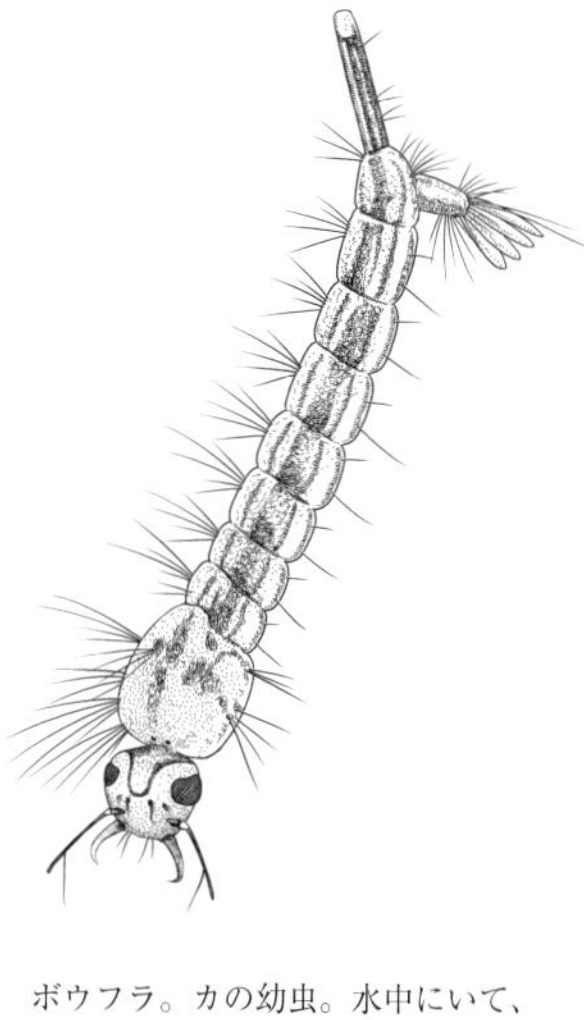

ボウフラ。カの幼虫。水中にいて、
呼吸のために浮き沈みする。

狂歌の中のカ

大《お》田《お》蜀《た》山《しょく》人《さんじん》（１７４９～１８２３）作とされる狂歌に、

世の中に蚊ほどうるさきものは無し

文武文武と夜も寝られず

というのがある。田沼意次《たぬまおきつぐ》の後、老中になった松平定信《まつだいらさだのぶ》は、寛政《かんせい》の改革を強行する（1787～1793）。まず綱紀粛正をとなえて、後ろ盾を失った田沼を追い落とした。身分は低いが有能な、今なら重商主義者とでも言われるであろう彼を、汚らわしい収賄の徒とし処罰したのである。そうした田沼のイメージは未《いま》だに残っていて、近年の人物で言えば、あの田中角栄のそれに重なるものがある。

定信は、今、伝えられているところではコチコチの儒教思想の信奉者で、農本主義のもとに倹約を強い、文武両道を奨励する。田沼時代の贅沢《ぜいたく》と好景気に慣れた人々は、そういう、清く、正しく、慎ましく、の緊張感というかピューリタニズムに耐えられず、上下を問わず困惑したようである。

白河の清きに魚も棲《す》みかねて
もとの濁りの田沼恋しき

というのもある。松平定信は、徳川吉宗の孫で、白河藩主だった時代に祖父吉宗の享保《きょうほう》の改革に倣ったやり方で、倹約令を発して藩政を立て直した経験がある。しかし、質素な白河藩の規模で成功した改革は、繁栄に向かう花のお江戸では通用しなかったのである。

狂言の中のカ

狂言にはいろいろな作があるけれど、観《み》ているうちに、その無気味さがひしひしと伝わるような作に「蚊相撲」というのがある。尖《とが》った口の仮面をつけたカの精が、観ているうちにだんだんと無気味な、それどころか、恐怖心を誘う存在になって来る。

江戸時代だけではない。戦前のまだＤＤＴなどがなかった時代は、東京の町中であろうとどこであろうと、カだらけであった。いたるところのどぶなどからカが発生したのである。墓地があれば、そのお墓の花活《い》けの水の中からカがまさに〝湧いて〟きた。カがたくさんいるのは当たり前のことであった。戦後でも小津安二郎《おづやすじろう》の映画などでは、登場人物がばたばたと、しきりに団扇《うちわ》を使う。それだけ家の中にカがいたのであろう。

戦前のことだが、南西諸島の西表島では、ハマダラカが媒介するマラリアのために、いくつもの村が全滅している。

大蔵流狂言「蚊相撲」。相撲取りの正体が蚊の精だと気づいた大名が蚊のくちばしを引き抜いてしまえばいいと、太郎冠者の協力を得て捕まえている場面。写真・神田佳明

『濹東綺譚』の力

永井荷風（1879〜1959）の『濹東綺譚《ぼくとうきだん》』の中でも、やはり力が実にたくさんいて、それこそ口をあけると、その口の中に力が入るほどであったようである。

わたくしはお雪さんが飯櫃《おはち》を抱きかゝへるやうにして飯をよそひ、さら〳〵音を立てゝ茶漬を掻《か》き込む姿を、あまり明くない電灯の光と、絶えざる溝蚊《どぶか》の声の中にぢつと眺めやる時、青春のころ狎《な》れ暱《した》しんだ女達の姿やその住居《すまひ》のさまをあり〳〵と目の前に思浮べる。わたくしのものばかりでない。友達の女の事までが思出されて来るのである。そのころには男を「彼氏」といひ、女を「彼女」とよび、二人の侘《わび》住居を「愛の巣」など、云ふ言葉はまだ作り出されてゐなかつた。馴染の女は「君」でも、「あんた」でもなく、たゞ「お前」といへばよかつた。亭主は女房を「おツかア」女房は亭主を「ちやん」と呼ぶものもあつた。

溝の蚊の唸《うな》る声は今日《こんにち》に在つても隅田川を東に渡つて行けば、どうやら三十年前のむかしと変りなく、場末の町のわびしさを歌つてゐるのに、東京の言葉はこの十年の間に変れば実に変つたものである。

そのあたり片づけて吊《つ》る蚊帳哉《かちやうかな》
さらぬだに暑くるしきを木綿蚊帳《がや》
家中《いへぢゆう》は秋の西日や溝《どぶ》のふち
わび住みや団扇も折れて秋暑し
蚊帳の穴むすびむすびて九月哉
屑籠《くずかご》の中からも出て鳴く蚊かな
残る蚊をかぞへる壁や雨のしみ
この蚊帳も酒とやならむ暮の秋

これはお雪が住む家の茶の間に、或《ある》夜蚊帳が吊つてあつたのを見て、ふと思出した旧作の句である。半《なかば》は亡友唖々《あゝ》君が深川長慶寺裏の長屋に親の許さぬ恋人と隠れ住んでゐたのを、其《その》折々尋ねて行つた時よんだもので、明治四十三四年のころであつたらう。

（「濹東綺譚」『荷風全集　第九巻』岩波書店）

こうなれば、カもまたひとつの詩情を呼び起こすものとなる。それと同時に、カを防ぐための蚊帳などというものは、今では、もちろん知らない人も増えてきているわけだが、その蚊帳を吊って寝る風情は、あるいは蚊取線香の匂いは、一種の文化として、カの害がそれほどひどくなくなってしまった今としては、懐かしさを呼び起こすものとなってしまった。

川柳の中のカ

ぢつとして吸はせてみる昼間の蚊

などと、たまには珍しく余裕を持ってカが血を吸うさまを観察する。科学は暇から生まれる。

蚊帳吊つ《っ》た夜はめづらしく子が遊び

夏になって蚊帳を吊ると、珍しいし、蚊帳の中は安心するので、子供がはしゃいで遊んだりする。心楽しいのは子だけではない。

蚊帳やめてわずかな手間のその楽さ

蚊帳を吊るのは、それほどの大仕事というわけではないが、けっこう面倒臭い。やっとカの少ない季節になって、今夜はもう、吊るのをやめようということになる。

ぼうふりも蚊になるまでの浮き沈み

「ぼうふり」は、棒振り、つまり武士としての剣道の稽古か、それとも単なるボウフラの方言か何かか。「浮き沈み」はもちろん、剣術の上達に出世を願う若い武士の運、不運だが、ボウフラの動きをそのまま写したものでもある。

現代の日本のカ

さて、現代日本の詩人のカ。平田俊子『戯れ言の自由』から。

いざ蚊枕

蚊についてもう少しいわせてください

鎌倉に住んでいる知り合いが

自分の住所を「蚊枕」と書くところを目撃しました
蚊がびっしり詰まった枕を想像しました
ソバガラや羽毛ではなく
大量の蚊でふくらんだ枕
枕の中で蚊は生きているのだろう、蚊
生きていればうるさいし
死んでいれば気味が悪い
蚊の生死をその人に問うと
「蚊枕って、蚊が寝るときに使う枕ですよ」
「蚊って、寝るとき枕を使うんですか」
「使います。小さな頭に小さな枕をあてがって寝ます」
「うわあ。知りませんでした」

いざ蚊枕
生きるべき、蚊

死ぬべき、蚊
蚊枕に対抗しようと思えば
詩枕千代子になるしかない
「東京だよおっ蚊さん」や
「蚊らたち日記」を歌うしかない
（後略）

（「いざ蚊枕」平田俊子『戯れ言の自由』思潮社）

と、まあ、今の日本のカは、むしろユーモラスでもあり、ちょっと痒そうなことですむけれど、世界は広い。寒いところでも暑いところでも、カの恐ろしさには凄《すさ》まじいものがある。

世界のカ

椎名誠編著『蚊學ノ書』には、シベリアのカのもの凄《すご》さが紹介されている。江戸時代にロシアに漂着し、苦難を経て日本に帰り、その体験が後に『北槎《ほくさ》聞略《ぶんりゃく》』としてまとめられた、大黒屋光《だいこくやこう》太夫《だゆう》の足跡を訪ねる旅である。それはまた、カとの闘いのような旅であったらしい。

世界中でどこの蚊が一番ものすごいか、ということを何人かで実体験にもとづいて話合ったことがある。出てきた場所はカナダ、アラスカ、アマゾン、東南アジアといったところだった。いずれも蚊が煙のような群れをつくって襲ってくる、ということで、そのモノスゴサと恐しさは一致していた。アマゾンに巨大なまずを何度も獲《と》りに行っているぼくの友人の松坂實は、ヒト蚊柱というようなものを見ている。はじめはむこうから地面をかなり早いスピードで動いてくる雲のカタマリのようなものを見て「?」と思ったそうだ。その雲のカタマリは近づいてくると大入道の恰好《かっこう》をしていることがわかった。なおも「??」と思って見ていると、やがてその大入道のまん中あたりに黒い人間の芯のようなものが見えた。雲のカタマリもしくは大入道と見えたのは、歩く人間にとりついたアマゾンの蚊柱だったのである。松坂實はホラ吹きではないからこの話は本当である。いかにもアマゾンあたりにはそういう蚊がいるだろうとうなずけるのだ。

(中略)

ところがシベリアの蚊はすこし違った。アラスカ級の巨大なのがどおーんと沢山うなりをあげて、昼夜わかたず二十四時間フル稼働体制で襲いかかってくるのである。

光太夫らの馬の旅がどんなものであったのか、その擬似体験をしてみるために、ヤクート人の馬《ば》丁《てい》に案内を頼み、タイガの中に入っていった。

（中略）

ヤクート人の馬丁のリーダーは、日本人によく似ていた。なんとなく明治時代の悲しき文学者というような顔をしていた。あまり喋《しゃべ》らず黙って我々の先頭を走った。

湿地帯に入ると、ふいに〝それ〟がきた。ぼくは二番目につけていたのだが、前をいく文学者の背中のあたりがすこしかすんでみえるな、おかしいな、と思ったとたんにすべてを理解したのだ。前を行く馬の足もとのあたりから黄色い蒸気が噴出してくるように、おびただしい蚊の一群がワッと目の前に広がっていくのがわかった。シベリアの蚊はオウド色だった。おそらくその湿地帯の一面にオウド色の蚊どもが絨緞《じゆうたん》のようになって折り重なって棲息《せいそく》していたのだろう。前を行く悲しき文学者の黒い服の背にオウド色の蚊がびっしりこびりついているのが走りながら見えた。視線を馬のすこし前方に移すと、前の馬の走っていくあとから蚊のカタマリがとび出してくるのが見えた。馬で走っているからいいようなものの、こんなところを歩いていったらたちまちアマゾンの蚊柱大入道になってしまうだろうと思った。

湿地帯からカタマリ状になって湧《わ》き上ってきた蚊は空中で四散し、もうすこし濃度の薄い蚊のケムリのようになって、そのまま走っていく馬にくっついてきた。

振りかえると、ぼくのうしろにいる三騎もそのまわりにぼわっとした蚊のケムリのようなものをまとい、そのまま前進していた。蚊どもはこの突如としてとびこんできた千載一遇の大獲物、馬と人間にいつまでもどこまでもついていくつもりのようだった。前とうしろに蚊のケムリがびっしりとまといついているのだから、自分と馬のまわりにも同じようにおびただしい蚊がとりついているのだろうと思ったが、それは動いている本人にはあまりよくわからなかった。

（椎名誠編著『蚊學ノ書』集英社文庫）

実に何とも、もの凄い。しかし、これも人生。こういうところに生まれたら、人も馬も、生きるとはこういうことだと観念して暮らしているのであろうし、またそうしているしかないのである。

さて、最後にもう一度ハエに戻って漢詩をひとつ、読み下し文と現代語訳の形で引用する。江戸の詩人市河寛斎《いちかわかんさい》（1749〜1820）の「冬温かし」。

冬温かし

（現代語訳）

窓を烘《あぶ》る愛日《あいじつ》　**気　蒸すが如《ごと》し**

窓に当たる暖かな日の光で、冬というのに室内の空気は蒸すようである。

覚えず　書を抄して灯《ひ》を点《とも》すに至るを
誰《たれ》か衰翁《すいおう》と此《こ》の喜びを同じくす
硯池《けんち》浅き処《ところ》　冬の蠅有り

その心地好《よ》さに、書物を書き写していて、いつの間にか灯を点《つ》ける時刻になったのにも気がつかなかった。体力の衰えた老人である私と、（快適な暖かさに包まれて思う存分筆硯《ひっけん》に親しむという）このような喜びを分かち合ってくれるのは誰であろうか。それは他でもない、硯《すずり》の墨溜《すみだ》めの浅い所にじっととまっている冬の蠅である。

（『江戸詩人選集　第五巻　市河寛斎・大窪詩仏』揖斐高注　岩波書店）

おだやかな冬の日、老詩人とハエとが心を通わせあうような、静かな、美しい詩である。しかし、中国人はこの詩を高くは評価するまい。これは俳句などと同じ境地をただ謳ったものだからである。政治も志もない、枯淡の境地。また言うが、日本のお吸い物などは、彼らの味覚では、胡麻油が足りないのだ。江戸漢詩は、本場の漢詩とは別世界の文学である。

第5章

スカラベ・サクレ

——太陽神の化身

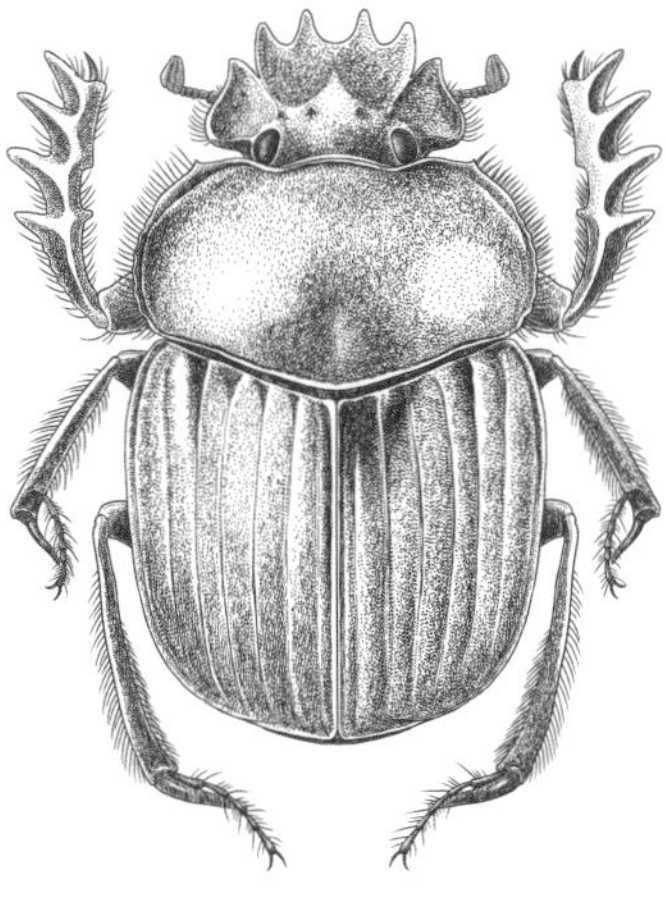

聖なる虫

ファーブル『昆虫記』の〝主人公〟の中でも、スカラベ・サクレはもっとも有名なものであろう。ヒジリタマオシコガネ（聖玉押黄金虫）という別名があるように、これは甲虫の仲間で、コガネムシ科に属するものである。この仲間はひろく「糞虫《ふんちゅう》」と呼ばれることもある。

そもそも、コガネムシの仲間は、主に幼虫時代に食べるものによって、大きく「食葉群」と「食糞群」とに分けられており、カブトムシやハナムグリなどは食葉群、ダイコクコガネやセンチコガネなどは食糞群と呼ばれる。

ただし、糞虫の中でも、ファーブルが生態を記したスカラベのように、糞を球にして、後ろ向きに転がしていく仲間は、ごく小さな、マメダルマコガネをのぞいて日本にはいない。

それにしても、糞なぞを転がす甲虫が何故聖なる存在なのか、といえば、この虫が古代エジプトで、太陽を東から西に運んでいくケペル神の化身として崇《あが》められたからである。

スカラベは、羊やラクダの糞を転がし、地面に埋めて、自身も地中に入る。こうして、いったん死んだようになったかと思うと、またナイル川の洪水の時に新しく生まれ変わってくる。そのため、死と再生の象徴とされた。

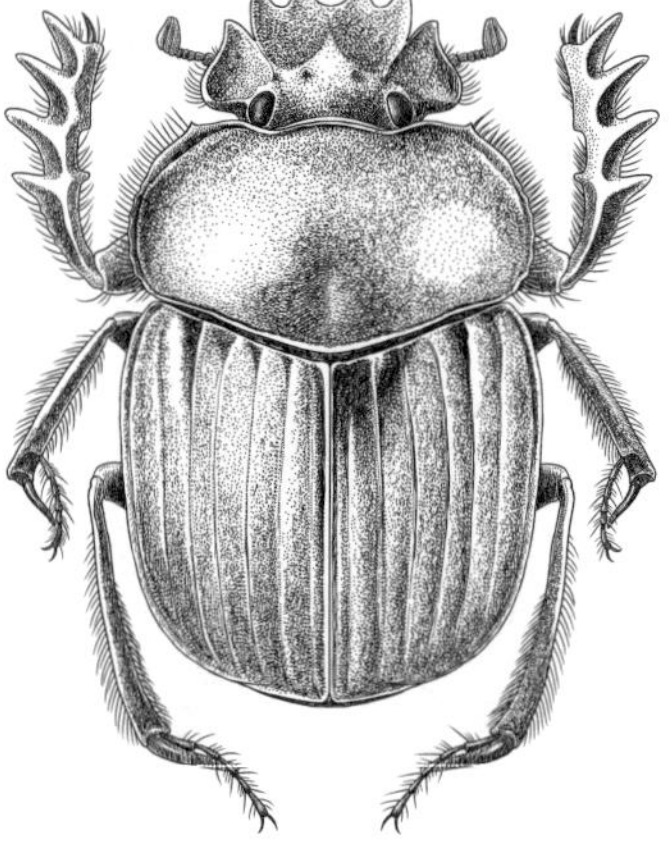

スカラベ・サクレ。糞を球状にして後ろ向きに転がすコガネムシの仲間の代表種。

実は、埋められた糞球の中でも、卵球と呼ばれるものにはスカラベの卵が入っており、それが孵化《ふか》すると糞球の中身を食べて幼虫から蛹《さなぎ》になる。中身を食べ尽くされた糞球の殻は乾いてかちかちになっているが、洪水のために水分を含んでその殻が柔らかくなり、内部ですでに羽化していたスカラベの新成虫がそれを破って外に出てくるのである。

古代エジプトのケペル神は、成年男子の頭の上にスカラベが載っていたり、あるいは首から上がスカラベになったりした形の像や画で表されている。

スカラベのミイラ

世間の人は、「昆虫の標本などを作っても、すぐ虫に食われてしまうでしょう」とよく言う。しかし、それは、夏休みの昆虫採集の成果を、学校に寄付した場合などの話であって、粗末なボール紙製の標本箱に入れて理科室等に飾っておけば、一夏のうちに紫外線に曝《さら》されて白茶けてしまったり、カツオブシムシ、コナムシの餌食になってしまったりする。

一方、ロンドンの大英博物館やパリの国立自然史博物館等には、数百年前の昆虫標本が保存されている。日光と湿度に気をつけさえすれば、標本はわれわれ人間より長持ちするのである。

では、昆虫標本の長期保存の世界記録、まさにギネスブックものは、といえば、それは、エジ

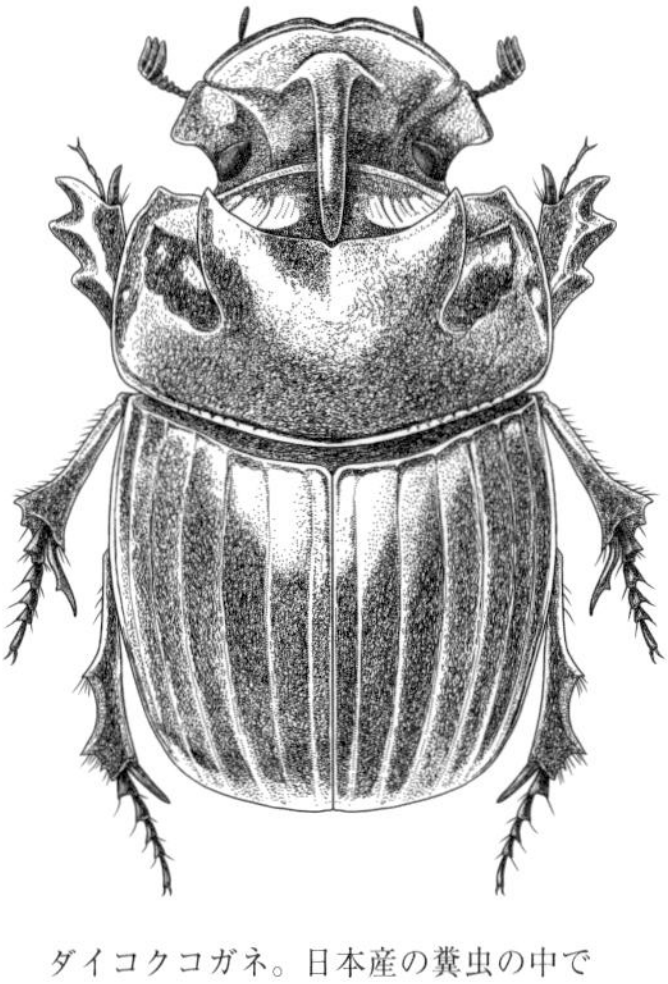

ダイコクコガネ。日本産の糞虫の中でもっとも雄偉な種。見事な角を持つ。

プトのピラミッドから出て来た糞虫のミイラであろう。きっちりと包帯を巻かれたそれは、正確にはスカラベの仲間ではなく、カブトムシのように大きいナンバンダイコクという、ゾウやスイギュウの糞を食う仲間であった。古代エジプトの時代に作られた虫のミイラなのであるから、この標本は、数千年間も保存されてきたことになる。

『昆虫記』の主役

スカラベ・サクレという名が日本でも知られるようになったのは、ファーブルの『昆虫記』によって、であるが、この虫にラテン語で「聖なる甲虫」という意味の*Scarabaeus sacer*（スカラバエウス・サケル）という学名をつけたのは、スウェーデンの博物学者、カール・フォン・リンネ（1707〜1778）である。

これをフランス語化すると、スカラベ・サクレ（Scarabée sacré）となり、『昆虫記』が翻訳されることによって、日本でもその名で知られているわけである。

ラテン語のスカラバエウスは、もとはギリシャ語のカラボス（karabos）という言葉からきている。英語でカニのことをクラブというが、このカラボスという言葉は、そのクラブともつながりを持つ言葉なのである。

こういうカニの類いなどは、学術的には「甲殻類」としてまとめられているが、カラボスは、

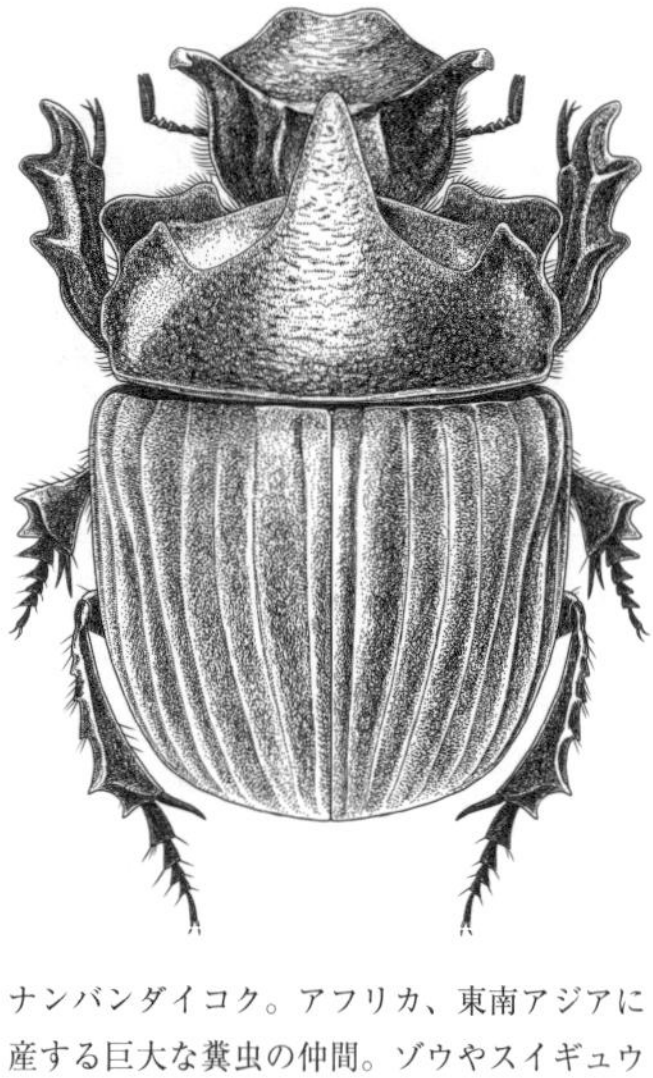

ナンバンダイコク。アフリカ、東南アジアに産する巨大な糞虫の仲間。ゾウやスイギュウの糞を食物とする。

まさにその甲殻類を指すものである。

古代エジプト人は、死と再生の象徴であるこのスカラベを、御影石《みかげいし》を材料に彫刻したり、青い貴石のラピスラズリ、あるいは焼き物などで造って、ミイラの心臓のところに置いたり、護符として首にかけたりした。

スカラベの判子

またエジプト特有のスカラベ型印章というものが、第6王朝（前2400〜前2200年頃）あたりから、メソポタミア式の円筒印章に代わって使用されるようになった（新関欽哉『ハンコの文化史』PHP研究所）。これをパピルスの文書の封印として押したのである。

このスカラベ型印章の流行は第18王朝（新王国時代　前1570〜前1293年頃）まで続いたが、やがて、指輪型印章にとって代わられるようになる。また、妊婦がスカラベを粉にして飲むと安産になるという信仰も根強くあったようである。

岡本かの子（1889〜1939）に『鮨《すし》』という小説がある。その登場人物の湊《みなと》という中年の男は、独り者であることだけはわ

スカラベの護符（複製）。スカラベは死と再生の象徴となり、これを象った護符が死者の胸に置かれた。

かっているが、職業は誰にもわからず、得体が知れないから「先生」と呼ばれている。彼がちょっと変わった指輪をはめているのである。主人公のともよには、それが気になって仕方がない。

ともよは湊が中指に嵌《は》めている古代埃及《エジプト》の甲虫《スカラップ》のついている銀の指環《ゆびわ》さえそういうときは嫌味に見えた。

（「鮨」『岡本かの子全集5』ちくま文庫）

という箇所があるのだが、私にはこれでこの人物の経歴がわかったような気がした。

すなわち、「スカラップ」というのは英語だが、これはフランス語のスカラベに由来するもので、古代エジプトの時代には、パピルスに書いた文書をくるくるとまるめて紐《ひも》で結び、泥を油でねったものを塗り付け、その上からスカラベ型の印章を押して封をしたのである。そして、その印章を指輪として、常に身に付けていた。

それが古代エジプトからギリシャに伝わり、とくにエトルリア人がスカラベ型印章を愛用したという。

後にはそれが、20世紀西欧の、アール・ヌーヴォーの工芸作家たちによって復活させられ、それを『鮨』の湊という男が指にはめていたのではないかと考える。

エジプトのスカラベ崇拝はやがて、ギリシャにまでも伝わった。その昔、人々はスカラベ型の印章を指輪にしたりして持ち歩いた。写真はスカラベのカフスとネクタイ留め。

つまり、この人物は、かつて洋行してフランスあたりで暮らしたことのあるハイカラな人物ではないかと思われるわけである。

アリストパネスのスカラベ

ギリシャ喜劇の作者として有名なアリストパネス（前445頃〜前385頃）に、機械仕掛けの、馬ほどもある巨大なスカラベが舞台に登場する『平和』という作品がある。トリュガイオスという男が、それに乗って天に昇り、ゼウスの神に会いに行こうとするのである。寓意《ぐうい》や駄洒落《だじゃれ》が多く、ギリシャ文明のことがよくわかっていて、悲劇など、ほかの作品も読んでいるようでないと、何を言っているのかわかり難《にく》い喜劇だが、おなら、うんち、猥褻《わいせつ》な当てこすりの頻出で、何だか糞まみれという雰囲気のこの喜劇の中心に、巨大スカラベは確かにぴったりである。

訳者高津春繁《こうづはるしげ》の注によれば、この『平和』という作品は、悲劇作家エウリピデスの失われた作品『ベレロポンテス』のパロディーなのであるという。道理で、と納得がいく。出演者らはしきりに何かを前提にしたようなことを言うのである。

ベレロポンテスまたはベレロポンは、有翼の天馬ペガソスを授けられ、これに乗って怪物を退治した英雄であるが、アリストパネスはこの喜劇で、崇高な天馬の代わりに、糞を食らう巨大スカラベを持って来て、主人公トリュガイオスを茶化しているわけである。

芝居はまず、奴隷たちがスカラベのために、大量の糞団子をスカラベの飼われている囲いの中に投げ込む場面から始まる（「オルケーストラの観客席と反対側に、左手にゼウスの宮殿、右手にトリュガイオスの家の入口。中央には洞穴があり、その入口が岩で塞がれている。ふたりの奴隷がトリュガイオスの家の前にある木製の囲いの前で、ひとりは糞を山と積んであるところから一所懸命に糞の団子をつくっており、ひとりはそれを立てつづけに囲いのなかに投げ入れている」と、ト書にある）。

下男甲　よこせ、よこせ、早いとこ黄金虫《こがねむし》に団子をよこせ。
下男乙　そうら！　この下司下劣《げすげ》な野郎にやれ。これ以上のご馳走《ちそう》はありっこないぜ。
下男甲　も一つよこせ。驢馬《ろば》の糞製のやつだ。
下男乙　ほら来た、も一つ。だが、たった今お前がやったのは、どこへ行った。まさか食っちまったわけじゃあるめえ。
下男甲　うんにゃあ、あいつはかっぱらって、両の足でくるくるところがしたかと思うと、丸ごとぐっとひと呑《の》みさ。さあ、大急ぎでうんとこさ捏《こ》ねろ、それも固いがっしりとしたのだ。
下男乙　わあ、おわい屋ども、助けてくれ、おれが息がつまって死んじゃうのを、見殺しにする気じゃなきゃあね。
下男甲　さあ、も一つ、も一つ、陰間《かげま》の糞製のをだ。こいつぁ十分にすってあるのがご所望だとさ。

下男乙　ほら来た！　皆さん〔と、見物に向かい〕、これにはたった一つだけ救いがあるようですな。誰だって私がこの練り菓子をつまみ食いしたとは言いますまい。
下男甲　うへえ！　も一つよこせ、も一つだ、ほら、も一つだよ。もっと捏ねろ。
下男乙　アポロンにかけて、いやだよ。この肥溜《こえだめ》にはもう我慢がならねえ。
下男甲　それじゃいっさいがっさいこいつに一時にくれてやろう。
下男乙　そうさ、地獄に落ちやがれ、お前も一緒にだ。
〔見物の方に向いて〕あんた方のなかで誰かご存じならば、教えて貰《もら》いたいね、いったいどこに孔《あな》のない鼻を売っていますかをね。糞虫に捏ねて食わせることよりも情けない仕事ってのはありませんぜ。豚や犬はね、誰かが糞をたれれば、つつくだけだ。ところがこの野郎と来た日にゃ、生意気に気取りやがって召し上がらねえ、おれさまが一日中すりつぶしてから差し上げねえとね。まるでご婦人方に差し上げる丸いねり菓子みたいにね。だが、もう食うのはやめたか見てみよう。ここからちょっとこの戸を開けて、あいつに見つからんようにな。うえっ！　しっかりやれ、食って食って食いやがれ、気がついたときにゃあ、腹の皮がはち切れてるぞ。なんてこのごうつく野郎め、食ってやがあんだ、レスラーみたいに餌の上にかがみこみ、顎《あご》をぎしぎし、しかも頭と腕とを、ほらこういう風に、ねじ廻《まわ》す、まるで船につけるあの太い縄をあんでいる連中みたいだ。けがらわしい、とんだにおいの大啖《おおぐら》いめ、いったいこいつは、なんという神のよこした厄なんだ。おれは知らねえよ。確かにアプロディテからじゃあねえな、雅《みやび》の女神さまからでもねえ。

下男甲　それじゃ誰だい。

下男乙　こりゃ正しく山吹色なすいかずちのゼウスの尊《みこと》のおしるしだぜ。

下男甲　どうやら見物のなかの誰やら生意気な若造が言ってるようだぜ、「こりゃなんだい、黄金虫てなあどういうことだい。」そこでそいつに側《そば》に坐《すわ》ってるイオニアのおっさんが言う、「これなあ、クレオンのこと言うてんのらしゅうまっせ、こいつめ、ねっからえげつのう糞くってますがな」ってね。だが内に入って黄金虫に水を持って来てやろう。

（「平和」アリストパネス『世界古典文学全集　第12巻』高津春繁ほか訳　筑摩書房）

劇中、ほかの箇所に「アイトナ黄金虫」というのが出てきて、それは何か、気になるところだが、高津春繁の注には「シシリアのエトナ山近傍には実際に大黄金虫がいたということが物の本に見えているが、未詳」とある。シシリアのエトナ近辺には、スカラベ属の糞虫がいるし、糞虫で大型なものは、アフリカに産する。しかしそれらでもせいぜい日本のカブトムシぐらいである。「トリュガイオス、黄金虫の形をしたものに跨《また》がり、機械仕掛けで空中に浮いている」と、ト書にあるところを見ると、ずいぶんと大仕掛けな舞台である。

ロートレアモン『マルドロールの歌』

馬ほどもある巨大スカラベがギリシャ喜劇に出て来るかと思えば、牛ほどもあるやつが、フランス19世紀の詩人ロートレアモン伯爵（1846〜1870）の散文詩集『マルドロールの歌』に登場する。作者については長い間謎で、あのサルバドール・ダリやヴァロットンが想像上の似顔絵を描いたりしていたが、後述のように、近年ようやくその正体が明らかにされた。

スカラベは、こんなふうに登場する。

前方の丘の上に、ひとつの物体がのっそり立っているのを僕は見ていた。頭部ははっきりとは見えない。だけど、それがとんでもない形をしているらしいことは、見当がついた。もちろんその輪郭なんか正確には分からない。（中略）一匹のスカラベが、地面の上を、大あごと触角とを使って、一個の球体を転がして行く、その主成分は糞《ふん》なのだ。凄《すご》いスピードで、一定の方向に向かって進んで行く。何が何でもそっちの方に行くのだ、という意志を剝《む》き出しにしながら。その節足動物はなんと、雌牛に勝るとも劣らぬほどの巨大さなのだ！

（Comte de Lautréamont : Les Chants de Maldoror　拙訳）

作者ロートレアモン伯爵なる人物は、本名をイジドール・デュカスという、南米ウルグアイ生まれの若者だった。『マルドロールの歌』は、生前ほとんど評価されることはなかったが、シュールレアリストたちが、〝発掘〟して有名になった。特に、詩集の中で、マーヴィンという少年の美貌を形容した、

彼は手術台の上での、こうもり傘とミシンの偶然の出会いのように美しい。

という一文が、彼らの気に入ったのである。

自然界での糞虫の役割

エジプトでは神と崇められ、ギリシャでは笑いのめされているけれど、糞虫は身近な虫であり、その役割は、本来は大変重要なものであった。中でも、糞球を転がすタイプの糞虫は、地中海世界やアフリカ、アジアの乾燥地帯に広く見られる。

昔はフランスでも、もちろんエジプトでも、大量の家畜を飼っており、その家畜たちが糞をする。糞は乾かして燃料にすることもあるが、牧場などでは大量の糞が落とされ、それが大地を覆うと植物が窒息してしまう。本来は、そうなる前に糞虫たちが地中に埋めて、素早く片づけていたわけである。

ここで『ファーブル昆虫記』の一節を読んでみよう。

たった一つの牛糞《ぎゅうふん》のまわりに、なんとまあ、たくさんの糞虫《ふんちゅう》が押しあいへしあいしていることだろう！　ゴールドラッシュのとき、世界中から駆けつけてきた山師《やまし》たちでさえ、カリフォルニアの金鉱を掘るのにこれほどの熱狂ぶりを見せたことはなかったにちがいない。

太陽があまり熱くなりすぎないうちに、糞虫は何百となくやってきている。大型のもの、小型のものがごちゃまぜになり、あらゆる種類、あらゆる形、あらゆる大きさのものどもが、共同のお菓子から自分の分を切りとろうと必死になっている。

露天掘りで表面を搔《か》き取っているものがいるかと思えば、糞の山のちょうど真ん中に坑道を掘り進んで、好きな鉱脈を探しているものがいる。また別のものは、収穫物をただちに下の地面に埋めるために、糞の塊の下の層を掘っている。そうしていちばん小さいものは、力の強い仲間が大きく掘り取った塊からこぼれた屑《くず》を、わきで細かく砕いている。なかには、いま来たばかりで、おそらくはひどく腹がすいているのであろう、その場でむしゃむしゃやっているものもいるけれど、たいていの連中は、ひと財産こしらえておいてから、安全な隠れ家の奥で、たっぷりした蓄えをもって何日も悠々と暮らすことを夢みているのである。

新鮮で、ちょうど食べごろの牛糞などというものは、タイムの茂る荒地の真ん中では、欲しいときにおいそれと見つかるものではない。こんな思わぬ幸運は、棚からぼたもち、まさしく天からの授かりものなのであって、運のいい連中だけがこういう当たりくじを引き当てる。だからきょうの富は用心深く倉の中にしまいこまれるのである。

糞の匂いは一キロ四方にうれしい知らせを伝えた。それで皆は食料を掻き集めようとかけつけてきたのである。何頭かまだ遅れてやってきた連中がいる。空中を飛んでくるのもあれば地面を歩いてくるのもある。

糞の山の方へ、遅すぎはしなかったかと心配そうに、せかせか歩いてくるのは誰であろう？ 長い肢《あし》を不器用にぎくしゃく動かしているところは、まるで腹の中に何か機械仕掛けが入っていて、それで動いているかのようである。褐色の小さな触角は、扇のようにいっぱいに広げられている。欲しいものがなくなりはしないかと心配でたまらないのである。さあ着いた。食卓の仲間を何頭かつきとばしたりしてやっと到着した。これがスカラベ・サクレだ。全身黒ずくめ、フランス産糞虫のなかで最も大きく、最も有名な種である。

（『完訳　ファーブル昆虫記　第1巻　上』奥本大三郎訳　集英社）

オーストラリアの黄害

牧畜大国オーストラリアでは、牛や羊の飼養がさかんであるが、この大陸にはもともとカンガルーなどの有袋類の仲間しかいなかった。オーストラリア、ニュージーランドに牛や羊を持ってきたのは、そこを植民地にしたイギリス人たちで、ごく新しいことなのである。オーストラリアには、カンガルーのコロコロした、乾いた小さな糞を処理する糞虫はいたが、牛や羊の大きな水気の多い糞を処理する糞虫がいなかったので、日本の水田面積の倍ほどの面積が牛の糞によって年々駄目になっていった。

植物の上に牛の糞がべったり落ちると、植物が枯れて死んでしまう。そしてその脇から牛や羊が食べるのに適さない有毒な植物が生えてくる。あるいは、乾燥した土地なので、糞が雨で流れずに、乾いて粉になり、風が吹くと、それこそまさに黄害で、黄色い埃《ほこり》となって空中に舞い飛ぶということがある。

しかもその糞に、ハエの仲間のサシバエが発生し、牛や羊を刺して病気を媒介する。オーストラリアはハエが多いので有名だが、かつてエリザベス女王がオーストラリアに来た時に、飛行機のタラップを降りながら、大変にこやかに手を振っておられる。それもいつまでも。変だなと思ったら、どうも顔のハエを追っておられたらしい、という笑い話があるが、それぐらいハエがたくさん増えて、しかも黄害が発生するということで困っていたわけである。

そこで始められたのが、アフリカや東南アジアから、牛や羊の糞を食べる糞虫を輸入するという解決法であった。１９５０年代に、昆虫学者が研究を始めて、今では糞の除去に糞虫がかなりの役割を果たしているという状況だそうである。

円高と糞虫の衰勢

現在先進国では、大型の家畜は激減してしまい、したがって、糞虫の類いも減ってしまった。牛も馬も駄獣《だじゅう》としては使われなくなったからである。日本でもかつては信州の高原などに行くと、牧場にダイコクコガネ、ツノコガネ、マグソコガネなどがずいぶんたくさんいた。今では、食肉を輸入するようになったり、円高により外国産の牛肉が安くなって消費量が増えたりして、日本で飼われる肉牛が減ってしまうようなことになった。糞虫のほうも、円高によって、あるいは、食肉の輸入によって、ずいぶん被害を受けてしまったようである。

また、人工飼料で牛を飼うと、その牛の糞は、糞虫にとってもあまり身体《からだ》によくないものらしく、人工飼料を食べた牛の糞を食糧として糞虫を飼ってみると成育があまりよくない、ともいう。さらに現在では、飼料に駆虫剤をまぜたりするので、フランスのような農業国でも糞虫は激減している。

糞を転がすスカラベの仲間は、エジプトから地中海のその対岸にある諸国まで分布するのだが、それがさらに東のほうに、中近東から中国、そして朝鮮半島北部の大陸側にまで達している。しかも中国に分布しているものも、朝鮮半島の北部に分布しているものも、ファーブルが研究した種そのもの、すなわちスカラベ・ティフォンなのである。

フランスのスカラベ

ちなみに、ファーブルはスカラベ・サクレと言っているが、本当の意味でのスカラベ・サクレ（*Scarabaeus sacer*）という種類は、フランス本土では、南仏のごく一部、ローヌ河の河口部分、サント＝マリー＝ド＝ラ＝メール周辺にしかいないので、ファーブルは、おそらくフランス本土では見ていないと思われる。

彼がスカラベ・サクレだと思っていたのはティフォンタマオシコガネ（*Scarabaeus typhon*）という種であった。

コルシカ島には真正のスカラベ・サクレがいて、ファーブルは、高等中学の教師としてコルシカ島に赴任した時に、そこでスカラベ・サクレを発見し、南仏アヴィニョン近辺で見たものよりも、コルシカ産のは大型である、と言って不思議がっている。

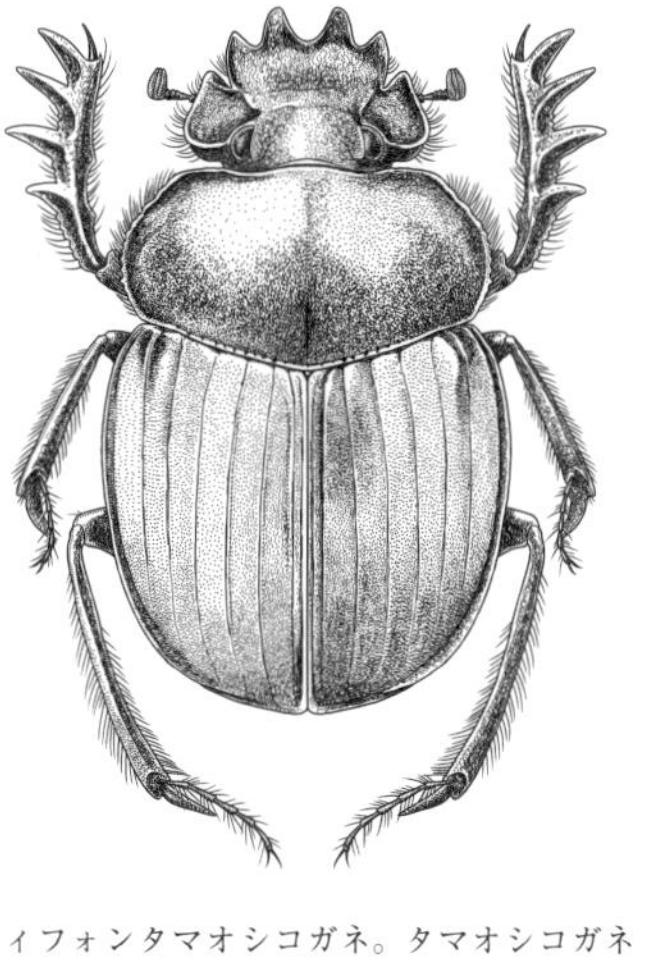

ティフォンタマオシコガネ。タマオシコガネ（スカラベ）の一種。ユーラシア大陸に広く分布する。ファーブルは本種の生態を観察した。

中国のスカラベ

さて、中国の清の乾隆時代、詳しくは乾隆28年、つまり１７６３年に、蘇州に生まれた文人で、沈復《しんふく》（１７６３〜?）という人が『浮生六記《ふせいろっき》』という本を書いている。今は亡き妻との静かな生活の思い出を記した、しみじみと胸を打つ文学作品であるが、その中に、

「(前略) 蜣螂《くそむし》は糞を丸めて蟬《せみ》に化するが、あれは高く挙がろうとの考えに基づくものだ。(後略)」

(沈復『浮生六記』松枝茂夫訳　岩波文庫)

という部分がある。

つまり、中国においては「蜣螂(きょうろう)」、すなわちスカラベの仲間が糞を丸めて地面に入り、やがて、セミになって地上に出てくると信じられていたらしい。セミも確かに地面に穴をあけて出てくるが、それと結びつく考えのあったことがこれでよくわかる。

その沈復よりずっと前、唐の時代の、前にも話の出た段成式《だんせいしき》(?～863)という人が著した一種の博物誌である『酉陽雑俎《ゆうようざっそ》』という本の中に、やはりこういう話がある。

蟬《せみ》。

ぬけかわらないとき、復育と名づける。伝説によると、蛣蜣《きつきょう》の変化したものである。秀才の韋翾《いけん》の荘園《しょうえん》が、杜曲《と》にあった。かつて、冬のころ、樹《き》の根を掘り、復育が、朽ちた箇所についているのを見、不思議がった。村人は、蟬はもともと朽ちた木の変化したものだといった。韋翾は、そこで、一匹解剖してしらべると、腹のなかは、まだ、くさった木がつまっていた。

(段成式『酉陽雑俎3』今村与志雄訳注　平凡社 東洋文庫)

つまり中国では、清の時代だけではなく、唐の時代からセミとスカラベとが結びつけて考えられていたのである。

そして中国では、「含蝉《がんせん》」といって、玉でセミを象《かたど》ったお守りを、死者の口中に入れることがあった。セミが再生の象徴であるだけでなく、玉には防腐効果があると信じられていたのである。この含蝉の発想と、古代エジプトのスカラベの護符の発想とは、はるか場所を隔てて通底するものであろう、と考えられる。

パリの国立自然史博物館の教授であった、キャンブフォール博士には、この考えを発展させた『スカラベと神』という著書がある。

このように、スカラベは多くの国に分布するが、国によってその文化的な受け入れ方はさまざまである。すなわちエジプトでは、神にまで祭り上げられ、中国では、スカラベでいる間は賤《いや》しまれ、地中にもぐっていったん死に、やがてセミになって羽化登仙《うかとうせん》してからは貴ばれる。

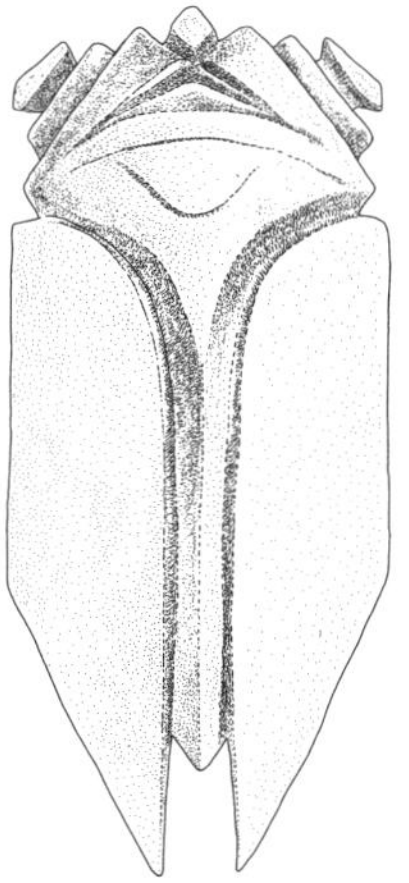
中国、春秋・戦国時代の含蟬。玉で作り、死者の口に含ませた。玉には防腐作用があると考えられた。

戦線のスカラベ

中国におけるスカラベについて調べてみると、これが詩に詠まれたりしている。本来中国でスカラベは、ありふれたものであったらしい。戦争中の中国にいた昆虫学者（たとえば常木勝次《つねきかつじ》博士）らは、そのことを記している。ちょっとその状況を引用で示そう。

天壇の林で私が特に述べて置かねばならぬ甲虫にタマヲシコガネがある。之《これ》は獣の糞で玉を拵《こしら》へ、それを適当な所まで転がして行つて穴を掘り、中に入つて緩《ゆつく》り之を食ふ奇妙な習性を持つてゐる虫――称して糞虫と呼ばれる虫である。此《この》虫の記事はファブル昆虫記を始めその他色々の書物によく紹介されてゐるので、私もその名前や習性はかねぐ〵聞き知つてゐた。それ故支那へ来てゐる間に、是非自分の眼《め》で一度之を見る事を希《ねが》つてゐた。だから、此林へ、北京《ペキン》大学の羊飼が五六十頭の羊を追ふて来た時には、よくその後を跟《つ》けて行つたものである。或日《あるひ》、例のやうに羊の通つた後を跟いて行くと、路上を黒い塊りが一団になつて横切るのを見つけた。直に駈寄《かけよ》つて見ると一匹の大きな糞虫が、今しも糞玉を転がして行く所であつた。私は大いに喜んで、彼の動作を見守つた。この糞虫は幸運にもファブルでお馴染《なじみ》のスカラベであつた。彼は六つのギザ〵のついた頭を地につけ、尻を高く上げて梅の実大の糞玉に倚《よ》りかゝり、後の脚で巧みに舵《かぢ》を取りながら後退《あとずさ》りに進んで行く。その速さが私の考へて居たのに比べると遥《はる》かに速いのに驚いた。私は此虫が重い玉をエッチラオッチラ押して行く有様を想像してゐた。所が実際我眼で見れば、糞虫は相当な速さでゴロ〵転がして行くのである。それ故私が充分見もしない中《うち》に早くも道を横切つて、叢《くさむら》の中へ入つて終《しま》ひさうになつた。そこで逃げられては堪《たま》らないから、オイ一寸《ちよつと》待てとばかり、棒を拾つて軽く叩《たた》くと、彼は糞玉にくつ付いた儘《まま》手足を縮めて凝《じつ》と立止る。その機を外さず糞玉諸共《もろとも》虫を路《みち》の反対側まで転がし戻す。すると虫は衝撃を感じて暫《しばら》く不動の儘でゐるが、やがて静かに手足を伸し、姿勢を整へて復《また》玉転がしに取掛る。二三度之を繰返すと、流石《さすが》の糞虫も些《いささ》か危険を感ずると見えて、糞玉を放してスタコラ逃げ初める。然《しか》し逃げて行く虫の前へ糞玉を拾つて落してやると、彼は触角を動かし、手で触れて見、大事な玉だと分ると、思ひきり悪く又も之に取付いて転がし出す。写真に撮る為、何度も何度も転がし戻した所が、愈々《いよいよ》危険を感じた彼は、早く安全な処へ逃れやうと糞玉を押すスピードは益々《ますます》速くなつて行く。六回目に、到頭彼は堪りかねたか、糞玉から離れると直に翅《はね》を開いて後をも見ずに飛去つて終つた。

（常木勝次『戦線の博物学者　北支篇 蒙古篇』1942年　日本出版社）

北京から郊外の草原地帯に出ると、ヒラタタマオシコガネ（*Gymnopleurus*）が牛糞などにそれこそ〝真っ黒に〟なってたかっていたそうである。

黄庭堅の詩「演雅」

黄庭堅《こうていけん》（1045～1105）は、蘇軾《そしょく》と並ぶ宋代の書家で詩人であり、「演雅《えんが》」という詩を書いている。この中にスカラベが、「蛣蜣《きつきょう》」という名で出てきて、

と詠まれている。この「丸」は糞球のこと、そして「蘇合」は、高貴なお香のことである。つまり、フンコロガシ（スカラベ）は、糞の球などを大事そうに転がし、一方で、高級なお香はバカにするというのである。

「演雅」とは、中国最古の字書である『爾雅《じが》』を敷衍《ふえん》した詩集という意味。『爾雅』は、秦または漢初の頃に編纂《へんさん》されたものであるという。その書名は、「雅（タダ）シキに爾（チカ）ヅク」ということである。

「演雅」の中に「釈虫、釈魚、釈鳥」などという編があり、それらは、身辺の虫と鳥について、古典（『詩経』『荘子』その他の書物）に記された故事や民間の俗信を説きながら作られたもので、われわれにとっても興味深い詩である。

これを虫屋の立場から翻訳してみようと思ったが、詩の原文の音も何もわからぬ身としては歯が立たない。

幸い倉《くら》田《た》淳《じゆん》之《の》助《すけ》『漢詩大系　第十八巻　黄山谷』（集英社）、および荒井健注『黄庭堅』（岩波書店）という注釈があるから、それらにすがって、無謀ながら、ともかくも手を着けてみる。

これは、小動物の生態を記して人間の戯画としたものというが、この際、人間のことはどうでもよいことにする。いずれにせよ長い詩であるから、スズメやツバメのことは省略し、虫を叙述した詩句を選んで引用しようと思ったが、それぞれ二句が対になっているようであるから、鳥のことも省略は出来ない。まずは上段に倉田淳之助による読み下し文。

読み下し文というのは、それ自体がすでに翻訳のようなものであるけれど、それぞれの鳥だの虫だのにまつわる故事や先人の格言などが含まれて、そのままでは何のことかわからない。だからこそ注がつけてあるわけで、それを頼りにしたり、しなかったりしながら自由訳すると、下段のようなことになる。題名は、思い切って、「新博物詩」と意訳してみた。

演雅

桑蚕《さうさん》は繭《けん》を作って　自ら纏裹《てんくわ》し
蛛蝥《しゆぼう》は網を結んで　工《たくみ》に遮邏《しやら》す
燕《つばめ》は居舎無く　経始すること忙しく
蝶《てふ》は風光の為に　勾引し破らる
老鶬《らうさう》は石を銜《ふく》んで　水を宿《とど》めて飲ましめ

新博物詩

カイコは繭を造って、自らの身を包み込み、

クモは同じく糸を使って網を造り、飛んで来た虫の行方を遮って捕まえる。

初夏に渡って来たツバメには、まだ住む処《ところ》がないため、巣を造るのに忙しいが、

チョウは美しい景色に惹《ひ》かれて、何も造らずに終ってしまう。

コウノトリは、石を咥《くわ》えて卵を温め、水を溜《た》めて雛《ひな》に魚を与え、

稺蜂《ちほう》は衙《が》に趨《はし》って　蜜を供する課あり
鵲《かささぎ》は吉語《きつご》を伝へて　安《いづくん》ぞ閑なることを得ん
鶏《とり》は晨興《しんこう》を催して　敢《あへ》て臥《ぐわ》さず
気　千里を陵《しの》いで　蠅《はえ》驥《き》に附し
枉《ま》げて一生を過し　蟻《あり》磨《うす》を旋《めぐ》る
蝨《しらみ》は湯沸を聞くも　尚《なほ》血食《けつしょく》し
雀《すずめ》は宮《きゅう》の成るを喜んで自ら相賀す
晴天に羽を振《うご》かし　蜉蝣《ふいう》楽しみ

ミツバチには、さながら蜂蜜の租税を納めるノルマがあるかのよう。

けたたましく鳴くカササギは、めでたい言葉を伝えるのに大忙しで、

ニワトリは時を告げるために寝てはおられぬ。

千里の道をものともしないのも道理、ハエはちゃっかり駿馬《しゅんめ》に止まって行くのだが、

実直なアリは臼の上でぐるぐると、いつまでも逆向きに廻《まわ》り続ける。

シラミは、衣ごと煮殺してやろうと釜に湯を沸かしている傍らで、ふつふつたぎる音を聞きながら、まだ血を吸うことを止《や》めず、

スズメたちは人家の落成を、我が事のように祝い合う。

晴れた空に羽搏《はばた》くカゲロウは、短い命を楽しく過ごし、

空穴に児を祝《いの》って　蜾蠃《くわら》と成す
蛣蜣《きつきやう》は丸《ぐわん》を転じて　蘇合《そがふ》を賤《いや》しみ
飛蛾《ひが》は燭《しよく》に赴いて　死禍《しくわ》に甘んず
井辺《せいへん》に李を蠹《むしく》うて　螬《さう》　苦《はなは》だ肥え
枝頭《しとう》に露を飲んで　蟬《せみ》　常に餓《う》う
天螻《てんろう》は隙に伏して　人の語るを録し
射工《しやこう》は沙《すな》を含んで　影の過ぐるを須《ま》つ
訓狐《くんこ》は屋《をく》を啄《ついば》み　真に怪を行ひ
蟰蛸《せうせう》は喜びを報じて　太《はなは》だ可なる多し

ジガバチはイモムシを地に埋め込んで、自分の子にする。

糞虫《ふんちゅう》は糞球《ふんだま》を転がして、貴い香料を虚仮《こけ》にし、

火取り虫は、蠟燭《ろうそく》の火に飛び込んで、あえて死を選ぶ。

井戸の傍《そば》のスモモの樹《き》をむしばむ蠐螬《すくもむし》は、ぼってりと肥《ふと》り、

枝に止まって露を飲むセミはいつでもお腹《なか》が空《す》いている。

ケラは隙間に隠れ、人の言葉を盗み聞きして祟《たた》りをなし、

射工は砂を口に含んで水中に潜み、人が通りかかると吹き付けて殺してしまう。

ミミズクが屋根に止まると凶事があるというが、

アシダカグモは吉報をもたらすが故におめでたい。

鸕鷀《ろじ》は密《ひそか》に魚蝦《ぎよか》の便を伺ひ
白鷺《はくろ》は塵土《ぢんど》に涴《けが》るるを禁ぜず
絡緯《らくゐ》は何ぞ嘗《かつ》て機織《きしよく》を省せん
布穀《ふこく》は未《いま》だ応《まさ》に種播《しゆは》を勤むべからず
五技の鼯鼠《ごそ》は　鳩《はと》の拙きことを笑ひ
百足の馬蚿《ばげん》は　鼈《べつ》の跛《は》たるを憐《あはれ》む
老蚌《らうばう》は胎中　珠《たま》　是《こ》れ賊
醯鶏《けいけい》は瓮裏《をうり》　天　幾ばくか大なる
螳蜋《たうらう》は轍《てつ》に当って　長臂《ちやうひ》を恃《たの》み

ウは密《ひそ》かに魚や蝦《えび》を狙っているが、
シラサギは獲物を捕る時、泥にまみれるのをいとわない。

キリギリスは「ギーパタリ、ハタヲオレ」と人をせかすが、己自身は、機織ることを考えもしないし、
カッコウは「タネマケ、タネマケ」と鳴くくせに、己はまだ、種播《たねま》きに精出したことはない。

五つの得意技を持つムササビは、巣も造れぬハトの不器用さを笑い、
脚がたくさんあるヤスデは、よたよた脚を引きずるスッポンを憐《あわ》れむ。

年を経たカラスガイは、腹中の真珠が仇《あだ》をなして、人に捕られ、
ヌカカは、住処《すみか》とする甕《かめ》の中を全世界と心得る。

カマキリは身の程もわきまえず、長い腕を構えて馬車

熠燿《しふえう》は宵に行《ゆ》いて　照火《せうか》を矜《ほこ》る
提壺《ていこ》は　猶《なほ》　能《よ》く沽酒《こしゆ》を勧め
黄口《くわうこう》は　只《ただ》　知る飯顆《はんくわ》を貪るを
伯労《はくらう》は饒舌《ぜうぜつ》なれども　世より問はれず
鸚鵡《あうむ》は纔《わづか》に言《ものい》ひて　便《すなは》ち関鎖せらる
春蛙《しゆんあ》　夏蜩《かてう》　更に嘈雑《さうざつ》
土蚓《どいん》　壁蟫《へきいん》　何ぞ砕瑣《さいさ》なる
江南の野水《やすゐ》　天より碧《みどり》なり

の前に立ちはだかり、
ホタルは宵闇に飛翔《ひしよう》して己《おの》が灯火をひけらかす。
提壺鳥は、「トックリモッテサケカエ」と鳴いて、それを勧めるが、
スズメの子は、ただ飯粒をむさぼるだけ。
けたたましくモズが鳴いても、世間はまったく咎《とが》めぬが、
オウムはちょっとものを言うだけで、もう籠に閉じ込められる。
春のカエル、夏のヒグラシはただやかましいばかりだが、
ミミズ、シミときたら静かなもの。
江南の野を流れる河は空の色より蒼《あお》く、

白いカモメが浮かんでいる。
静かで平和な様は私の心の中そのまま。
（拙訳）

中《うち》に白鷗《はくおう》あり　閑なること我に似たり

（『漢詩大系　第十八巻　黄山谷』倉田淳之助　集英社）

長い詩だが、ここに登場するのは、人里にいる鳥と虫である。特に鳥に関しては、いわゆる聞き做《な》しが出ていて興味深い。カッコウはあちらでは「タネマケ、タネマケ」と鳴くとか、「提壺」とはどういう鳥かわからないけれど「トックリモッテサケカエ」は面白い。

虫に関しては、民間の言い伝えがここにほぼ尽くされているように思われる。こうして見ると、糞虫もかつては、のどかな田園に数多く見られた虫のひとつだったようである。

ともあれ、この詩では、社会風刺よりもなによりも、田園生活の楽しさ、里山の自然と農業の調和が、文人によって謳われているようである。余談だが、書家として名高い黄山谷が書いたこの詩の原稿が残っているようなことがもしあったら、それこそ値千金であろう。

千里の馬の背にちゃっかり止まったハエ（“馬とハエ”の焼き物）。

第6章

ホタル

——鳴かぬ蛍が身を焦がす

亡魂と毛生え薬

ホタルは、もちろん甲虫の仲間であって、光を放って飛ぶ故に昔から人に知られてきた。

これが特に人の心を惹《ひ》き付ける虫であったことには、昔々、夜は今よりも暗かった、ということを忘れてはならない。菜種油の行灯《あんどん》、紙燭《しそく》の類いしかない時代の人々に、ぬばたまの闇夜にぽーっ、ぽーっと光って飛ぶホタルの灯《ひ》は、いかに好もしいものであったことか。

五月の闇はたゞこの物の為にやとまでぞ覚ゆる。

第2章で取り上げた『百蟲譜』の横井也有《よこいやゆう》（1702〜1783）の言葉は、実感を伴う、まさにその通りのものだったのである。

世界にはさまざまなホタルがいて、幼虫時代を水中で過ごさない、陸棲《りくせい》のもののほうが実は多いのだけれど、日本の有名な二種のホタル、つまりゲンジボタルとヘイケボタルは幼虫時代を水の中で過ごす。昔は日本中のどこにでもきれいな流れがあっ

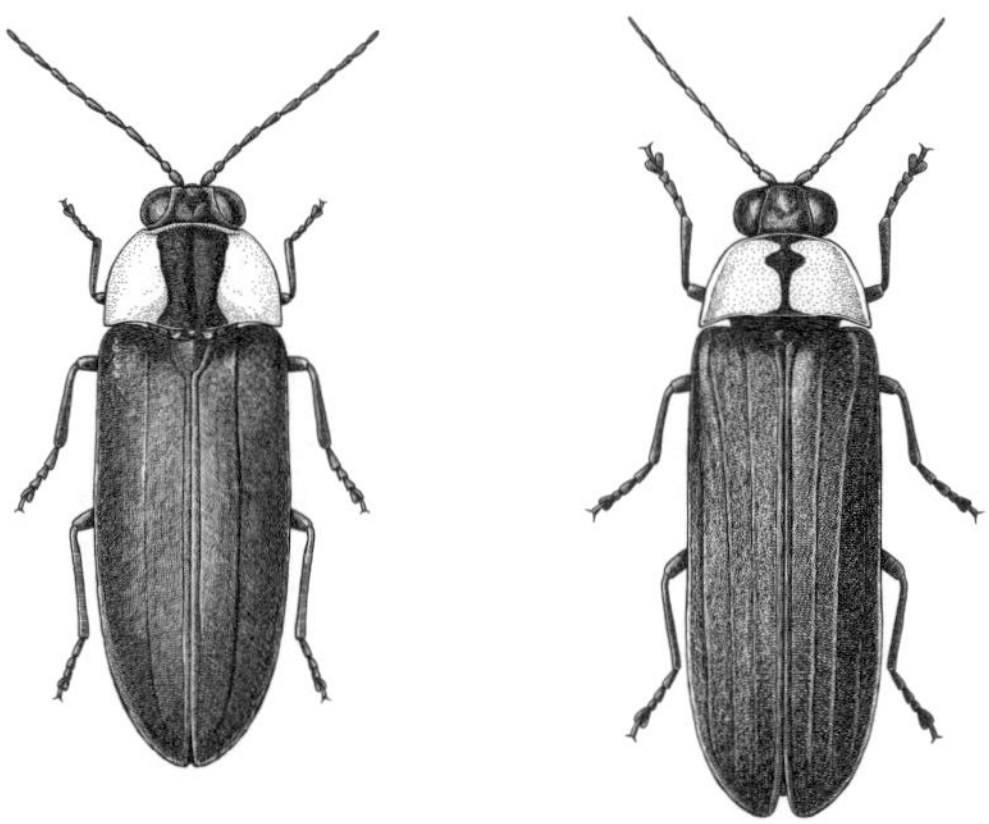

日本では伝統的に、よく似た虫が二種いると、源平合戦の故事にならって、大きいほうを源氏、小さいほうを平家と呼びならわしてきた。京都の田舎ではミヤマクワガタなどの大型種をゲンジと呼んでいた。ゲンジボタルは清流を好み、ヘイケボタルは比較的水の汚染に耐えやすい。

て、ホタルが棲《す》んでいた。

金井紫雲《かないしうん》著『蟲と藝術』（1934年）という本の中に、ホタルの名所として、次のような文章がある。


蛍の名所といへば、先《ま》づ昔から聞えてゐるのが山城の宇治である。これは戯曲の『生写《しやううつし》朝顔日記』などで、既に洽《あまね》く知られてゐるし、宇治川はその流域一帯、蛍が非常に豊富で周囲の情景も美しいので蛍が一層美しく見えるのである。

琵琶湖《びはこ》の附近で、石山寺の蛍谷も名高い名所である。この蛍谷から宇治川へかけての蛍は、源三《げんざん》位《み》頼政《よりまさ》の亡魂が化して蛍となつたといふ伝説が残されてゐる。その近くの守山も、昔から有名な名所で今日でも蛍祭といふのが催されてゐる。

蛍の数の多いことに於《おい》て、また地勢の点から、

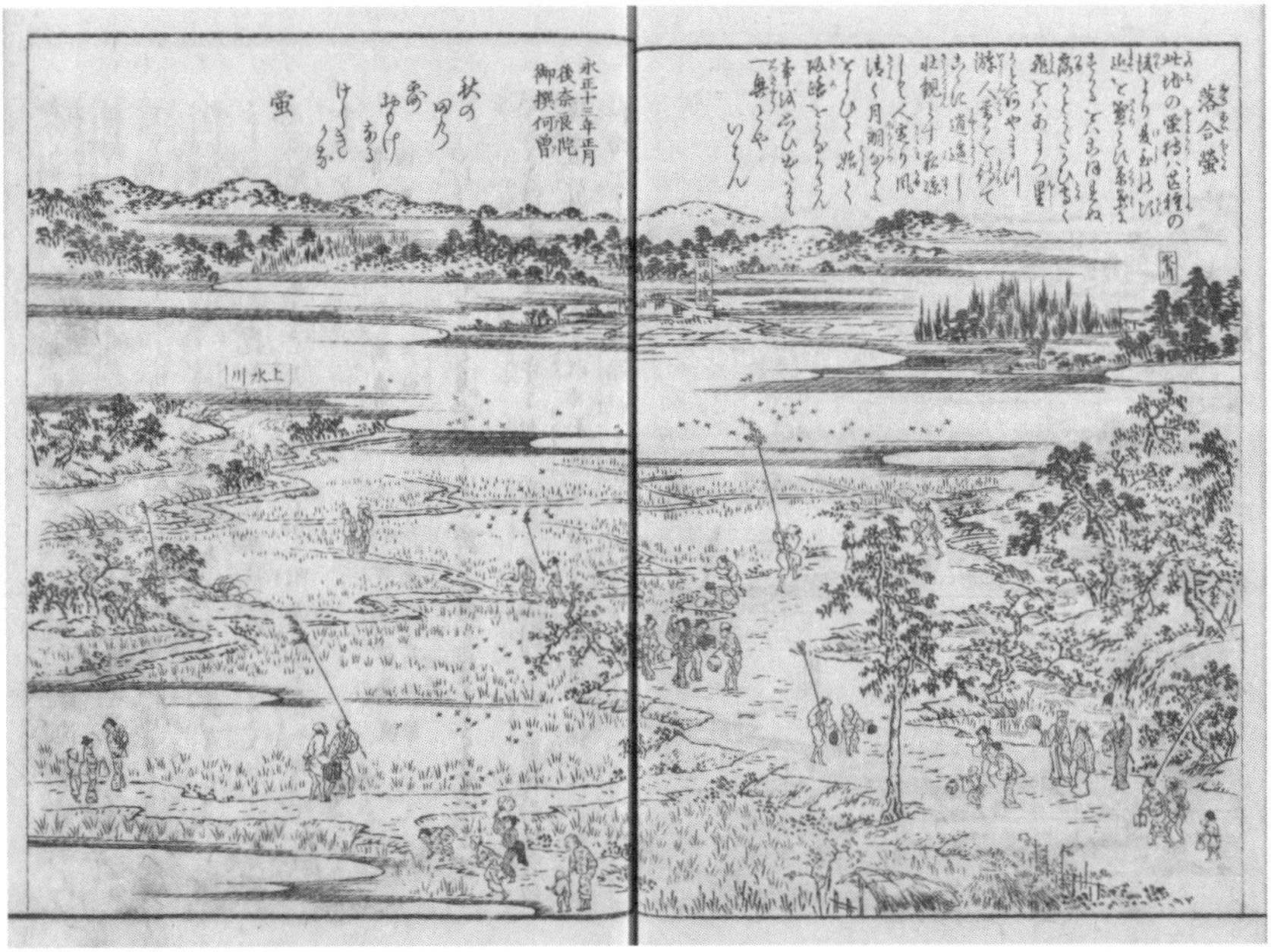

江戸時代に描かれた江戸近郊の名所地誌『江戸名所図会』（1834~1836）より「落合蛍」。先に笹の葉の付いた竿で、飛ぶホタルを叩き落としている。

全国唯一の名所となつてゐるのは甲州鎌田川の谿谷《けいこく》一帯で吹笛川の流域と合するところ、幾百万と数知れぬ蛍が群集し、乱れ飛ぶ奇観壮観は言語に尽せぬ程である。これは身延《みのぶ》鉄道の常永《じやうえい》駅に近い所である。

東京附近では、先づ埼玉県の大宮、官幣《くわんぺい》大社氷川神社の境内である見沼川を挙げなければならない。見沼はもと箕沼とも書き、一に氷川の御手洗池とも呼ばれ、その流れが見沼川となり、後に利根《とね》から引いた用水の名と一になつて川口町辺で荒川に合流する、蛍の名所となつてゐるのは、氷川神社の境内になつてゐるところで、その出盛りには、幾千万と数へ尽せぬ蛍が飛交ひ、暗の夜に美しい宝玉を散らしたやうな壮観を呈するのである。この外、霞《かすみ》ヶ浦《うら》、古利根あたりの水郷も関東では蛍の名所として有名である。

（金井紫雲『蟲と藝術』芸艸堂）

ここに挙げられている宇治川にしても、石山寺にしても、甲州鎌田川の渓谷地帯にしても、今ではホタルはずいぶん減っていると思う。埼玉県の大宮付近、官幣《かんぺい》大社氷川神社の境内である見沼川のあたりといえば、かつて筆者の勤務していた埼玉大学の近くであるが、車の流れる道路と、ファミリーレストランこそあれ、ホタルの飛ぶところなぞは見たことがない。霞ヶ浦とか、古利根あたりの水郷も今ではそれこそ「昔の光、いまいずこ」という状態であるのは情けない。

しかし、浴衣を着た親子が連れだってホタル狩りをする風景は夏の風物詩ともいうべきもので、筆者が子供の頃、ホタルをそれほど珍しがることはなかった。町中では鳴く虫と一緒にホタルも虫屋に売っていたという。そんなことを戦後の作家、織田作之助《おださくのすけ》あたりまでが書いている。

先の名所の中に、宇治川のホタルが平等院付近で、源三位頼政《げんざんみよりまさ》の亡霊であると伝えられているという話が出てきたが、源頼政は以仁王《もちひとおう》を奉じて平家追討の義兵を挙げ、武運つたなく平等院に討ち死にしたために、こういう伝説が生まれたわけである。なお、その魂がホタルになって蛍合戦の行われることが、『嬉遊笑覧《きゆうしようらん》』という江戸時代の一種の民俗誌に書かれている。

「卯月《うづき》の末つかた、宇治、こゝは蛍の集り、えならぬ興を催せり。余所《よそ》の蛍よりは一きは大にして、光こと更にみゆ。世にいふ頼政《よりまさ》入道が亡魂にて、今も軍する有さまとて、夜に入ぬれば数千万のほたる川面にむらがり、或は鞠《まり》の大さ、或はそれよりも猶《なほ》大に丸がりて、空に舞あがり、とばかり有て水のうへにはたと落て、はら〳〵ととけて流れ行こと、幾むらともかぎりなし」

（喜多村筠庭『嬉遊笑覧（五）』長谷川強ほか校訂　岩波文庫）

数千万匹のホタルの群飛というのは、今の人が聞けば、いくらなんでも誇張が過ぎるように聞こえるが、条件さえ整えばホタルは大発生するものである。

安松京三《やすまつけいぞう》博士の『昆虫物語　昆虫と人生』（1965年）や、芝佳吉《しばかきち》の『僕の昆虫記』（1942年）という本には、滋賀県守山町にたくさんあったゲンジボタル問屋のことが詳しく記されている。ここでは大正年間の最盛期には、一軒のホタル問屋で一夏に70万匹のホタルを扱ったというのである。

一軒に何十人という採り子がいて、彼らは日が暮れると長い竹竿《たけざお》をかつぎ、腰には茅布《かやぬの》でこしらえた細長い袋を巻いて出かける。河岸にくると、柳の枝などにホタルが群れ集まっているので、その枝を竿で打って、バラバラと落ちてくるホタルを拾うのである。その時に、採り子は両手に摑《つか》んだ虫をまず口の中にぽいぽい放り込んでいったそうである。

いちいち袋に詰める手間と時間が惜しいからだが、そうやって口の中がホタルでいっぱいになると、初めてホタルを袋の中に吐き出す。変な味がしたと思うが、慣れてしまうのだろうか。

こうして午前2時頃までに一人で二千匹ぐらい採集したという。それが京都や大阪に送られて、庭園に放たれたり、あるいは夜店で売られたりしたようである。大正時代になると、都会地ではホタルがもう商品になっていたわけである。

このホタル問屋では、死んでしまったものは薬種屋に売った。薬種屋ではホタルを禿頭病《とくとうびょう》の薬にしたというが、サカサボタル（逆蛍：尻ではなくて頭が光る）という言葉もあるように、よけい光るようになったのではないかと心配になるほどである。ホタルには、一種独特の匂いがあるが、その成分が頭の皮膚を刺激して発毛をうながすのではないかと思われる。

中国でも「螢火丸《けいかがん》」といってホタルを薬にしたようで、ホタルの光を発する部分に鬼箭羽《きせんう》、藜《あかざ》、羊角《ようかく》、礬石《ばんせき》、杏仁《きょうにん》、その他いろいろなものを加えて練り、これを赤い絹の袋に入れて身につけたという。こうしておくと、さまざまな病気を防いだり、盗賊に襲われることがなかったり、武人の場合は戦に勝つと信じられていたそうである。

この秘法は、昔、漢の将軍で武威の太守劉子南《りゅうしなん》という人が、ある道士から授かったというものであるが、そのほかにも、ホタルの死骸を紙に包んで簞笥《たんす》の中に入れておくと、衣類に虫がつかない、などと言われていた。

ホタルの光

ホタルで有名な故事としては、卒業式の時に歌う「蛍の光、窓の雪」のホタルのほう、晋の車《しゃ》胤《いん》の故事がある。しかしホタルの光を灯《あか》りとして勉強することが可能であるかどうか、ホタル研究家、南喜市郎（１８９６～１９７１）という人が実験した。それによると、新聞を読むためには、両側に千匹ずつが必要であったという。今の日本でそれだけホタルを捕まえると、それこそ乱獲だといって、教育委員会あたりから叱られるだろうし、実際にホタルばかり採っていたのでは、勉強する時間がなくなってしまう。

しかし古い時代の中国のことを考えてみると、中国の南部、車胤のいた福建《ふっけん》省にはタイワンマドボタルという光の強い大きなホタルが分布しているし、漢籍、つまり中国の書物は一つひとつの漢字の文字が大きいので、20匹も集めれば、なんとか字が読めたのではないかと思われる。それに何より、昔の人は夜の暗さに慣れてもいたのである。行灯の明るさに比べれば、ランプでさえ、ひどく強い光のように思われたであろう。

紙袋にホタルを包むというのは、日本でも中国でも行われ、昔の沖縄の子供は紙袋に入れて灯籠とするほかに、ふかしたサツマイモを薄く練って灯籠を作ってホタルを入れたという。「やはらかいい、光であつた」と島袋全發《しまぶくろぜんぱつ》（1888〜1953）の『沖縄童謡集』（平凡社 東洋文庫）にある。

ホタルではないが、南米のヒカリコメツキという虫は、1匹でも、新聞紙の上に置くとその文章が二、三行読めるぐらい明るい光を持っている。南米の人々は昔、足指の先にこのヒカリコメツキを結びつけて夜道を歩いたそうである。

漢詩の中にもホタルはたくさん出てくるし、また日本の江戸漢詩にも「流蛍」といってホタルの飛ぶさまが謳《うた》われている。第5章に名の出た『浮生六記《ふせいろっき》』という書物の中にもホタルの出てくる美しい場面がある。

腐草化して蛍となる

中国では「河の岸辺などに生えている水草が枯れて腐り、それがホタルになるのだ」と信じられていたらしい。また貝がホタルとなるという説もあった。それは、ホタルの幼虫が淡水産のカワニナのような貝の中に首を突っ込んで、それを消化液で溶かして食べている様子を見て、そういう話が出たのであろう。

これなどは典型的な「化生説」である。

化生説は世界中にあり、アリストテレス（前384〜前322）も『動物誌』の中に「キャベツの露がチョウの卵になる」などと記している。

英国18世紀の、ギルバート・ホワイトという田舎の牧師が書いた『セルボーンの博物誌』にも

「雀が海中に入ってはまぐりになる」とか「カエルは雨の時天から降ってくる」とかいう迷信のことが書いてある。

化生説は20世紀になっても生き残っていた。細い首の部分が曲がりくねって、外部から細菌などが入り込まないようにした「ハクチョウの首のフラスコ」を使ってこれを打破したのはあのパストゥールである。

忍ぶ恋の象徴

『万葉集』の「挽歌《ばんか》」中に、

この月は　君来《き》まさむと　大船の　思ひたのみて　何時《いつ》しかと　わが待ち居《を》れば　黄葉《もみちば》の　過ぎていにきと　玉梓《たまづさ》の　使の言へば　蛍なす　ほのかに聞きて　大地《おほつち》を　炎と踏みて（後略）

（『日本古典文学大系6　万葉集　三』高木市之助、五味智英、大野晋校注　岩波書店）

という歌がある。「蛍なす」が「ほのか」の枕詞のように使われ、ここでは「蛍なす　ほのかに聞きて」という句において、胸の思いを焦がす象徴として、ホタルの光が使われているわけである。

日本の詩歌の中ではホタルは「忍ぶ恋」の象徴として、よく出てくる。『後拾遺集《ごしゅういしゅう》』の源重之《みなもとのしげゆき》

（?～1000頃）の歌に、

音もせで思ひに燃ゆる蛍こそ、鳴く虫よりもあはれなりけれ

というのがあり、あるいは民謡の中にも、

恋に焦がれて鳴く蟬よりも、鳴かぬ蛍が身を焦がす

と歌われたり、『閑吟集《かんぎんしゅう》』の中にも、

わが恋は、水に燃えたつ蛍々、物言はで笑止の蛍

という歌があったりする。

『源氏物語』のホタル

『源氏物語』巻の二十五「蛍」の巻には、光源氏がホタルをたくさん、薄紙に包んで玉鬘《たまかずら》を訪ねる話がある。

何くれと言《こと》長き御答《いら》へ聞こえたまふこともなく思《おぼ》しやすらふに、寄りたまひて、御几帳《きちやう》の帷子《かたびら》を一重《ひとへ》うちかけたまふにあはせて、さと光るもの、紙燭《しそく》をさし出《い》でたるかとあきれたり。蛍を薄きかたに、この夕つ方いと多くつつみおきて、光をつつみ隠したまへりけるを、さりげなく、とかくひきつくろふやうにて。にはかにかく掲焉《けちえん》に光れるに、あさましくて、扇をさし隠したまへるかたはら目いとをかしげなり。

（現代語訳）

なにやかやと宮の長々とお訴えになるお言葉へのご返事も申しあげずにためらっていらっしゃったところ、大臣は近くにお寄りになって、御几帳の帷子を一枚横木にお掛けになると同時に、ぱっと光るものが――姫君は、まるで紙燭をさし出したのかとびっくりなさる。蛍を薄い帷子に、この夕方たくさん包んでおいて、光を漏さぬように隠していらっしゃったのを、何気なくその辺をとりつくろうようなふりをして、お放ちになったのである。にわかにこうして明るく照らし出されたので、姫君ははっと驚いて、扇でお隠しになったその横顔が、いかにも美しい風情を感じさせる。

（「蛍」『新編　日本古典文学全集22　源氏物語③』阿部秋生、秋山虔、今井源衛、鈴木日出男校注・訳　小学館）

小学館版『日本古典文学全集』の注にもある通り、ホタルの光で女の姿を見る例は、『伊勢物語』にも『宇津保物語《うつほ》』にもある。

この時の玉鬘の歌は、

声はせで身をのみこがす蛍こそいふよりまさる思ひなるらめ

であって、先にも挙げたように、ホタルが忍ぶ恋の象徴になっているのである。いずれにせよ、薄物に包んだホタルの光のイメージは、奥ゆかしく、美しい。

俳句の中のホタル

江戸時代の俳人与謝蕪村《よさぶそん》（1716～1784?）の句にある、

狩衣《かりぎぬ》の袖のうら這《は》ふほたる哉《かな》

というのは、この『源氏物語』の場面などを踏まえたものであろう。

狩衣も、もとは狩猟用の服であったとしても、夏の物は紗《しゃ》のような薄物を使って涼しく作ってあるので、半透明で、ホタルの光がその中からぼうっと透けて見えるところに、まことにその風情がある。

同じ蕪村の句の中に、

蚊屋の内にほたる放してア、楽や

というのがあるが、これも昔よく行われたことで、蚊帳の中に子供がトンボを放したり、ホタルを放したりして（ホタルの場合は大人であろうか）、それが光を放ってぽうーっ、ぽうーっと飛ぶさまを楽しむということである。

隋・煬帝のホタル狩り

中国にももちろん、ホタルに関する習俗はある。それに関しては、瀬川千秋『中国　虫の奇聞録』に、「空前絶後のホタル狩り」と題して、隋《ずい》の煬帝《ようだい》（569〜618）の、さすが中国、という大規模なホタル狩りの例が挙げてある。

ホタル狩り。中国語にはこの風流な日本語に相当する言葉がなく、文脈にあわせて捕蛍（ホタル捕り）とか観蛍（ホタル観賞）などと即物的に訳すしかないのだが、かわりに「流蛍」という美しい表現がある。飛びかうホタルのことで、闇のなかを静かに流れる無数の不規則な光跡をほうふつさせる。中国人もまたホタルを追ったり愛《め》でたりすることを楽しんだのである。

史上最大のホタル狩りをおこなった人物といえば、暴君として知られる隋の第二代皇帝・煬帝だ。洛陽《らくよう》に東都を築いた彼は家臣に命じて数斛《ごく》のホタルを集めさせ、夜遊びに出たときにいっせいに放たせた。斛というのは大型の四角い升で、煬帝の時代の一斛はおよそ二十リットルである。それが数斛というのだから、いかにおびただしい数であったか。おそらく洛陽中の人民がホタルの採集にかりだされたことだろう。皇帝は山野に明滅する蛍火を一望し、おおいに喜んだという。

（瀬川千秋『中国　虫の奇聞録』大修館書店）

昔から中国では、いざとなれば人海戦術という手がある。号令をかければ、あっという間にホタルより人の数のほうが多いという状況になってしまったのではないか。

茂吉のホタル

こういうのに較《くら》べれば、日本人のやることはひそやかなものである。現代の歌人では斎藤茂吉《さいとうもきち》（1882〜1953）に、

すべなきか蛍をころす手のひらに光つぶれてせんすべはなし

ほのぼのとおのれ光りてながれたる蛍を殺すわが道くらし

という、暗澹《あんたん》たる気分の作がある。まさに現代の苦悩である。

このように、ホタルは日本や中国では、風情あるものとして鑑賞されるのであるが、西欧では、ホタルが光っていてもだれも注目しないようである。

昔、筆者がフランスで、夏の夜、陸棲のホタルを見つけて「あ、ホタル！」と指差したら、「ウイ、セッサ（そうですね）」と言って、相手がこちらの顔を見たことがある。いかにも「それがどうしたの？」と言わんばかりであった。

昔からの言い伝えでは、西洋ではわずかに、「ホタルは洗礼を受けずに死んだ子どもの魂だ」というのがあるぐらいである。

英語でホタルのことをファイア・フライとかファイア・ワームというが、ファイア・ワームのwormは、ミミズのような地面を這《は》う虫である。

フランス語でもそれと同じ言い方をするが、それはなぜかというと、ヨーロッパのホタルは、雌が幼虫の姿をしたまま、翅《はね》のない地虫の形で終わるからなのである。これを幼形成熟という。ただし、雄は、日本などのものと同じ成虫になって、飛ぶこともできる。それで、雄をファイア・フライといい、雌をファイア・ワームというのである。

実際にあちらでは、ホタルがたくさんいるところでも、ほとんど注目されることはない。ただ、フランスの作家で、日本でもよく読まれたジュール・ルナール（１８６４〜１９１０）の『博物誌』にこんな一編がある。

蛍

いったい、何事があるんだろう？　もう夜の九時、それにあそこの家《うち》では、まだ明りがついている。

（ジュール・ルナール『博物誌』岸田國士訳　新潮文庫）

いかにも、人の寝静まるのが早い、田舎の夜の光景である。

（ちなみに、フランスのホタルは、日本のゲンジボタルやヘイケボタルのように、水の中で幼虫時代を過ごすわけではなく、一生を陸で過ごすいわゆる陸棲種である。）

世界中にホタルはたくさん種類があるが、東南アジアに行くと、一本の木に、クリスマスツリーに電球を点《つ》けたように、おびただしい数のホタルが止まり、ひとつのリズムを持って、光ることがある。

詩人金子光晴《かねこみつはる》（１８９５〜１９７５）の『マレー蘭印紀行』の中に「カユ・アピアピ」という章がある。

カユ・アピアピは、馬来《マレー》語で、カユは木、アピは火、炎の木という意。

水にちかく枝を張るこの木をこのんで、夜になると蛍があつまる。蛍火の明滅で、枝なりに梢《こずえ》が燃えているようにみえるので、その名があるのだという。

（金子光晴『マレー蘭印紀行』中公文庫）

筆者は、昆虫写真家の海野和男《うんのかずお》さんとマレーシアに、この真夏の、生きたクリスマスツリーを観《み》に行ったことがある。細い、小さなカヌーで、泥水の川をゆらゆらと漕いで行く。漆黒の闇の中で、心細い想《おも》いをしてその地点にたどり着くと、ある一本の木にだけ、数え切れないほどのホタルが群がっていて、まるで呼吸するように明滅していた。

開高健《かいこうたけし》（1930〜1989）の『戦場の博物誌』は、まさにそのさまを描いたものである。ただし、彼が描いたのは、平時ではなく、ヴェトナム戦争中の情景であった。

夜ふけになると、毎夜のように空爆がはじまる。爆撃機の音も聞えず、高射砲も鳴らず、サーチライトもないが、ふいにそれは始まって、ふいに終る。一箇《こ》一箇の爆弾の破裂音は聞えないけれど、何キロか、十何キロか、何十キロかにわたって怒濤《どとう》が崩れ落ちるような、空から滝が落下するような震動である。島も小屋も揺れうごくかと思われるような狂騒と圧力である。それが体内いっぱいにこもって、ある一瞬、思わず私は叫びたくなるのだが、小屋の人びとはぐっすり眠りこけている。塩辛い汗の匂いをたてて、母も子も眠りこけている。ヤモリの鳴声が耳に入る。コオロギがひそひそとすみっこで鳴きかわしている。おそらく、ある夜、この島にも一発か何発かが気まぐれに降ってきて、母も子も一瞬に飛散してしまうのだろうが、夜が明けると、母はひっそりと火を焚《た》きつけにかかり、子はハンモックのなかで泡を吹いて指をしゃぶっている。河には陽《ひ》が煌《きら》めき、無数のコウホネの頑強な葉は新鮮な潮に浸って一枚ずつピンと反りかえり、すれちがう舟と舟はのんびりと、潑剌《はつらつ》と、マンジョーイ、マンジョーイと声を交わしあっているのだ。夜ふけに気まぐれを起したカイべの町の砲兵将校が、何かひとこと、ふたこと洩《も》らすと、たちまち一五五ミリが吠《ほ》えはじめる。このあたりに無数にある小島のうちの〝あちら側〟の島へ一丁お見舞いしろという命令だが、島はそれぞれ鼻をくっつけあっているし、大砲はいつでも狂うものなので、どこへどう落ちるか知れない。一発、二発、三発と、はじめのうちはハンモックのなかで耳を澄ませて遠近を測っているが、やがて炸裂音《さくれつおん》ではなくて夜空をひき裂く擦過音が肉迫してくる。どうにもこうにも体内にこもる圧力に耐えかね、それにはじかれて、思わずハンモックからころげ落ちて裸足《はだし》のまま小屋の外へ駈《か》けだす。バナナ畑のはしをよこぎってつっ走り、昼のうちに見おぼえてある大王ヤシの強健な幹のかげへころがりこんで、うつ伏せになり、耳へしっかり指をつっこむ。そうやって、ふと眼《め》をあげると、すぐそこに満々たる南支那海の精力をみなぎらせた河が音もなく走っているのだが、河岸の一本の木に無数のホタルがとまって輝いている。ここのホタルは一匹ずつが明滅しないで集団で輝いたり、消えたりするのだ。ひととき、蒼白《そうはく》に、冷たく、爛々《らんらん》と、何千匹、何万匹かが、音もたてずに輝やいてから、ふっと消えるのである。太古の闇のなかに、ふいに蒼白な首都の喚声が出現し、しばらくつづいてから、ふいにいっさいが消滅する。闇のなかに巨大な穴があき、そこへ闇がながれこむ。

（「戦場の博物誌」『開高健全集　第9巻』新潮社）

いずれにしても、このように日本や中国、その他の国々で鑑賞されてきたホタルが、人口増と工業化によって姿を消しつつあるのは惜しいことである。しかし、いろいろな人の努力によって、大都市の近郊でもホタルが、わずかではあるが、復活しつつあるという傾向もある。

かつて、東京近郷で、雑木林のいい森と池が、奇蹟《きせき》のように残っている場所があった。そこを保存しようという話が持ち上がった時、いち早く開発派の人が看板を立てた。それには、「トンボ、ホタルで飯が食えるか」と、力強く書かれていた。

第7章

ハンミョウとツチハンミョウ

——毒殺の虫

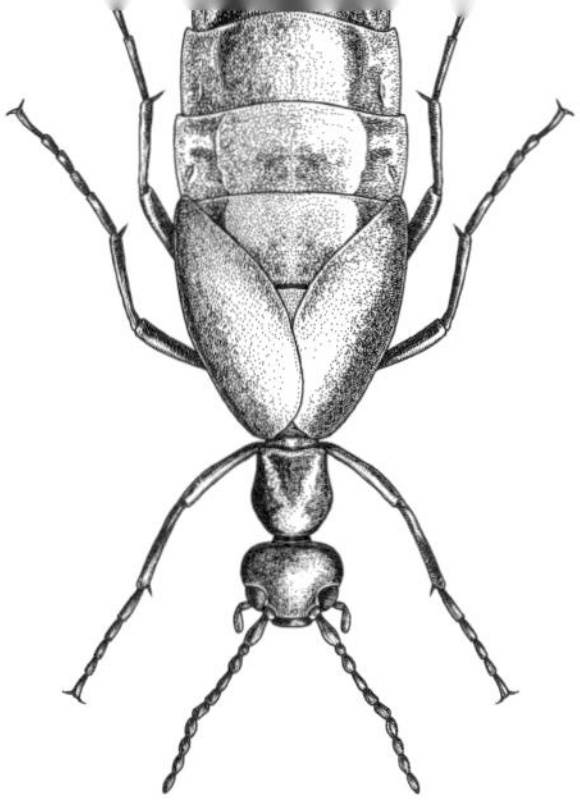

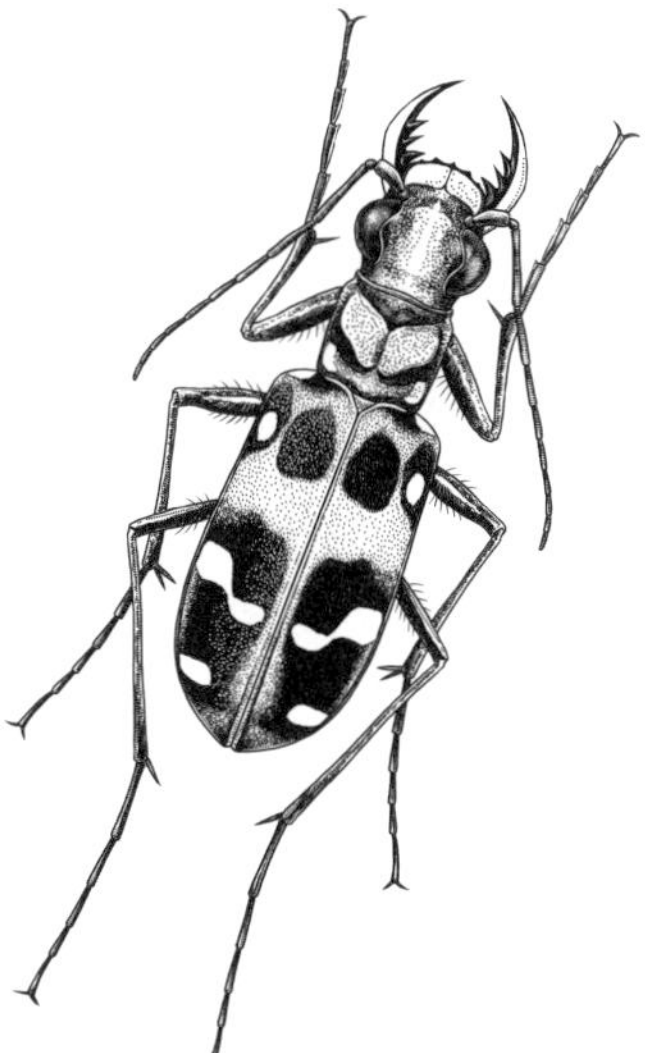

毒のハンミョウ、姿のハンミョウ

三遊亭圓生《さんゆうていえんしょう》だったか誰だったか、昔の名人の落語で聞いた話で、こちらの記憶もはなはだ曖昧なのだが、江戸時代には、お正月が近づくと、町内をおはらいに回ってくる人たちがいたそうである。そしてその人たちが唱える文句に、

七草なずな、唐土《とうど》の鳥が渡らぬうちに……

というのがあったという。

「唐土の鳥」とは、姑獲鳥《うぶめ》などという妖鳥であるらしいが、大陸から飛んでくる、こういう鳥の翼の間には毒が挟まれている。その毒を、日本に渡って来てから鳥が落とす。だから鳥が渡って来ぬうちに、おはらいをいたしましょうと、触れて回ったらしい。

今では、水鳥の足の裏に外国の沼沢地の泥が付着していて、そこに含まれている病原菌や鳥インフルエンザウイルスが国境を越えて運ばれて来ることが解明されている。そういう話を聞くと、姑獲鳥の毒もあながち迷信とばかりも

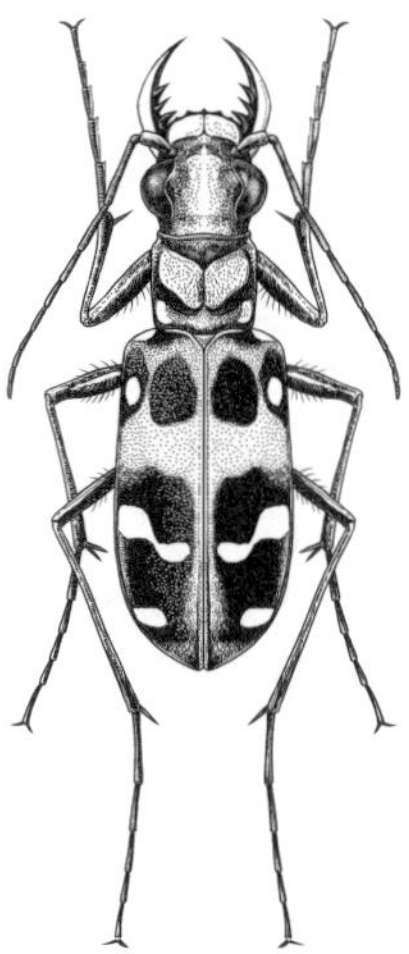

ハンミョウ。肉食の美しい甲虫。別名ミチオシエ。よく飛ぶ。ここに挙げた６種のうち、本物のハンミョウはこれのみ。ほかはツチハンミョウの仲間の毒虫である。

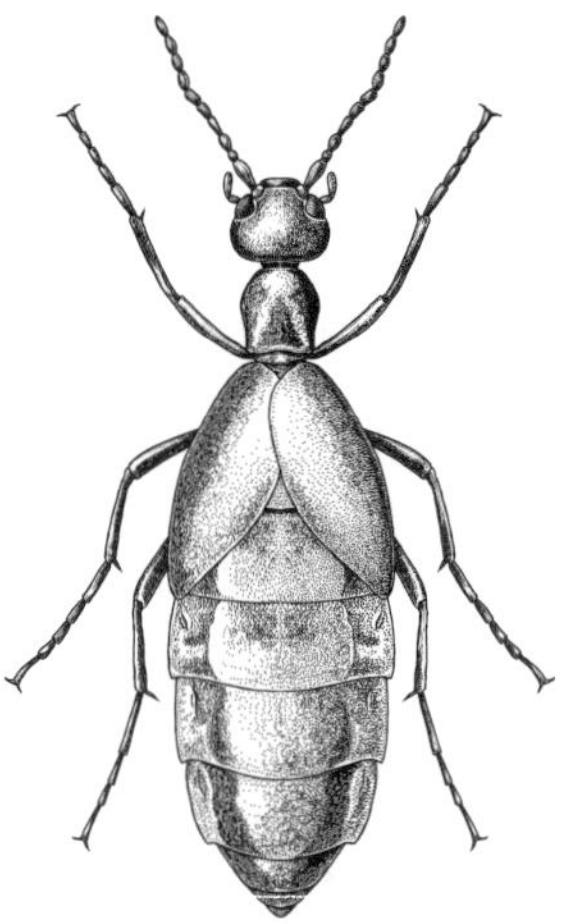

ツチハンミョウ。大きな腹をした毒虫。草食。体内にカンタリジンを持つ。

いえなくなってくる。

ところで、その毒物の名は、「斑猫《はんみょう》の毒」ということになっていて、どうも江戸時代におけるもっとも有名な毒のひとつは、このハンミョウの毒であったようである。

大名家の世継ぎをめぐってさまざまな人たちが陰謀をめぐらす、歌舞伎のお家騒動の話でも、毒殺のために使われたのは、だいたいがこの毒ということになっている。「斑猫に青蜥蜴《あおとかげ》の陰干しを打ち込んで調合した毒」などというのが歌舞伎の台詞《せりふ》にあるけれど、いかにも効きそうなのである。

毒のあるハンミョウといわれているものは、すべてツチハンミョウの仲間である。山道などで道案内をするようにパーッ、パーッと飛ぶ、あの美しい甲虫のハンミョウのことではない。山道で見かける本来のハンミョウは、あくまでも無毒なのである。くり返して言えば、有毒のほうは、昆虫分類学でいうツチハンミョウ科の甲虫である。

ツチハンミョウ科の中にはオビゲンセイ、ゲンセイ、マメハンミョウ、ツチハンミョウという4つのグループがあり、それぞれ姿形はあまり似ていないが、身体《からだ》にカンタリ

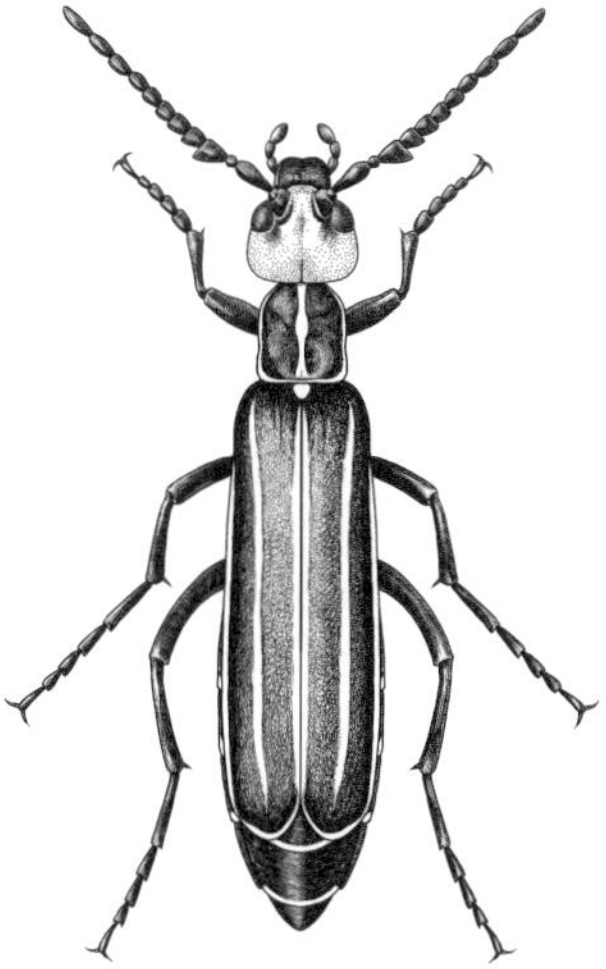

マメハンミョウ。成虫はマメ科などの葉を食す。

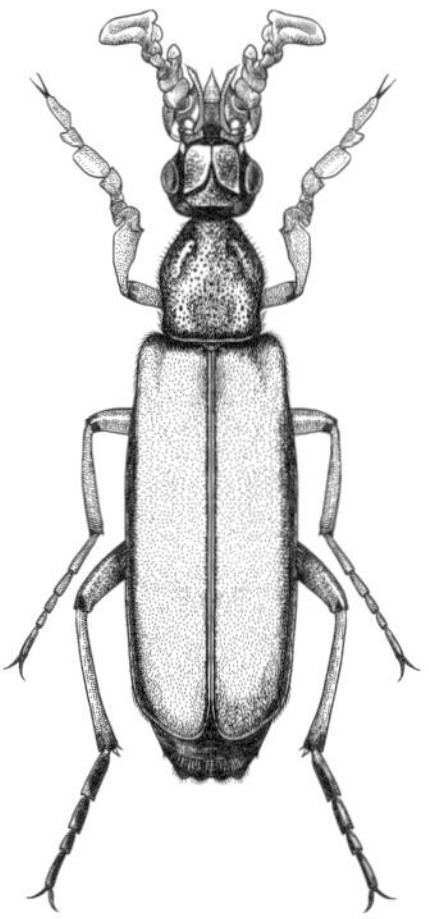

クシヒゲハンミョウ。異様に発達した触角を持つ。

ジンという毒を持っている。
カンタリジンという物質は、大変に強い毒で、虫を乾燥して、粉の状態にしてもその作用を発揮する。カンタリジンは、中国でも西洋でも非常に古い時代から知られていた。ヨーロッパの地中海沿岸地方、つまり南欧に産するもっとも有名なツチハンミョウ科の虫はミドリゲンセイ、またはアオツチハンミョウというもので、英語名はスパニッシュ・フライ。「スペインのハエ」という意味だが、このスパニッシュ・フライは、一部にはかなり有名なものであったらしい。

ほとんど自殺マニアのようになっていたという最晩年の芥川龍之介《あくたがわりゅうのすけ》は、机の引出しの中にこのスパニッシュ・フライを隠していたのを見つかって家人に取り上げられ、「また手に入れるさ」と笑っていたと伝えられている。また吉行《よしゆき》淳之介《じゅんのすけ》に『スペインの蠅《はえ》』というエッセイがある。

では実際にこの虫を飲み込むとどうなるのだろうか。昆虫と、それにまつわる民俗に詳しい西原伊兵衛（長谷川仁1918〜2006）の「〈探虫三昧〉⒂斑蝥《はんみよう》と地膽《つちはんみよう》」の文章から引用しよう。

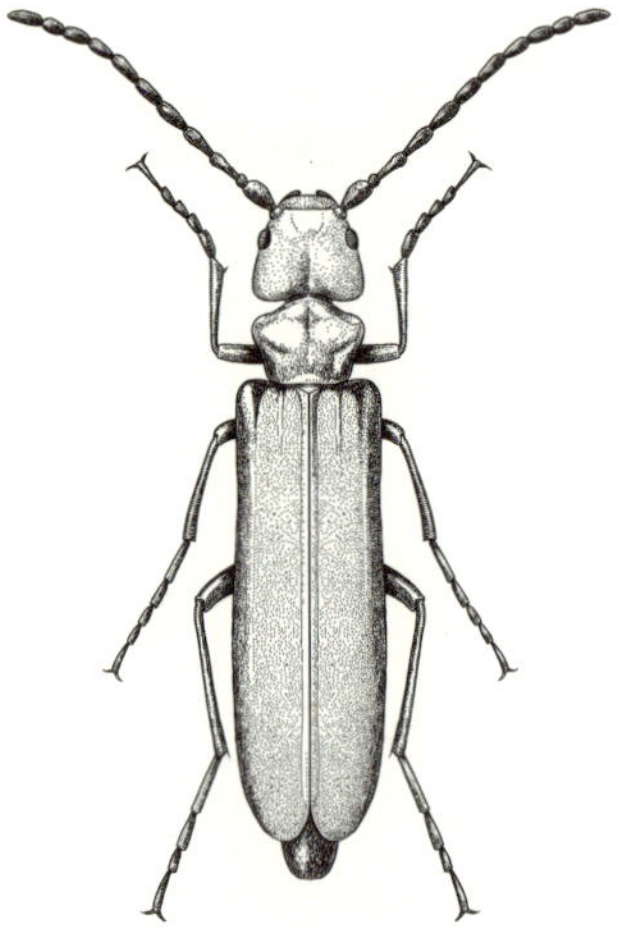

ミドリゲンセイ。成虫はトネリコなどの葉を食す。美しい金緑色に輝く。欧米で媚薬として用いられたことで有名。スパニッシュ・フライ。

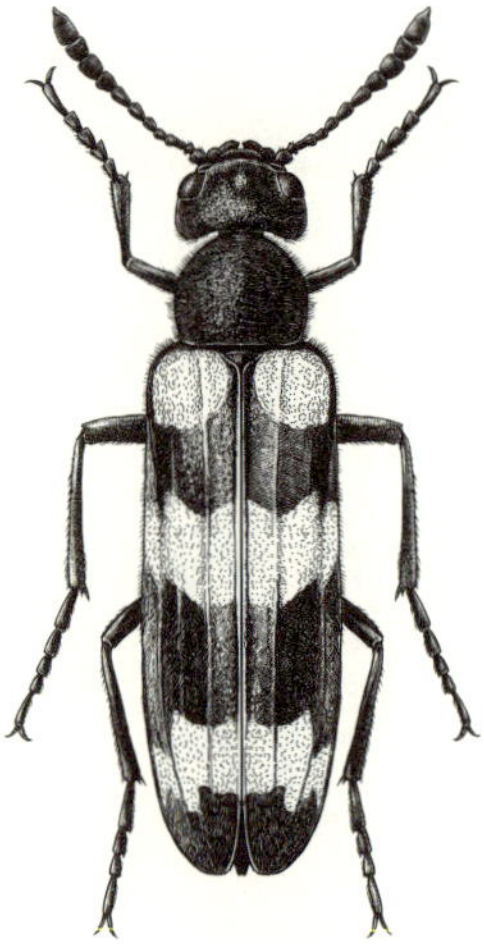

キオビゲンセイ。この仲間はヨーロッパ、アフリカに多い。

一般的に云《い》って、この類を内服すると口中が焼けつくように痛み、嘔吐《おうと》や腹痛などを伴い、続いて腎臓がおかされ、腎不全となって死亡に至ることもある。

また外用するとそのカンタリジンの作用で引赤発泡し水ぶくれを生ずるので、古くから発泡剤として用いられた。そのほかマラリア、狂犬病などの治療にも使われ、発毛作用も知られた。しかし一番利用されたのは、利尿剤や膀胱《ぼうこう》、生殖器などの疾患であった。特に民間では催淫剤、堕胎剤としての効果が過信され、東西共にこれらへの効果が期待されてきたのであった。

（「〈探虫三昧〉⒂　斑蝥と地膽」西原伊兵衛『農薬春秋No.62別刷』北興化学工業）

西原伊兵衛は中国の文献などを引きながら次のように述べている。

人間の反応には、もちろん個人差があるが、カンタリジンは、（先に述べたとおり）30ミリグラム、つまり１００分の３グラムが致死量であるということになっている。虫の種類によって毒性の強弱があり、成虫の乾燥粉末重量の15％から25％の成分を分離することができるそうである。つまり、数匹分を服用させれば無惨な苦しみのうちに死にいたらしめることができることになる。

ただし、先の文章にもあるように、ごくごく微量を用いると媚薬《びやく》となる。さる高名な学者はこの薬を愛用しておられて、「もうちょっとだけ、もうちょっと」、とだんだん量を増やしていって、ついに致死量を超えてしまい、亡くなられたといわれている。
かつては大量の需要があって、この虫の採集・加工は南ヨーロッパのひとつの産業であった。南フランスの詩人で、ファーブルの知人でもあり、1904年度のノーベル文学賞を受賞したフレデリック・ミストラル（1830〜1914）の『プロヴァンスの少女――ミレイユ』には、田舎の貧しい青年ヴァンサンがこんなふうに歌うところがある。

やがてまた夏がきて、オリーヴの木が一面に房のような花で蔽《おお》われる。そのころになると、ぼくは真っ白い花の咲いた果樹園に行き、暑いさなかに、梣《とねりこ》の木に登って、胴体が緑に光る、においの強いカンタリードをつかまえる。それから、そいつを店へ売りに行くのさ……。

（フレデリック・ミストラル『プロヴァンスの少女――ミレイユ』杉冨士雄訳　岩波文庫）

この「胴体が緑に光る、においの強いカンタリード」というのがミドリゲンセイ、またはアオツチハンミョウのことなのである。カンタリジンという毒の名称は、このカンタリード（cantharide）に由来する。
実際にこれは、タマムシか何かのように美しく輝く甲虫である。そして今でも南フランスではトネリコの木などに大量に発生することがある。この虫を採る時は、身体中を覆っていないと、ひどくかぶれてしまうそうである。
本来のハンミョウは、捕まえてよくよく見ると、まことに美しい虫であるが、「毒々しい」という言葉があるように、美しい虫や果実、あるいは花には毒がある、と恐れられることがある。ツチハンミョウならぬハンミョウもまた、時に毒虫扱いを受けることが、かつてはあった。

泉鏡花の美しい毒虫

泉鏡花《いずみきょうか》（1873〜1939）に『龍潭譚《りゅうたんだん》』という小説がある。明治29年（1896）、鏡花23歳の作。主人公は千里という名の一人の幼子である。その子とハンミョウの物語がまずある。ある日のこと、千里は、一人ぼっちで何となく歩いているうちに、いつの間にか家並みの途切れた町はずれから、山道を登って行くことになる。誰もいない、と思っていたら、樵《きこり》だろうか、一束の薪《たきぎ》を背負った男が向こうから細い道を降りてきて、険しい表情で「危ないぞ、危ないぞ」と警告するように言う。

天気のいい日で、山は躑躅《つつじ》の花の真っ盛りである。ひとりでは行くな、と姉にきつく言われていたのだが、千里はほとんど無意識に、その言いつけに背いてしまっていた。

　行《ゆ》く方《かた》も躑躅《つゝじ》なり。来《こ》し方《かた》も躑躅なり。山土《やまつち》のいろもあかく見えたる、あまりうつくしさに恐しくなりて、家路に帰らむと思ふ時、わが居たる一株の躑躅のなかより、羽音たかく、虫のつと立ちて頬を掠《かす》めしが、かなたに飛びて、およそ五六尺隔てたる処《ところ》に礫《つぶて》のありたる其《その》わきにとゞまりぬ。羽をふるふさまも見えたり。手をあげて走りかゝれば、ぱつとまた立ちあがりて、おなじ距離五六尺ばかりのところにとまりたり。其まゝ小石を拾ひあげて狙ひうちし、石はそれぬ。虫はくるりと一ツまはりて、また旧《もと》のやうにぞ居《を》る。追ひかくれば迅《はや》くもまた遁《に》げぬ。遁ぐるが遠くには去らず、いつもおなじほどのあはひを置きてはキラ〳〵とさゝやかなる羽ばたきして、鷹揚《おうやう》に其二すぢの細き髯《ひげ》を上下《うへした》にわづくりておし動かすぞいと憎さげなりける。

われは足踏して心いらてり。其居たるあとを踏みにじりて、

「畜生、畜生。」

と呟《つぶや》きざま、躍りかゝりてハタと打ちし、拳はいたづらに土によごれぬ。

渠《かれ》は一足先なる方に悠々と羽づくろひす。憎しと思ふ心を籠めて瞻《みまも》りたれば、虫は動かずなりたり。つく〴〵見れば羽蟻《はあり》の形して、それよりもやゝ大《おほい》なる、身はたゞ五彩の色を帯びて青みがちにかゞやきたる、うつくしさいはむ方なし。

色彩あり光沢ある虫は毒なりと、姉上の教へたるをふと思ひ出《い》でたれば、打置きてすご〳〵と引《ひつ》返《かへ》せしが、足許《あしもと》にさきの石の二ツに砕けて落ちたるより俄《にはか》に心動き、拾ひあげて取つて返し、きと毒虫をねらひたり。

このたびはあやまたず、したゝかうつて殺しぬ。嬉《うれ》しく走りつきて石をあはせ、ひたと打《うち》ひしぎて蹴飛ばしたる、石は躑躅のなかをくゞりて小砂利をさそひ、ばら〳〵と谷深くおちゆく音しき。

袂《たもと》のちり打はらひて空を仰げば、日脚やゝ斜になりぬ。ほか〳〵とかほあつき日向《ひなた》に唇かわきて、眼《め》のふちより頬のあたりむず痒《がゆ》きこと限りなかりき。
心着《こゝろづ》けば旧来《もとき》し方にはあらじと思ふ坂道の異なる方にわれはいつかおりかけ居たり。丘ひとつ越えたりけむ、戻る路《みち》はまたさきとおなじのぼりになりぬ。見渡せば、見まはせば、赤土の道幅せまく、うねり〳〵果しなきに、両側つゞきの躑躅の花、遠き方は前後を塞ぎて、日かげあかく咲込めたる空のいろの真蒼《まさを》き下に、彳《たゝず》むはわれのみなり。

（「龍潭譚」『鏡花全集　巻三』岩波書店）

やがて日が傾いてくる。〝あふ魔が時〟という時間の不思議さ、場所の不思議さ。子供にとってここは、地の涯《はて》の感覚である。

子供が全山満開の躑躅《つつじ》の「あまりうつくしさに恐しくなりて、家路に帰らむと思ふ時」、その帰心をそらし、引きとめるようにハンミョウが現れて、奥へ奥へと導いて行くのである。「追ひかくれば迅くもまた遁げぬ。遁ぐるが遠くには去らず、いつもおなじほどのあはひを置きてはキラ〳〵とさゝやかなる羽ばたきして、鷹揚に其二すぢの細き髯を上下にわづくりておし動かすぞいと憎さげなりける」。これに誘われる子供は文字通り〝鹿を逐《お》う猟師山を見ず〟の心境で美しい虫に誘われて夢中になってどんどん追いかけて行き、とうとう石を投げて打ち殺してしまう。

しめた、止《とど》めだとばかり走り寄って、ふたつの石の間に挟んで打ち合わせて潰し、石もろとも谷底へ蹴落してしまう。そこまでせでもよいものを。

虫は、あるいは戯れのつもりでいて、いずれはもと来たほうまでまた道を教えながら帰るつもりであったかもしれない。もちろん魔性のものの使いだったかもしれないが。ともかくそれを無残に殺してしまったのである。

そうして気がつけばやはりひとりぼっちである。あたりに人のかげもない。さっき虫のかすめた眼のふちから頰のあたりにかけてむず痒くてたまらない。それから道に迷うのも、顔が人相の変わるほど腫れてしまって、せっかく見つけてくれた姉が彼の顔を見て「あれ！」と逃げてしまうようなことになるのも、さっき叩《たた》き潰したハンミョウの復讐《ふくしゅう》、あるいは祟《たた》りというふうに考えられないこともない。

泉鏡花の虫の描写は、微細かつ精密で、この引用の後にあるように、「緑と、紅《くれなゐ》と、紫と、青白《せいはく》の光を羽色に帯びたる毒虫のキラ〳〵と飛びたる」というのは、まさにその通り、としか言いようがない。

この虫の和名は、コニワハンミョウやヒメハンミョウ、マガタマハンミョウのような近似種とは違い、上に何もつかず、ただのハンミョウという。日本に何種もいるハンミョウの代表格である。のみならず、世界におよそ二千種を産する全ハンミョウ科中の白眉とも称すべき大型美麗種なのである。学名は*Cicindela chinensis japonica*（キキンデラ　キネンシス　ヤポニカ）。まず中国大陸で発見され、その日本亜種とされたのである。

ハンミョウの仲間はいずれも肉食で、仔細《しさい》に見れば尖鋭《せんえい》かつ巨大な大腮《おおあご》を有し、路上または葉上にいて敏捷《びんしょう》によく飛び、ほかの小昆虫をその大腮でぐわっと一撃のもとに銜《くわ》え捕る。英名のタイガー・ビートルはよくその獰猛《どうもう》さを表わしている。

幼虫もまた肉食で、竪穴《たてあな》を掘って土の中に潜み、獲物が通りかかると目にもとまらぬ速さで、のけぞりざま身を乗り出しておそいかかり、巣穴の中にひきずり込む。しかし、その瞬間、この幼虫の喉元を狙って針を刺す、ツヤアリバチという狩りバチがいるから、恐ろしい、というよりその抜け目のなさに呆《あき》れてしまう。油断も隙もならぬ世界である。

成虫は脚が細長く、素早く、軽快に走るうえにパーッ、パーッと飛び立っては止まることに極めて巧みである。田舎の道が山にさしかかる頃、まさにこの躑躅の咲く丘のような環境にいて、人が通りかかるとその前方に、人を誘うように、導くように、飛び立っては止まる。近づくとまた飛び立つ。それ故にミチオシエの別名がある。

『龍潭譚』には、彫りかけの彫刻のような、未完成な部分を残した作品という印象がある。そしてその完成形が高野山からの旅の僧と、飛騨の山中に隠れ住む魔性の美女との出会いを描いた小説『高野聖《こうやひじり》』だといえようか（ただし、虫の国で「高野聖」といえば、コオイムシの古名になる）。

ところでひとつ困ったことがある。この小説のモチーフは、美しいものの怖さであり、それをまず体現しているのが、「色彩あり光沢ある虫は毒なりと、姉上の教へたる」ハンミョウなのであるが、この日本産の美しいハンミョウに毒はない。だから、この虫が顔をかすめたぐらいで、千里の顔がむず痒く腫れるはずはないのである。彼の顔は本当のところは、ウルシにでもかぶれたのではあるまいか。

毒のあるツチハンミョウ類が中国や日本で、美しくていかにも毒のありそうなハンミョウと混同され、更に何の毒成分もないタマムシまでが媚薬に用いられた。

日本では、山道にいる美しいハンミョウのほうを「和の斑猫」といっていたわけだが、これを毒虫と信じて、大陸からの輸入品がない場合は、代用品として使っていたのである。それどころか、大陸から送られてきたものの中にも、このハンミョウ科やハムシ科の甲虫が入っていることがあったそうである。九州の黒田藩医が使用していたと伝えられる立派な壺《つぼ》をあけてみると、その中には、斑猫として、朝鮮半島産のハムシの美麗種が納まっていたという例がある。

これでは、どんなに工夫をして、憎き相手に首尾よく粉末を飲ませることに成功しても、相手は何ともなく、毒殺を試みたほうは、「不思議、不思議、彼奴《きゃつ》めは不死身か……」と首を傾《かし》げたに違いない。

一方西洋では、きらきら輝くキンイロオサムシやタマムシがマメハンミョウ類と混同されたようである。タマムシをbupresteとかbuprestid beetleというが、これは「牛」と「脹《ふく》れさせる」という意味のギリシャ語から来ている。つまり家畜が草を食っている時にマメハンミョウやツチハンミョウに触れるか草と一緒に食べてしまうかして、口がかぶれたり、あるいは腹が脹れたりすることがあって、それをキンイロオサムシ、さらにはタマムシのせいにしたものであると考えられる。そのため日本でもっとも大きな英和辞典にも、おそらくは英国の辞典の引き写しで、タマムシの項に、「牛に寄生するものもある」と奇妙なことが書かれていたのである。

しかし実際のハンミョウに毒があろうとなかろうと、そんなこと

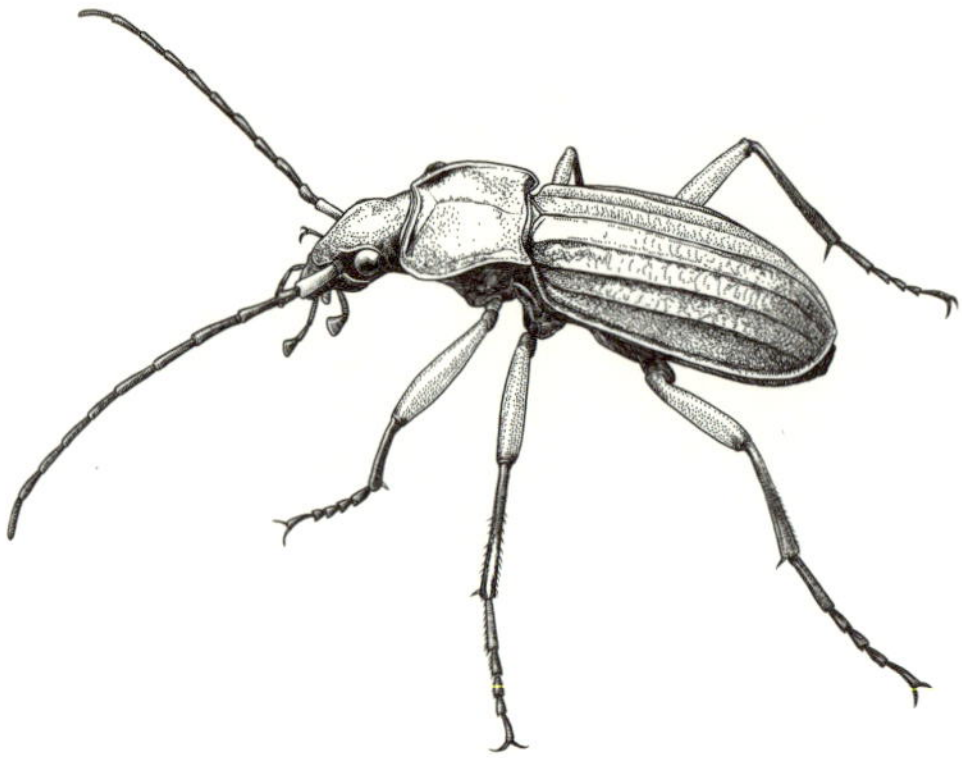

キンイロオサムシ。フランスなどの代表的なオサムシ。ガの幼虫などを補食する。

は殆《ほとん》どどうでもよい。また、躑躅は「てきちょく」と読めるが、これはつまり立ち止まることで、羊がこの葉に毒のあることを感じ取って、はたと立ち止まる故にかくは名づけられたということであるけれど、全山を覆う躑躅が毒のある木であるということもまたどうでもよい。それが満開で美しいこと、ハンミョウが美しいこと、そうして物語の後のほうに出てくる、九ッ《こゝの》谺《こだま》の女人が美しいことが懐かしく、かつ怖いのである。

三島由紀夫の毒のない毒虫

現代小説にも、毒殺用の虫が登場する小説はいろいろある。三島由紀夫《みしまゆきお》（1925〜1970）に『命売ります』というエンターテインメント作品がある。この小説は、そもそも題名からして、三島好みのパラドックスを含んでいて、命を売ってしまったのでは、代金は自分のものにはならぬ道理である。だから、命というものは、売るわけにはいかないはずなのだ。

そのあたりに、独特の不思議な論理が弄されていて、ちょっとラシーヌの悲劇を思わせるところさえあり、サービス満点、さすが、三島だなあ、エンターテインメントを書いても違うなあ、と唸《うな》らされる。

その第一話に奇妙な図鑑が紹介されているのである。それは、『昭和二年発行《日本甲虫図鑑》山脇源太郎著――有縁堂発兌《はつだ》』というものである。

これはなるほど、人がめずらしがって探すような奇妙な本だった。芸術的目的で書いたのか、趣

味的に書いたのかわからない。昔の印刷にしては、原色版の挿図がなかなか美しく、何かアクセサリーの色刷広告みたいに、さまざまな甲虫《こうちゆう》の姿が色とりどりの背中の光沢もまばゆく並んでいる。そして、一方には、図版の番号に合せて甲虫の一つ一つの学名と産地と解説が書いてある。

（三島由紀夫『命売ります』集英社）

このあたりの描写は、われわれ虫屋にはどことなく、戦前の平山修次郎《ひらやましゆうじろう》（1889〜1954）著『原色千種　昆虫図譜』とその続編を思わせるが、三島という人は子供の時、昆虫図鑑を見たことがなかったかのような、なんとなくよそよそしい書き方である。

それはいいとして、この図鑑が奇妙といわれる所以《ゆえん》は以下の如《ごと》くである。

しかし、何より奇妙なのは、分類の仕方なのである。科学的分類とちがって、目次は次のようになっている。

第一類　好色科（媚薬目、強精目）

第二類　催眠科

第三類　殺人科

という風なのである。

（中略）

殊に、誰がつけたのか、第三類の殺人科には、やたらに赤丸や赤線が引いてあった。

その中に、132頁《ページ》のところに、

「ヒゲブトハナムグリ
Anthypna Pectinata」

というのが目についたが、図版と照合すると、めずらしくもない茶褐色の小さな甲虫で、首と背の間がくびれて、第一肢の生えたごつい首の前に、さらにブラシのようなものがせり出している、どこかで見たことのあるような甲虫だった。

解説にはこう書いてある。

「本州、東京附近に産し、バラ、クサギ、その他各種の花に来集する。

採集がわりに容易な甲虫であるが、これが催眠作用ばかりか、その結果、自殺を装わせた殺人の効用を発揮することは案外知られていない。この甲虫を乾燥させ、砕いて粉末にしたものを、皮質性催眠剤ブロムワレリル尿素に混合して服用させると、脳睡眠のあいだに命令して、当人を、いかなる方法の自殺へも導くことができるのである」

説明はそれきりしかない。

前記平山修次郎の『原色千種　続昆虫図譜』には、次のように出ている。

ヒゲブトハナムグリ（雄）　**コガネ科**

Anthypna pectinata Lewis

雌雄色彩ヲ異ニシ、雌ハ触角太カラズ。

翅鞘《しせう》ノ色彩ハ稍《や》ゝ銅色ヲ帯ブ。本州ニ産ス。

（平山修次郎『原色千種　続昆虫図譜』三省堂）

学名は、属名と種名とから成っている。いわば虫の姓と名である。ヒゲブトハナムグリの場合、属名は*Anthypna*、種名は*pectinata*ということになる。属名は、昭和38年発行の北隆館『原色昆虫大図鑑』では*Amphicoma*と変更されている（種名には変更なし）。*Amphicoma*属を調べてみると、これはフランスの有名な昆虫学者ラトレイユが１８０７年に創設した属名であるから非常に古いものである。

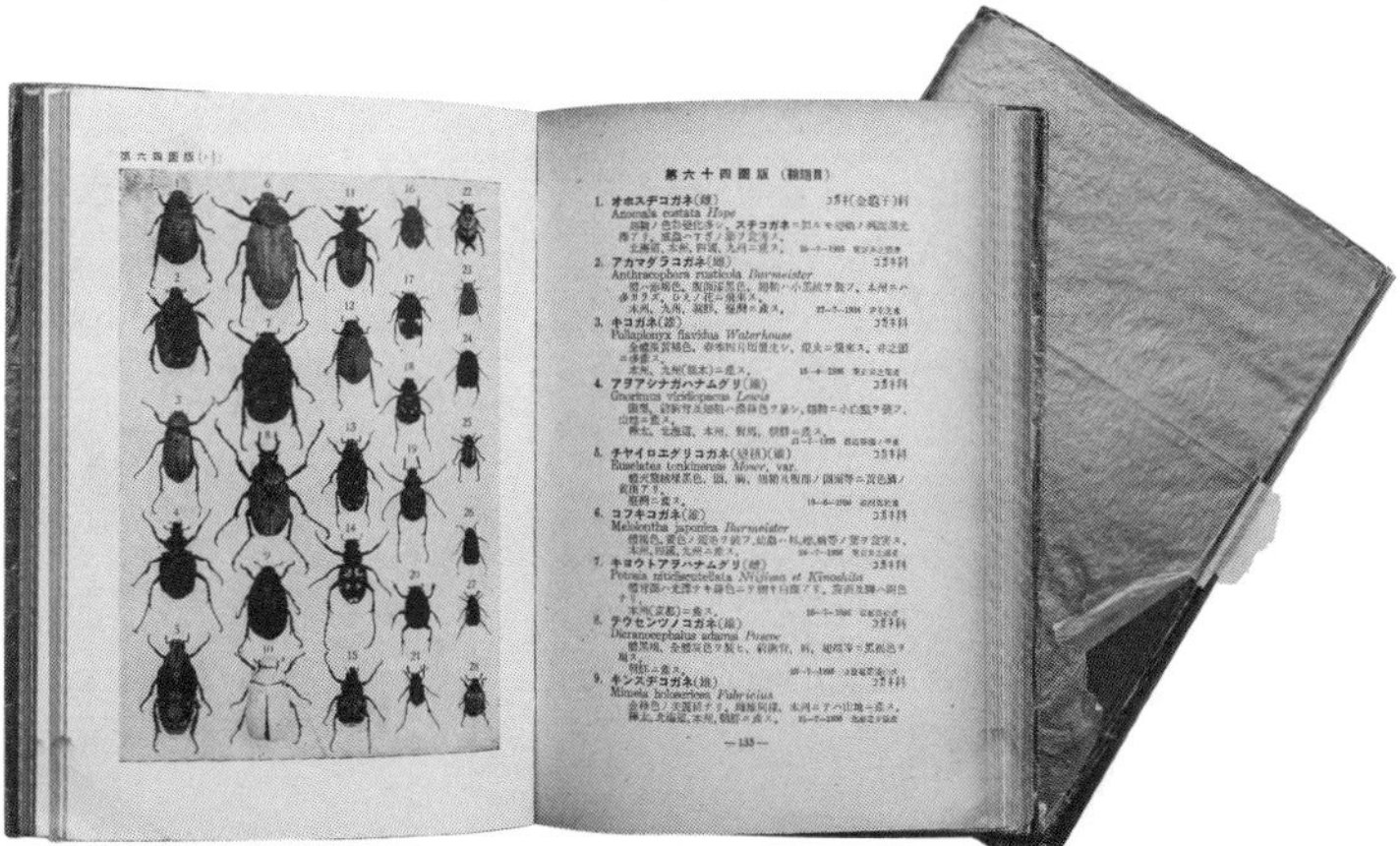

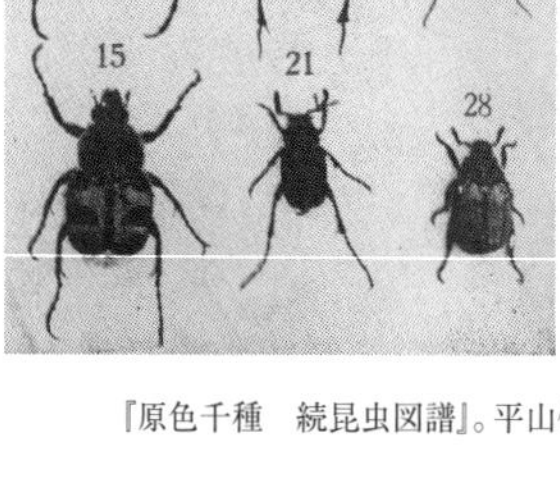

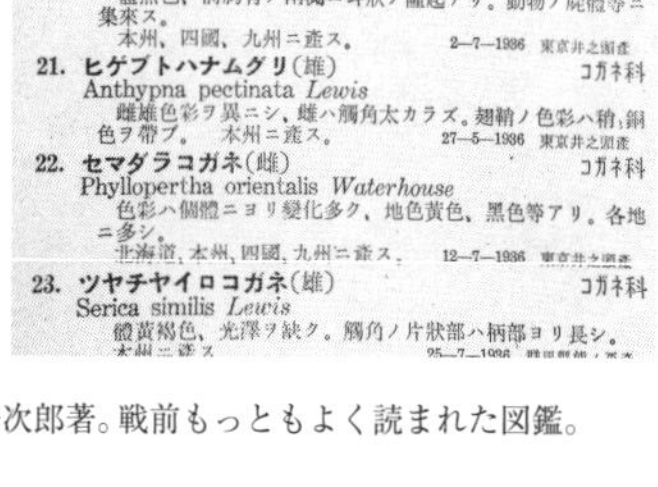

山地ニ多シ。
北海道、本州、四國、九州ニ産ス。　27—7—1936

20. カドマルマグソコガネ(雄)　コガネ科
Onthophagus fodiens *Waterhouse*
體黒色、前胸背ノ兩側ニ耳状ノ隆起アリ。動物ノ屍體等ニ集來ス。
本州、四國、九州ニ産ス。　2—7—1936　東京井之頭產

21. ヒゲブトハナムグリ(雄)　コガネ科
Anthypna pectinata *Lewis*
雌雄色彩ヲ異ニシ、雌ハ觸角太カラズ。翅鞘ノ色彩ハ稍ゝ銅色ヲ帶ブ。　本州ニ產ス。　27—5—1936　東京井之頭產

22. セマダラコガネ(雄)　コガネ科
Phyllopertha orientalis *Waterhouse*
色彩ハ個體ニヨリ變化多ク、地色黄色、黒色等アリ。各地ニ多シ。
北海道、本州、四國、九州ニ産ス。　12—7—1936

23. ツヤチヤイロコガネ(雄)　コガネ科
Serica similis *Lewis*
體黄褐色、光澤ヲ缺ク。觸角ノ片狀部ハ柄部ヨリ長シ。

『原色千種　続昆虫図譜』。平山修次郎著。戦前もっともよく読まれた図鑑。

実際のヒゲブトハナムグリは無毒の甲虫で、いわば、濡《ぬ》れ衣《ぎぬ》を着せられた形だが、このあたりを毒虫として、三島に提案した虫屋が編集部、あるいは三島の近辺にいたのであろう。

さて、「命売ります」という主人公の青年は、流行《はや》りの仕事であるコピイ・ライターで、才能にも恵まれ、女に振られるようなこともなく、それ相応の給料ももらっている。いわば何の不足もない身なのだが、その男が、自殺でもしようか、と考えた発端は、次のようであった。


そうだ。考えてみれば、あれが自殺の原因だった。

実に無精な恰好《かっこう》で夕刊を読んでいたので、内側のページがズルズルとテーブルの下へ落ちてしまった。

あれを、何だか、怠惰な蛇が、自分の脱皮した皮がズリ落ちるのを眺めているように、眺めていた気がする。そのうちに彼はそれを拾い上げる気になった。打捨てておいてもよかったのだが、社会的慣習として、拾い上げるほうがよかったから、そうしたのか、いや、もっと重大な、地上の秩序を回復するという大決意でそうしたのか、よくはわからない。

とにかく彼は、不安定な小さなテーブルの下へかがんで、手をのばした。

そのとき、とんでもないものを見てしまったのだ。

落ちた新聞の上で、ゴキブリがじっとしている。そして彼が手をのばすと同時に、そのつやつやしたマホガニー色の虫が、すごい勢いで逃げ出して、新聞の、活字の間に紛れ込んでしまったのだ。彼はそれでもよいよう新聞を拾い上げ、さっきから読んでいたページをテーブルに置いて、拾ったページへ目をとおした。すると読もうとする活字がみんなゴキブリになってしまう。読もうとすると、その活字が、いやにテラテラした赤黒い背中を見せて逃げてしまう。

『ああ、世の中はこんな仕組になってるんだな』

それが突然わかった。わかったら、むしょうに死にたくなってしまったのである。

いや、それでは、説明のための説明に堕しすぎている。

そんなに割り切れていたわけではない。ただ、新聞の活字だってみんなゴキブリになってしまったのに生きていても仕方がない、と思ったら最後、その「死ぬ」という考えが頭にスッポリはまってしまった。丁度、雪の日に赤いポストが雪の綿帽子をかぶっている、あんな具合に、死がすっかりその瞬間から、彼に似合ってしまったのだ。

（前掲書）

新聞の活字がみんなゴキブリに見える——世間の出来事が、人間の社会が、バカバカしく虚《むな》しく、薄汚い、というこの、軽蔑と絶望を含んだ虚無感。なんだかこのあたりに、三島由紀夫という、仕事あるいは、業績の上では何の不足もない、それどころか、大成功、といえる小説家の自決の原因というか、後の芝居がかった、人騒がせな自殺の理由説明が記されているようでもある。『豊饒《ほうじょう》の海』のような、肩に力の入った作品よりも、むしろ、少し力を抜いたようなエンターテインメント系のこうした作品が、案外作家の心理を素直に説明しているような気がする。もっともわれわれは、ミステリーの結末をあらかじめ読んでしまっているようなものだから、こんなことが言えるのであろう。

第8章

マツムシ・スズムシ・コオロギ

——暗きところは虫の声

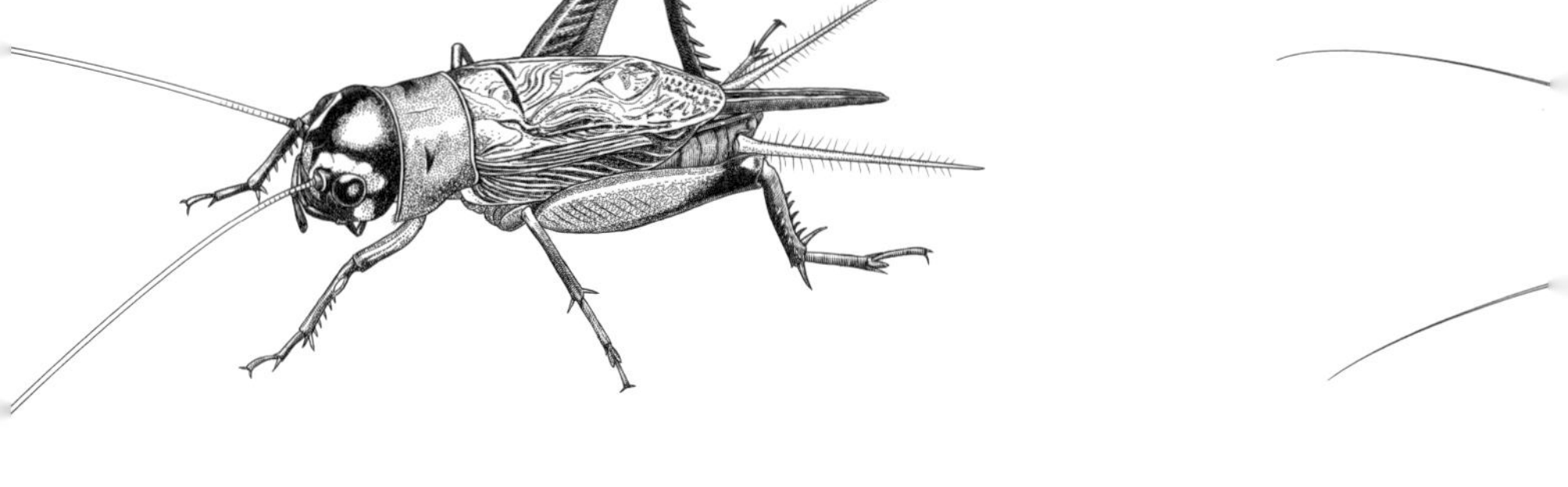

虫の音めづる日本文化

日本の古典の中では、単に「虫」といえば、まず大抵の場合、秋の鳴く虫を指す。これはキリギリスやコオロギの仲間なのだが、近縁のものにイナゴやバッタの仲間があり、いずれも直翅目《ちょくしもく》という昆虫の仲間に分類される。

では、キリギリス、コオロギの類いと、イナゴ、バッタの類いとはどう違うかというと、いちばん簡単な区別法は触角の長さを見ることである。

キリギリス、コオロギの仲間の触角は女性の髪の毛のように細く長いが、イナゴ、バッタの仲間は太くて短い触角を持っている。

直翅目の中にも、カネタタキやノミバッタのように、ずいぶん小型のものから、東南アジア産のクツワムシの類いや、例外的なものではニュージーランド産のカマドウマの仲間ウエタ（weta）のように、掌《てのひら》に載せるとずっしり重い、巨大なものまであって、その色や形もさまざまである。

これらの虫が身体《からだ》のどの場所で鳴くのか調べてみると、翅《はね》にやすりのようなものがあり、反対側の翅には、共鳴させるための太鼓のような部分があって、それらをこすり合わせ、音を響かせるものが多いようである。

『詩経』の鳴く虫

中国のもっとも古い詩集として知られている『詩経』の中に、季節の移り変わりを示す次のよ

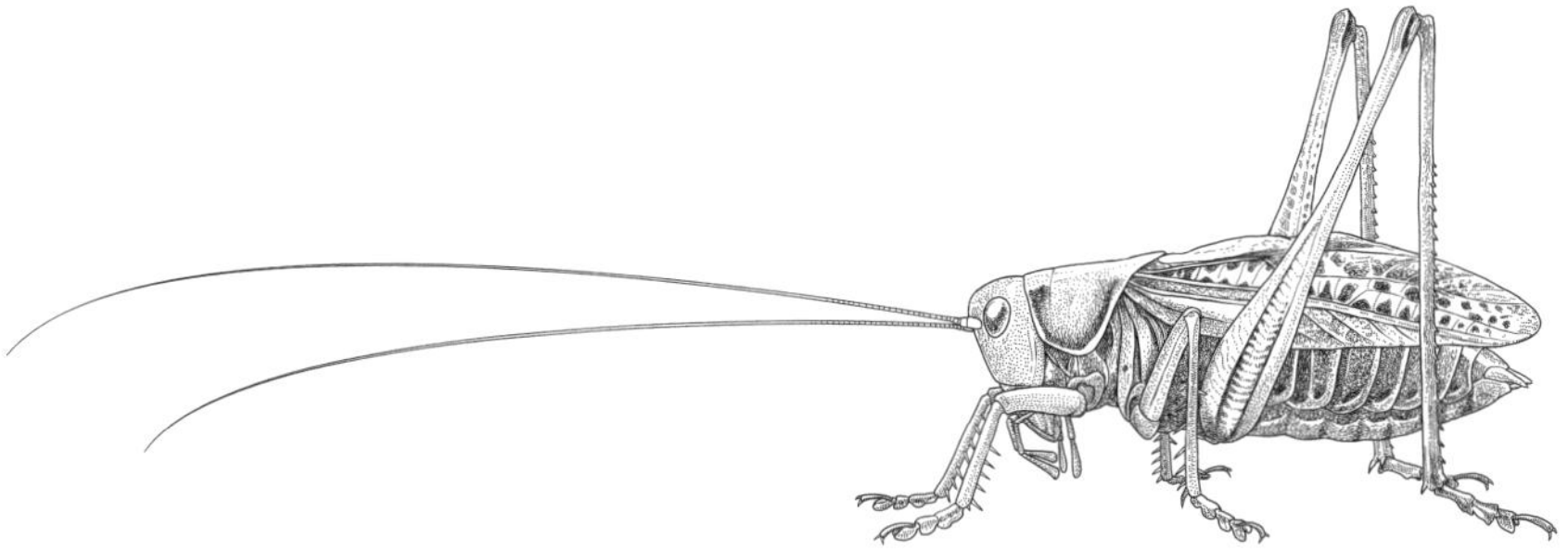

キリギリス。昼間、草むらで「キリギリス・チョーン」と鳴く。

カネタタキ。小型の
コオロギ。樹上性。
「チン、チン」と鳴く。

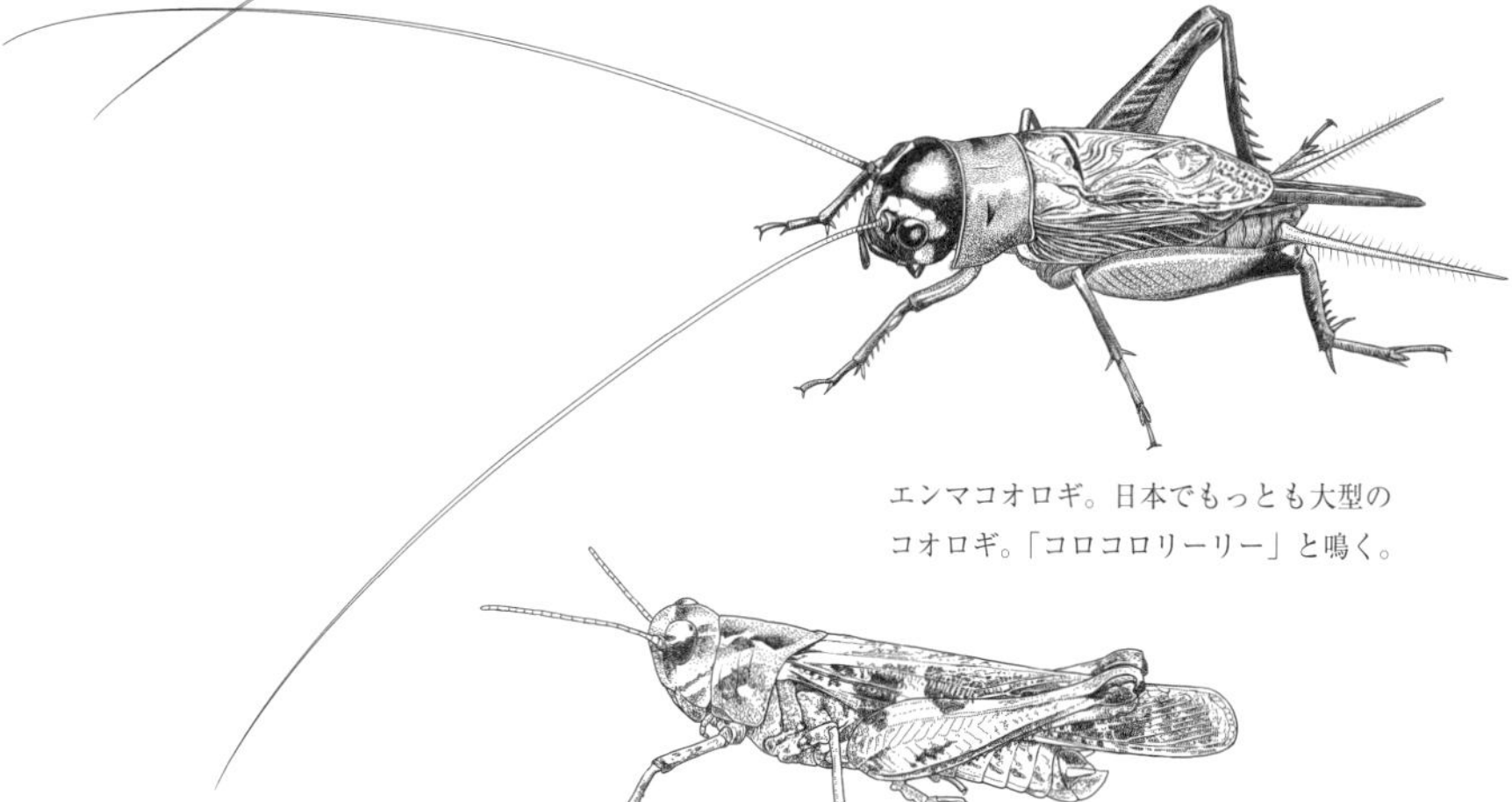

エンマコオロギ。日本でもっとも大型の
コオロギ。「コロコロリーリー」と鳴く。

クルマバッタモドキ。全国の
草むらでよく見かけるバッタ。
背中にXの模様が見られる。

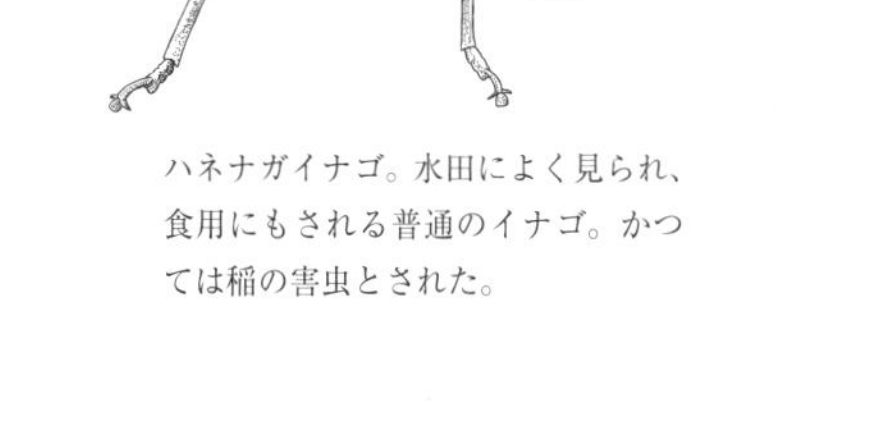

ハネナガイナゴ。水田によく見られ、
食用にもされる普通のイナゴ。かつ
ては稲の害虫とされた。

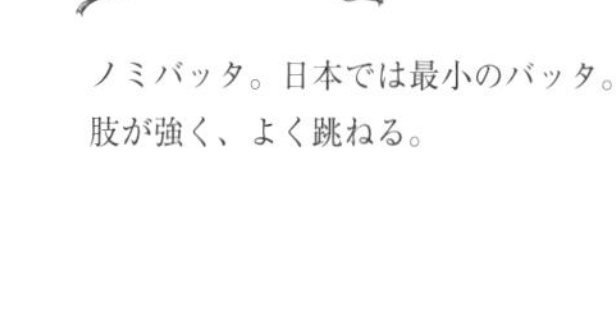

ノミバッタ。日本では最小のバッタ。
肢が強く、よく跳ねる。

うな詩がある。その一部を引用する。

五月《さつき》斯螽《はたおり》股《もも》すって鳴けば
六月《みなつき》羽ふるくつわむし
七月《ふづき》野になき
八月《はづき》はのきに
九月《ながつき》戸口に　十月《かんなづき》は床に
いつか来て鳴く蟋蟀《きりぎりす》

（『中国古典文学全集　第1巻　詩経・楚辞』目加田誠訳　平凡社）

この「斯螽（ししゅう）」、あるいは螽斯、螽蟖（ともに音読みでは「しゅうし」）というのはキリギリスの仲間で、「蟋蟀（しっしゅつ）」のほうが実はコオロギのことである。

コオロギは、右の詩では、晩秋の頃から家の中に入ってきて鳴く虫とされているけれど、中国にはたくさんの種類のコオロギがいて、野外で鳴くものと、家の中に入り込むものとでは、種が違う。やはり『詩経』の「蟋蟀」の初めの部分を訳してみるとこんな感じか。

コオロギが家の中で鳴いている。

今年も、もう暮れてしまう。
月日の経《た》つのはあっという間だ、
いま楽しまないでどうする。
とはいえ、紳士たる者、羽目を外してはならぬ。

（拙訳）

虫選み

中国では、『詩経』の中で、先に記したように、キリギリスのことを「斯螽あるいは螽斯、螽蟖」という字で表しているが、日本では「はたおり」と言っていた。キリギリスの鳴く「キリギリス・チョーン」という声が機を織る音に似ているからであろう。

そして、少なくとも平安時代から、虫の声を楽しむことが行われてきた。

虫を捕らえるのには、「虫吹き器」といって、竹筒の一方に紗《しゃ》を張ったものを使った。その筒を虫の上にぽいと伏せる。伏せられた虫があわてて上にはい登ったところで、筒の口をおもむろに採集用の袋などに向け、紗のほうから、ふっと息を吹いて、袋の中に虫を追い込むのである。こうして、鳴く虫を取ってきて殿上人らが鳴き声を楽しむことを、「虫選《むしえらみ》」と言っていた。『源氏物語』「野分」の巻の中にも、この「虫選」のことが書かれている。

童《わらは》べ下ろさせたまひて、虫の籠《こ》どもに露かはせたまふなりけり。紫苑《しをん》、撫子《なでしこ》、濃き薄き衵《あこめ》どもに、女郎花《をみなへし》の汗衫《かざみ》などやうの、時にあひたるさまにて、四五人連れて、ここかしこの草むらによりて、いろいろの籠どもを持ちてさまよひ、撫子などのいとあはれげなる枝ども取りもてまゐる、霧のまよひは、いと艶《えん》にぞ見えける。

（現代語訳）

中宮は女童《めのわらわ》をお庭にお下ろしになって、数々の虫籠に露を移させていらっしゃるのだった。女童たちは、紫苑《しおん》、撫子、紫の濃淡さまざまな色の衵の上に、女郎花《おみなえし》の汗衫などといった、時節に似合わしい装いをして、四、五人ばかり連れ立ってそこここの草むらに近づき、さまざまの色の虫籠を持ち歩いて、撫子などのいかにも可憐《かれん》な枝々を折り取って中宮の御前に持ってまいる、その霧の中ににじんで見える情景はなんとも優艶な有様である。

（「野分」『新編　日本古典文学全集22　源氏物語③』阿部秋生、秋山虔、今井源衛、鈴木日出男校注・訳　小学館）

橘　成季《たちばなのなりすえ》編の鎌倉時代の説話集『古今著聞集《ここんちょもんじゅう》』の中にも、嘉保《かほう》二年八月の項に、「殿上人嵯峨野《さがの》に虫を尋ぬる事」という文章がある。こちらは、声を楽しむというより、採集しに行くほうの話。

嘉保二年八月十二日、殿上のおのこども嵯峨野に向《むかひ》て、虫をとりてたてまつるべきよし、みことのりありて、むらごの糸にてかけたる虫の籠《こ》をくだされたりければ、貫首以下《くわんじゆいげ》、みな左右馬寮《のめれう》の御馬に乗《のり》てむかひけり。蔵人《の》辨時範、馬のうへにて題をたてまつりけり。「野径尋《ニヌ》レ虫《ヲ》」とぞ侍《はべり》ける。野中にいたりて、僮僕《どうぼく》をちらして虫をばとらせけり。十余町ばかりは、各馬《おのおの》よりおり、歩行せられけり。夕に及《およびて》て、虫をとりて籠に入《いれ》て、内裏へかへりまいる《ゐ》。萩《はぎ》・女郎花などをぞ籠にはかざりたりける。中宮《の》御方へまいら《ゐ》せて後、殿上にて盃酌《はいしやく》・朗詠などありけり。歌は、宮《の》御方にてぞ講ぜられける。簾中《れんちゆう》よりもいだされたりける、やさしかりける事也。

（『日本古典文学大系84　古今著聞集』永積安明、島田勇雄校注　岩波書店）

こうなれば虫捕りも公務、つまり立派な仕事であって、伊達《だて》や酔狂ではもはや、ない。これが役人側から書いた虫選みの、いわば準公式記録である。

鳴く虫の歌

日本には、鳴く虫を題材にした絵や歌が大変多い。日本の絵描きも、歌人、詩人も、虫の姿をつぶさに見てきたのである。香川景樹（１７６８〜１８４３）の、

夜なれば花の千種はみえねども色々に鳴く虫の声かな

というのは、大変にぎやかな、華やかな感じのする歌だが、もっともっと秋が深まった時になると、たとえば、『新葉和歌集』（南北朝時代）所収の坂上頼澄の、

虫の音もよわりにけりな露霜の夜寒は老の身にもかぎらず

という歌では、この淋《さび》しさがもはや人を脅迫するほどのものになる。室町時代の歌謡集、『閑吟集』の中にも、

秋の夕べの虫の声々風打ち吹いたやらでさびしやなう

などという歌がある。

虫選みは平安時代の貴族に始まったこととしても、江戸時代になると、庶民の間にも、虫を飼い、虫の音を鑑賞することが行われていたようである。虫を詠んだ和歌や俳句がたくさん作られている。上島鬼貫《うえじまおにつら》（１６６１〜１７３８）の、

行水の捨どころなき虫のこゑ

などという句を見ると、人家の庭にも虫の声が降るほどにすだくさまがありありと目に浮かぶようである。そして川柳子はこれをからかって、

鬼貫は夜中盥《たらい》を持ち歩き

と詠んでいる。鳴く虫どもに、いきなりばしゃりと冷水を浴びせるようなことは決してしないのである。

漢詩の中の虫の声

日本には虫の声を謳《うた》った和歌や俳句がたくさんあるわけだが、漢詩にもそれは無数にあるはず、と思って気をつけていると、習字のお手本（『集字墨場必携㊁秋冬』福本雅一選訳　二玄社）で、ふたつの句が見つかった。

ひとつは、元の倪瓚《げいさん》のもの。

寒蛩露草《かんきょうろそう》に吟《ぎん》ず

露にぬれた草に蛩《こおろぎ》は寒ざむと鳴く。

（『集字墨場必携㊁秋冬』福本雅一選訳　二玄社）

で、蛩《きょう》はコオロギである。もうひとつはやはり元の、僧善住《ぜんじゅう》の五言絶句で、これは全文を挙げてある。

晩雨《ばんう》　江城《こうじょう》を過ぎ
西斎《せいさい》　秋気《しゅうき》清し
夢は回《めぐ》る　孤枕《こちん》の上
処《ところ》として虫声《ちゅうせい》ならざるは無し

夜の雨に江《かわ》ぞいの城《まち》に立ち寄れば、
西の書斎に秋のすっきりした気配。
独り寝の枕に夢はめぐり、
虫の声はあたり一面に。

狂言の中の虫

狂言に「月見座頭」という作がある。この題名を聞いて、「目の見えない人が月見を？」と不審に思う人がいるかもしれないけれど、月見はただ月を観《み》るだけではない。目の見えない人は、見えなければこそ、ときに晴眼者よりよく、ものを感じ取り、その場の風情を鋭く、深く鑑賞することが出来る。

逆にさまざまなものが視野に入って、雑念にとらわれるために、観るべきものを観ていない晴眼者が世の中には多いようである。

そして、その風情を作り出すものは、夜風の冷たさ、草木や水の匂い、それに何より虫の声である。

「月見座頭」は、まず、主人公たる座頭の登場で始まる。名作に口を出すのは、本来はばかるべきことであるが、本書の性質上、長い引用を読みやすく、ということでやむを得ず介入することを許していただきたい。ト書は省略。なお、全文を章末に掲載した。

座頭　これは下京辺《しもぎョうへん》に住まい致す座頭でござる。今宵《こよい》は八月《はちがち》十五夜　名月《めいげツ》でござるによって、心ある人々は、野辺に出《い》で、沢辺に遊びて月を眺め、歌を詠《よ》み詩を作って楽しませられまする。某《それがし》も月を見ることはならずとも、野辺に出で　虫の音《ね》を聞いて楽しもう

大蔵流狂言「月見座頭」。シテは人間国宝の山本東次郎。目の見えない「座頭」が虫の音に耳を傾けている場面。写真・神田佳明

と存ずる。まず そろりそろりと参ろう。まことに 皆人《みなひと》の、春は花 秋は月と仰《おお》せらるるが、目の見えぬ者にとりては、世に 物の音色ほど面白いものはござらぬ。なかにも 虫の音は、さまざまの色音《いろね》がござって、ひとしお 面白いものでござる。

(「月見座頭」『日本古典文学大系43 狂言集 下』小山弘志校注 岩波書店)

まさにその通り、われわれも名月の耿々《こうこう》と照る野に出て、いったんは眼をつぶり、心を澄して秋の自然の風情を味わわなければと思う。

イヤ、何かと申すうちに はや野辺へ参った。ハハア されぱこそ、千草《ちぐさ》にすだく虫の声々《こえごえ》、さてもさても 面白いことかな。ドレドレ、ちと あのあたりへ参って承ろう。ハハア、鳴くは 鳴くは。このこおろぎと申す虫は、いずかたにも多いものでござる。さればこそ きりぎりす、はたおり・ひぐらし、どれもどれも 我《われ》劣らじと音色を立つる。さてもさても 面白いことじゃ。ハハア、このあたりには松虫が多いそうな。さてもさても 美しい音色かな。オオ それよそれよ、ヤンヤ ヤンヤヤンヤ。虫も多いなかに、この松虫に上越《うえこ》すものはござるまい。ヤンヤ ヤンヤ。オオそれそれ、昔津の国阿倍野《あべの》とやらで、松虫の音にしのび入って空《むな》しゅうなられた人があると申す。某もそのようなことになってはなるまい。ちと 所を変《か》よう。イヤ、このあたりはくつわ虫、きゃつは虫の分として、大きな声でござる。あれほどに鳴き立てては、ちかごろ騒がしいものじゃ。さればこそ、このあたりはまた　鈴虫の声が多うござる。ハッ　ア、やさしい音色かな。松虫に並ぶものはこの鈴虫でござる。

演者の言葉を聞いているうちに、われわれの耳にも虫の声が聞こえてくるような気がして、楽しく、風流な気分になってくる。この中に、主に昼間に鳴くキリギリスや、夕方あるいは日の陰った時に鳴き出すヒグラシが出ているところをみると、この舞台は暮れ方から夜にかけてのことなのであろうか。それにしても、この主人公は、耳が鋭く、虫の音をよく聞き分ける。

話は少しそれるというか、自分で自分の話の腰を折るようだが、日本語には、オノマトペが多く、鳥の声でも、虫の声でも、風の音でも何でも、カタカナ、ひらがなで表現してしまう。そして、一度「マツムシはチンチロリン」だとか、「スズムシはリーンリーン」だとか思ってしまうと、今度はそれ以外の聞き方が出来にくくなるようである。実際にまた、日本には、そういう、ハッキリしたいい声で鳴く虫が多いということもある。これは決して筆者の昆虫国粋主義ではない。逆にいうと、このカタカナ、ひらがなの便利さ故に、日本人は、往々にして、外国語の発音がよくないのである。

さて、狂言の舞台に戻ろう。そこに、もうひとり、男が登場、ふたりの掛け合いが始まるのだが、これがまるで現代の漫才のようで面白い（というより、漫才も狂言に学んでいるはずである）。ふたりは面白おかしく話し合い、男が竹筒に入れた酒を取り出して、ふたりで楽しく飲むことになる。

彼らは和やかに別れるが、話はこれで済まない。人の心には明暗二面があるもので、上京に帰るこの男は、急に、座頭ごときと仲良くしたことが忌々しくなる。

そして、あろうことか、声を作り、別人に成り済まして先ほどの場所に戻ると、まだそこにいた座頭をわざと突き転ばすのである。後に残され、

世には 非道な者もあるものじゃさて。オオ それよ。〽いまさら思い知られたり。秋の最中《もなか》に虫の音を、聞かんとて盲目の、よしなきことに立ち迷い、小夜《さよ》ふけわたるこの野辺に、ひとり我のみ泣きにけり、ひとり我のみ泣きにけり。

と嘆く主人公が痛ましい。さっきまで、人間的な付き合いをしていたのに、一転して悪魔のようになる男。座頭を突き転ばす男の心の暗さを思いあわせると、人間の心の闇というか、人と人との間に横たわる深い溝の存在をまざまざと見せるような狂言である。筆者は、チョウの先輩でもある山本東次郎氏の文字通りの名演を観て、ほとほと感じ入った次第。

それにしても凄《すご》いと思ったのは、舞台では、別に虫の声の擬音を出すわけでも何でもなく、言葉と所作とによって、月の耿々と照る秋の夜の虫の声の世界を、観る人の心の中に現出せしめた

ことである。

絵の中の虫の音

これとは反対に、絵で虫の音を表すというのがある。たとえば、上村松園《うえむらしょうえん》（1875〜1949）の「むしの音」と題する美人画であって、こちらは、若い娘が、叢《くさむら》に耳を澄ましている。音が聞こえるはずのない絵で虫の音を表現しているのである。

あるいはまた、やはり美人画で知られた伊東深水《いとうしんすい》（1898〜1972）に、「灯をたづねて（せすぢつゆむし）」という絵がある。行《あん》灯《どん》にツユムシが来て止まっているさまを、墨で描いたものだが、行灯のぼーっとした光と、それに飛んで来たこの繊細な虫の姿が、紙ににじむ墨で幻想的に表現されている。この

上村松園「むしの音」（下絵）。明治40（1907）年頃。松伯美術館蔵。

ツユムシもまた、それが雄ならば、ズインズインと、人の耳には聴き取れるか聴き取れないかぐらいのかすかな声で鳴いているのであろう。

深水にはまた、佐賀の中里太郎衛門の窯を訪れて、キリギリスの絵付けをした作がある。あの太い、粘っこい筆で虫が描かれ、よく見ると、その虫が、肢《あし》の先を舐《な》めているのである。昔の日本画の達人たちは、身辺の草木虫魚をよく観察していたようである。

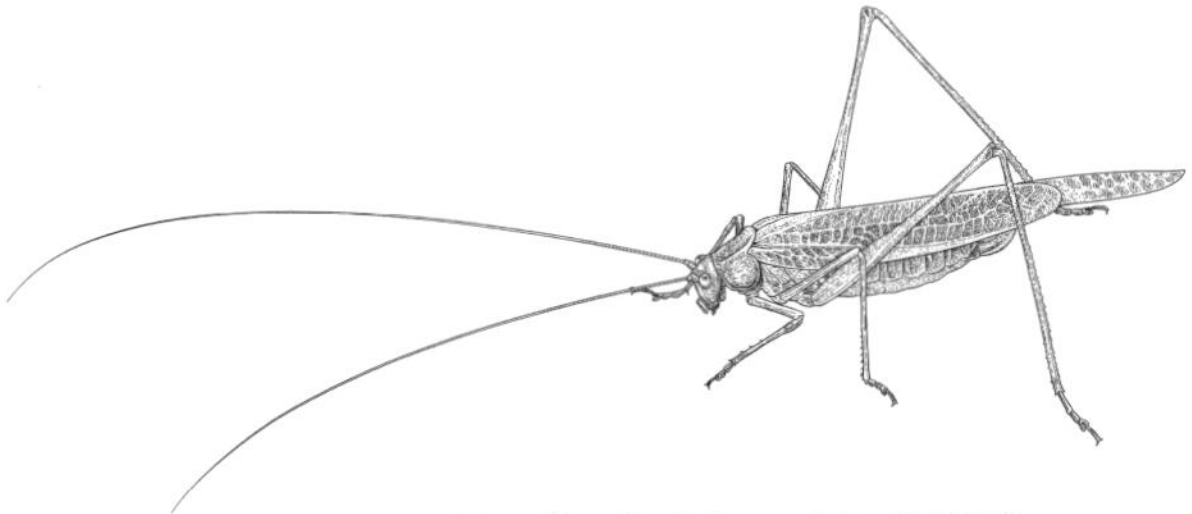

ツユムシ。草の葉に止まって鳴く。種類が多い。

「灯をたづねて（せすぢつゆむし）」伊東深水・画。(『蟲と藝術』27ページに掲載　金井紫雲・著　芸艸堂・刊　1934年)。

ハーンの見た虫の音めづる日本人

ラフカディオ・ハーン（小泉八雲　1850〜1904）は、明治の日本に来て、日本人が虫に親しむことに感動した。ハーンは、父がアイルランド出身、母がギリシャ出身なので、アイルランドからケルト風の妖精、あるいはお化け趣味を受け継ぎ、そしてギリシャからはギリシャの詩人のように虫を愛することを学んだという。だから日本に来てお化けの話や虫の物語がたくさんあるのを知って非常に喜んだ。

彼が日本を好きになった理由のひとつには、日本が工業力をつけ、戦争に勝って、近代化することによって、西欧人並みにどんどん人間がすれてくる、その以前に日本に来た人だった、ということもあるだろう。

「虫の音楽家」という文章の中に、縁日の狭い通りと虫のことをハーンは次のように書いている。

　日本の文学における同様に、日本の家庭生活のなかにおける虫の音楽が占めている位地、これはわれわれ西欧人にとっては、ほとんどまだ未開発のままになっている精神領域に発達した、一つの美的感受性のあることを実証していはしないだろうか。あの縁日の虫屋の、降るように虫の鳴きすだいている屋台は、西洋ならばそれこそ不世出の詩人だけが洞察するもの——たとえば秋の美しさのもつ悲喜哀楽、夜の声の妖しい美しさ、森や野のこだまにそそられる思い出の妖術のようなす

早さ――を、ただの庶民が、だれもかれもおしなべて理解していることを示していはしないか。

（「虫の音楽家」小泉八雲『仏の畑の落穂　他』平井呈一訳　恒文社）

ハーンがこう言って讃《たた》えているのは、もちろん明治の日本のことである。現代の日本では、詩でも、散文でも、鳴く虫に関する情趣を取り上げたものがだんだん少なくなっているのは残念なことである。われわれを取り巻く環境が変わり、虫自体が減っているということもあるけれど、現代日本人の耳には、虫の声はだんだんと聴こえなくなってしまったのではないかという気がする。

夜店の虫の値段

永井荷風（1879～1959）の、『断腸亭日乗　巻之四』、大正九年（1920年）七月五日の項に、

晩涼を追ひ銀座を歩む。虫屋にて邯鄲《かんたん》を買ふ。金壱円なり。

（「断腸亭日乗　巻之四」『永井荷風日記　第一巻』東都書房）

という記述がある。大正九年頃の「壱円」はいかにも高すぎるという気がするけれど、邯鄲は上等の、もっとも高価な虫であった。ちなみに、大正九年の小学校教員の初任給は、40円から55円。また、大正四年のことになるが、うな重が40銭と記録にある（『続・値段の風俗史』『値段の風俗史』朝日新聞社より）。

荷風は、吝嗇《りんしょく》で、といって悪ければ合理主義者として有名で、慶応の教授であった時、堀口大學や佐藤春夫ら学生たちとお茶を飲んでも、きっちり自分の分しか払わなかったという。その荷風先生が、季節感を味わうためには壱円の金を惜しまなかったのである。

昭和初年まで、あるいは戦後しばらくまで、虫売りは都会の夏の夜の風物詩であって、その風情は、ハーンが記している明治の風景とあまり変わらなかったようである。

そういえば、先のハーン「虫の音楽家」には、詳しい虫の値段表が出ているからここに挙げておく。ハーンはこれを『日本社会事彙』という一種の百科事典からとったようである。1897年の値段とある。

スズムシ……………三銭五厘から四銭
マツムシ……………四銭から五銭
カンタン……………十銭から十二銭

明治頃の虫売り。市松模様の屋台をかついでいた。

キンヒバリ……十銭から十二銭
クサヒバリ……十銭から十二銭
クロヒバリ……八銭から十二銭
クツワムシ……十銭から十五銭
ヤマトスズ……八銭から十二銭
キリギリス……十二銭から十五銭
エンマコオロギ……五銭
カネタタキ……十二銭
ウマオイ……十銭

（前掲書）

しつこいようだが、これを見ても、荷風が書いている邯鄲の壱円はやっぱり高すぎる。銀座値段であろうか。

俗曲に謳われた虫

劇作家で寄席の芸などに詳しかった宇野信夫《うののぶお》（1904〜1991）に「想い出すさまざまなこと」という文章がある。

老いた音曲師が枯れた咽《のど》でよく唄《うた》っていた大津絵節を私はいまだに憶《おぼ》えている。

きりぎりす時節とて
虫売りぜげんの手にかかり、
江戸町々を駕籠《かご》にのり
売られて飼われる流れの身
ほんにこの世は苦の世界
きゅうり切れ切れきりぎりす
親たちやァ、草葉のかげで泣く

これなどは、白秋もハダシの詩である。

（「想い出すさまざまなこと」宇野信夫『うえの』1990年7月号　上野のれん会）

この文章には、しかし、今となっては解説が要るだろう。私にしても知ったかぶりをするだけである。まず「大津絵節」とは何かと言えば、これは俗曲の形式名である。その次は、「で、俗曲って何？」となるが、辞書を引くと、「近世の大衆的な短い三味線声曲」とある。そして、まだまだ詳しい、込み入ったことが書いてあるけれど、振り捨てて「ぜげん」に移れば、これは漢字では「女衒」と書いて、若い女を売買する商売の人間である。

女郎に売られる可哀想な女性は、駕籠にゆられて行くことになっている。『仮名手本忠臣蔵』に登場する「お軽勘平」のお軽も、そういう目にあっている。「どんどん節」の、「駕籠で～ゆくの～は～おか～る～じゃないか」「わたしゃ売られてゆくわいなあ～」とかいう唄を、明治生まれのお爺《じい》さんが唸《うな》っていたのを、かく言う筆者が憶えている。

「きゅうり切れ切れ」はキリギリスの餌の胡瓜《きゅうり》と「久離を切る（＝縁を切ること）」とにかけている。キリギリスの親だから、生きていても「草葉のかげ」で鳴いているのである。

虫を聴く人　聴かぬ人

ところで、ここにこうして、虫の音をしんみりと鑑賞している日本人に、いきなり盥《たらい》の水をぶっかけるような事実がある。その具体的な例を書いているのが、永年アメリカで外国人に日本語を教えてきた池田摩耶子《いけだまやこ》（1927～1985）『日本語再発見』所収の、「虫が鳴く」という文章である。

日本語の授業で用いられている川端康成の『山の音』の中の一節にある、「八月の十日前だが、虫が鳴いている」というくだりが、アメリカ人の学生には、いったいなんのことなのか、なんでこんなことを言うのか、さっぱりわからないというのである。説明しようとすればするほど、話がややこしくなって、余計に混乱する。『日本語再発見』から引用する。

主人公の信吾が、むし暑い夏の夜に起き出して、縁先にしゃがんでいると、そこに、明かりをまちがえて蟬《せみ》が飛んで来ます。信吾はそれを遠くの方へ放り投げる。そのあとに、つぎのような文が出てきます。

「八月の十日前だが、虫が鳴いている。」

（中略）何が問題になるかと申しますと、「虫が鳴く」ことを、アメリカ人の学生たちが、全然わからないということなのです。

まず字引を引いて、「虫」というところを見てみます。そうするとinsectと出てきます。インセクトという英語を見て、彼らアメリカ人の頭に何がひらめくかというと、〃のみ〃とか〃はえ〃のたぐいなのです。そういう、いわゆる害虫が、「鳴く」と解釈してしまうのですから、奇異な感じを持つのも無理はありません。（中略）彼らにとって、「虫」は「はえ」や「のみ」のことですから、

「虫」というものが何かを、よく説明しなければなりません。次に、その「虫」が鳴くという状態です。「鳴く」ということが、どういうことをさすのか、どんなものがどういう状態になれば、日本人がそれを「虫が鳴く」と感じるのか、これをできるだけ彼らに感じさせるようにしなければなりません。若いアメリカ人の学生は、「虫が鳴く」ということばを、実感として体験していませんから、それを教室で教えることがきわめてむずかしくなるわけです。

こういうわけで、『山の音』を教える際は教室で学生に、「虫が鳴く」ことの実演をして見せなければならなくなります。恥ずかしいだのへただのとは言ってはいられません。とにかく擬音入りの授業をすることになるわけです。

「虫」といってもいろいろな種類がありますから、鳴き方も違ってくる。たとえば鈴虫ならリーンリーンというように鳴く。松虫ならチンチロリンとやさしく鳴く。くつわ虫はガチャガチャという鳴き方で、これがたくさん鳴きだすと少々やかましく感じられる。

とかなんとか説明しながら、声を細めて妙《たえ》なる音を出そうと苦心するさまは、外国人相手だからこそできるようなものです。

虫だけではなく、蟬の鳴き声も知らない学生の方が多いのですから、蟬についても同じように実演することは申すまでもありません。

（中略）

それはさておき、日本人がいろいろの虫の音を鳴き分けることができるということは、それを聞き分けることのできる耳を持っていることになるわけで、アメリカ人は非常に感心してしまいます。アメリカ人は虫というものを問題にしない、それだから虫の音を聞き分ける感覚も全然みがかれていないのですが、このような実演によって、日本人と虫との感覚的な取り合わせを、ある程度理解してくれるようです。

（「虫が鳴く」池田摩耶子『三省堂選書9　日本語再発見　新版』三省堂）

人間の脳は右と左に別れていて、片方で言葉を聞き、もう片方で雑音などを処理する、という角田忠信博士の研究が評判になったけれど、虫の声を言語脳で聞いているのは、日本人だけなのかどうか。中国などにも、鳴く虫の声を愛《め》でる文化はあると思われるのだが。

ところで、日本人の考え方感じ方がさっぱりわからぬ、という話を続けると、幕末の吉田松陰《よしだしょういん》の思想というか、行動様式なども、今やそのうちに入るのかも知れない。

アメリカ船に密航を企てて失敗した松陰は、安政6年7月9日の、奉行の訊問に先だって、元気のいい歌を詠んでいる。

待ち得たる時はいまとて武蔵野よ
いさましくも鳴く轡虫《くつわむし》かな

待ったかいがあって、今こそ自分の思想を幕府の人間に聞いてもらえるというのである。「至誠にして動かざる者は未だこれ有らざるなり」という信念をもつ松陰が、訊かれもしない別件の謀議まで自分からすらすらと喋って自ら死を招く次第は有名であるが、これこそ「飛んで火に入る夏の虫」で、こういうのは日本特産の革命家ではないか。徳富蘇峰《とくとみそほう》は松陰を「日本男児の好標本」と評したそうであるが、クツワムシの学名は*Mecopoda nipponensis*という。種小名「ニッポネンシス」は「日本に棲む」の意で、松陰がクツワムシを詠むのも何だか宿命的なことのような気がしてくる。

フランス文学最古の虫

さて、フランス文学に現れる昆虫の中でもっとも古いものは、といえば、中世の『狐物語』(12世紀後半から13世紀中頃)に登場するコオロギのフロベール(Frobert, le grillon)であると、E・ルヴェルの『フランス文学における昆虫』にある。

ただ、このコオロギは、ほかの動物たちと同様、完全に擬人化されており、本物のコオロギとはほとんど関係がない。

コオロギのフロベールは、聴罪司祭であったり、聖歌隊で詩編をいい声で歌ったりする役になっている。

『狐物語』の邦訳を探してみると、岩波文庫に鈴木覺、福本直之、原野昇訳が出ている。『狐物語』の原文は、「これがフランス語か」と驚くほど現代フランス語と異なっていて、難しくて、特別に勉強しないと、とても読めないが、こうして読みやすい翻訳があり、しかもいつでも手に入るのは有り難いことである。

コオロギのフロベールが登場するのは、第15話、散々悪事を働いた主人公の狐のルナールが死んでからの場面である。葬式の後の余興である足蹴りのシーンを見てみよう。

彼らがその晩楽しんだ喜びほど大きなものは今まで聞いたためしもなく、きっとその後もなかったと思います。その晩は足蹴りをして遊びました。最初にイザングランが元気一杯足を宙に上げました。すると山猫ティベールがゆっくり、そっと蹴って相手を向こうに転がしました。そしてティベールは自分の席に戻りました。今度は狼のプリモーが足を上げる番です。ところが大鹿のブリシュメールが遠慮会釈せず思いきり蹴ったので、足がブルブル震えるほどでした。いやが応でも倒れざるを得ません。次にブリシュメールが位置につき、足を高く持ち上げ、誰かが蹴るのを待ちました。この思いきりやってやろうと牡牛ブリュイアンが全力を集中し、蹴りましたがびくともしません。この様子をみてブリシュメールは顔色を変え、平静を失いかけましたが、なんとかもちこたえ、いくら蹴られてもビクともしませんでした。でも、この出来事をきっと根にもつことでしょう。こおろぎのフロベール殿は文句も言わずにこの様子を眺めていましたが、怒りもあらわにブリュイアンに対します。フロベールは、定められたとおり、彼に向かって足を上げました。そしてブリュイアンがフロベールを力一杯蹴ると、もう少しで足の皮が破れるほどでした。牡牛のブリュイアンはフロベールに向かって、足を上げ、得意満面で彼に挑戦します。狙い定めて猪のボーサンはその時思いきり相手を蹴とばし、そして、こおろぎフロベールをへなへなと跪《ひざまず》かせました。

フロベールは跳んで起き上がるとこう言いました。「ボーサン殿、おぬしの勝ちだ。しかし、ロベール殿にかけて申し上げるが、私の前にあの名だかい騎士を倒されたものの、そのやりようが心得ぬ。少し手荒くやりすぎではないか」。「フロベール殿、聖ヴァンサン様にかけて申すが、ほめられこそすれ、やましい点はござらぬ」。そう言って位置につくと足を上げました。蝸牛のタルディフは外套《がいとう》を脱ぎ捨てるが早いか蹴ってかかります。全力をつくして打ち込み、見事な一撃を加えたので、ボーサンを床にたたきつけました。ボーサンは痛みに顔色を変え、出来るだけ早く起き上がろうとしました。心中すこぶる穏やかでなかったのです。するとタルディフがこう呼びかけました。「ボーサン殿、お怒りあるな」。

（『狐物語』鈴木覺、福本直之、原野昇訳　岩波文庫）

フランス中世のお葬式の余興なのか、コオロギがイノシシと本気で蹴りあいをするのだから、まさに漫画である。どことなく蛙《かえる》と兎《うさぎ》が相撲をとったりする「鳥獣戯画」の世界を連想させるではないか。

（そういえば、虫が人間のように振る舞う物語は、むしろ日本が本場であって、江崎悌三《えさきていぞう》の『日本の昆虫文学』には、作者不詳『玉虫の草紙』、安勝子《あんしょうし》『虫合戦物語一名御伽夜話』、江邨北海《えむらほっかい》『虫の諫』など多くの作品が紹介されている）

ミルトンのコオロギ

19世紀ヨーロッパにおいても、イギリスのディケンズの小説のように、「炉端のコオロギ」が家庭の安楽の象徴となっており、その声のことはよく知られ、詩に謳われてもいる。

さらに古くはジョン・ミルトン（１６０８～１６７４）の、「Il Penseroso（「想い深き人」）」という、イタリア語の題名を持つ詩に、コオロギの出て来る有名な詩句がある。それは、

Far from all resort of mirth,　**人々のざわめきを遠く離れて、**
Save the cricket on the hearth.　**炉辺のコオロギに耳を傾けるのみ**

（拙訳）

というものである。英文学は研究者が日本にもたくさんいて、素人が口を出すのは無謀な行為なのだが、薄氷を踏む思いで勝手に想像をめぐらせば、暗い館で、広間に集まる人々のざわめきから独り離れ、暖炉の残り火の、ほのかな明かりを見つめて、物思いに耽《ふけ》る詩人の姿が思い浮かぶ。そこにコオロギの声がリー、リー、リーと聞こえて、孤立感が深まるのであろう。ミルトンは17世紀後半の人だが、その場所は木造か、石造りか……と考え始めるときりがない。

大陸で、従者を連れてのグランド・ツアーにも何年かを費やしているし、仕事として、外交文書等を扱うことがあったというから、ラテン語がよく出来たに違いないミルトンはまた、先進国のイタリア好きでもあっただろう。

実をいうと、本章の後のほうで考察するように、このコオロギは、ラテン語世界から来た外来種のようである。

ただし欧米人は、先に述べた通り、一般に、鳴く虫の声に耳を傾けることは少ない。

キーツのキリギリス

前書きにも名を記した荒川重理《あらかわしげみち》『趣味の昆蟲界』には、イギリスの詩人ジョン・キーツ(1795~1821)の、虫の声を愛でる作品が「新体詩調」で訳して引用してある。

英国にては牧場《まきば》ギスMeadow grasshopperとて吾国《わが》のキリギリスに似たるものを野外の音楽者とし

て愛賞し、情の詩人たるキーツの如《ごと》きは次の如く歌へり。

On the Grasshopper and Cricket.

The poetry of earth is never dead;
when all the birds are faint with the hot sun,
And hide in cooling trees, a voice with run,
From hedge to hedge about the new mown mead,
That is the grasshopper's—he takes the lead.
In summer luxury,—he has never done
with his delights; for when tried out with fun,
He rest at ease benaeth some pleasant weed
The poetry of earth is ceasing never.
On a lone winter evening, when the frost
Has wrought a silence, from the stove there shrills

黄金《こがね》もやくる夏の日に、
小鳥も歌の力なく、
涼風《すゞかぜ》そよの木のかげに、
そのやさ姿かくす時、
猶《なほ》世に歌の声絶えじ、
新刈草《にひかりくさ》の香りする、
牧場のかきの遠近《おちこち》に、
流れてひゞく歌のあり、
夏を我世と誇るなる、
キリギリスこそその主《あるじ》、
よしや歌宴《うたげ》に倦《う》みはつも、

The cricket's song, in warmth increasing ever,
And seems to one in drowsiness half lost,
The grasshopper's among some grassy hills.

青草かげの一ねむり、
快楽《けらく》の夢はまどかなり。

夏秋の唱歌者、盛夏の飾りたる、キリギリスは東西の詩人に愛賞せらるゝことかくの如《ごと》く特に英島国の牧場に配せし処、真に有声の水彩画にして、何人かその光景を想像して恍然《こうぜん》たらざるを得るものぞ。

（荒川重理『趣味の昆蟲界』警醒社書店）

この後に、島崎藤村の「きりぎりす」が挙げられているのだが、話がややこしくなるので省略する。荒川重理の訳文、藤村の詩、ともにさらさらと美文に流れすぎて、戦後の国語教育しか受けていない筆者のような者にとっては、もうひとつイメージが湧かない、というか、心に響くものがない気がする。

それよりキーツの原詩のほうが、ろくに英語のわからぬ筆者にも、重々しく、しかも生き生きして、わかりやすいように感じられる。

それで、といかにも大それたことながら、筆者の受験英語でなんとかわかりやすく訳してみようと思う。

その前に、キーツがただ「grasshopper（グラスホッパー）」と呼んでいる虫は何なのか、見ておく必要がある。

イギリスの直翅目

荒川氏はこれを、「牧場ギスMeadow grasshopper」と言っているが、grasshopperは触角の長いキリギリスの仲間ではなく、バッタのことである。

確かに、英国やフランスで、夏の昼間鳴いているもっとも普通の虫はこれである（そしてあちらには、マツムシ、スズムシ、エンマコオロギのような美声の虫は分布しない）が、その学名は、*Chorthippus parallelus*といい、日本のナキイナゴ（*Mongolotettix japonicus*）に近いようである。ただし、まったくの同種は日本には分布しない。「この仲間は、後腿節にある発音小歯（ヤスリ）を前翅にこすりつけて鳴く」と、日本直翅学会編『バッタ・コオロギ・キリギリス大図鑑』（北海道大学出版会）にある。

イナゴでは詩にならない、と言われそうだが、ものが違うのだから、仕方がない。所変われば品変わる、である。

参考までに、英国の図鑑による「Meadow Grasshopper」の解説をここに訳しておく。

メドウグラスホッパー（マキバギス）（*Chorthippus parallelus*）

本種は英国諸島のほとんど全土にきわめて普通。ただし、アイルランド、マン島、スコットランド沖の諸島を除く。青草のよく茂った環境を好むが、高地の丘陵部や乾燥度の高い地には産しない。成虫は、6月末から10月下旬にかけて出現する。雄は気温の高い日、あるいは稀《まれ》に夜間にも、きわめて短い、舌打ちするような声で鳴き、群生して、しばしば、互いに鳴きかわす。

（ジョン・バートン『オクスフォード昆虫図鑑』拙訳）

また同じく英国の別の図鑑には、同様の解説のほかに、鳴き声が表記してある。それによると、本種は、次のように鳴くことになる。

The song consists of short chirps composed of rapidly repeated scraping sounds. Such a chirp sounds like "zrezrezrezrezre" and lasts at least 1sec. The chirps follow one another at intervals of about 3sec.

(Heiko Bellmann : A Field Guide to the Grasshoppers and Crickets of Britain and Northern Europe, Collins)

本種の歌は、何かを引っ掻《か》くような、急調子の、短い音の繰り返しであって、文字で表せば、〝zrezrezrezre〟となる。長さは1秒以上。3秒ほどの間をおいて続けられる。

（ヘイコ・ベルマン『英国および北ヨーロッパ産バッタ、キリギリス、コオロギ案内』拙訳）

本種はまたフランスにもごく普通に見られる種で、フランス語の図鑑『西ヨーロッパのキリギリス、コオロギ、バッタ　図鑑』（ドラショー・エ・ニエスレ）には、その鳴き声を、〝ssre-ssre-ssre-ssre-ssre〟または、〝grz-grz-grz-grz-grz〟と鳴く、と表記してある。人間にしても英国とフランスとでは違う声で鳴くようであるから、虫にも多少の訛《なま》りは、ある……のかどうかは、知らない。

そして、コオロギのほうだが、英国でよく見られるものは、イエコオロギ *Gryllus domesticus* とイナカコオロギ（またの名　ノハラコオロギ *Gryllus campestris*）である。このうち、冬の寒い時期にも生きていて、しばしば、台所や暖炉の傍《そば》で鳴くのは前者のほうであろう。

前記の図鑑類には、このコオロギが、西欧ではいわゆる外来種と記されている。その起源は、しかし、かなり古く、古代ローマの勢力拡大とともに、北アフリカから侵入したものであろうという。先に引用したミルトンの「想い深き人」のコオロギも本種の可能性が高い。

寒さには比較的弱く、屋外で冬を越すことは出来ずに、人家や、特にフランスのパリでは地下鉄構内などに入り込み（『メトロのコオロギ』という本がある）、食物の屑《くず》等を餌とする、とある。イエコオロギには別名があり、それらは、ダンロコオロギ、パンヤコオロギ等、火のある暖かいところに集まるこの虫の習性を表している。鳴き声は「とてもよく響き、ハーモニーに満ちている」、と書かれているが、その鳴き声の文字による表記はない。

ついでに言っておけば、同じキーツの「秋に寄す」という詩の中で、「（畑の）生け垣のコオロギが歌う……」と出ているのは、イナカコオロギのほうであろう。それはともかく、件《くだん》の詩の翻訳に苦心した結果は次のようになった。

ナキイナゴとコオロギに寄せて　ジョン・キーツ

大地の詩《うた》は止《や》んではいない。
　夏の日差しに鳥どもが皆、魂も消え入りそうになっているとき、
そして涼しい木陰に隠れているとき、ひとつの声が響きだす。
牧場の垣から隣りの垣へと、刈り取ったばかりの牧草のあたりで。
これこそはナキイナゴの声――この虫が歌を指揮しているのだ。
　豪奢《ごうしゃ》な夏の日、喜びにあふれる歌声は決して終らぬ、
　なぜなら、歌い疲れたそのときは、
快い草の陰で、一休みするからだ。
大地の詩は決して止まない。
　霜が降《お》り、もの皆静まる冬の夜
　暖炉の隅から聞こえてくるのは

コオロギの声。初めはかそけく、徐々に大きく、
とろとろと半ば消え行く意識のなかでその声は、
丘の上の叢の、ナキイナゴの声とひとつに混じる。

（拙訳）

この詩の中で重要なのは、もちろん、虫の声であるけれど、もうひとつ重要なのは、刈り取ったばかりの牧草の匂いであろう。空気の乾燥した英国やヨーロッパ大陸では、それはまさに芳香と呼びたい、懐かしい、母なる大地の匂いである。

夏の日、太陽の熱と光は惜しみなく地上に降り注ぎ、あまりの暑さに気を失いそうになって、涼しい木陰を求めるのは、小鳥たちばかりではない。詩人もまた同じである。そしてその雰囲気を包み込むのは、刈ったばかりの牧草の芳香なのだ。その中で、ナキイナゴの声が、ジリ、ジリ、ジリと響く。

そして冬の日、暖炉の傍の柔らかい椅子に身を埋《うず》めていると、木の香を発して燃える薪《まき》の暖かさが眠気を誘う。

すると、人と同じく、暖かさに誘われて炉辺に寄って来たコオロギが、どこやらでリーリーリーとかすかに鳴き始め、まさに眠りに入らんとする、半覚醒の詩人の意識の中で、その声がだんだんと大きく響く。それがやがて、夏の日に木陰で聴いた、あのナキイナゴの鳴き声と入り混じり、どちらがどちらともわからなくなる。

ここで、詩人が二十五、六の若さで結核で死んだということを連想するせいか、夏の日が若さを、そして冬がやがて訪れる死を、象徴しているように思われてならない。当時の英国詩人らのギリシャ趣味でいえば、アポロンとヒュプノスの出会いとでもいえばよいか。

ハーンの「虫の音」講義

ここでもう一度ハーン先生に頼ろう。『ラフカディオ・ハーン著作集　第九巻』第13章に「フランスの虫の詩数編」と題する講義録がある。

ハーンは、少年時代をフランスの学校で過ごしており、フランス語に極めて堪能であった。そしてそのフランス文学の知識は、豊かで繊細なものであったようである。当時、帝国大学にはまだフランス文学科はなく、ハーンの、ネルヴァルやボードレールの詩の講義は、日本で初めての本格的なものだったのではないかと思われる。日本人で初めてフランス文学の講義を担当した辰野隆《たつのゆたか》は、ハーンの講義を聴講した上田敏《うえだびん》（1874～1916）や芥川龍之介（1892～1927）などの次の世代ぐらいに相当するといってよいであろう。

さて、ハーンは次のように講義している。

虫を扱うイギリスの詩の場合とちょうど同じく、この主題をめぐるフランス文学の大半は新しいものだ。虫の詩は、思想がいちだんと新しく、いっそう広範な時代の、生命の単一性が大きな真理

であると気づきはじめている時代のものである。博物学においてさえ、昆虫はたんなる機械、思考力のない有機体として、もはや取り扱われていないことは自明である。反対に、その習性、慣習、知恵と本能の表明が、現代では非常に入念に研究されている。また、虫の生活について書く高名な人びとの科学論文の中には、一種の尊敬や賛嘆の感情とともに、ある共感が見受けられるのである。そこで、自然にヨーロッパは、この点で古代ギリシアの詩的な見地に徐々に戻ってきている。愛玩動物として虫を籠に入れて飼うことが、おそらくふたたび西洋の習慣になるかもしれない。往時のギリシアの世に、その小さな生き物のために籠が藺草《いぐさ》や麦わらで編まれていたのとまるで同じである。諸君は、日本の風習がアメリカで流行《はや》りそうだということを耳にしたと思う。もし本当にそんなことになるなら、その事実はきっと詩に影響を与えるであろう。私はそれが大いに起こりうることだと思っている。

（「フランスの虫の詩数編」『ラフカディオ・ハーン著作集　第九巻　人生と文学』池田雅之、小沢博、田中一生、浜田泉、引地正俊、安吉逸季訳　恒文社）

この昆虫に対する考え、〝昆虫が単なる機械や思考力のないものではなく、その習性、慣習、知恵と本能が、現代では非常に入念に研究されている云々《うんぬん》〟のあたりを読むと、ハーンは、ファーブルの『昆虫記』を読んでいたに違いないと確信さえ持てる。

また、ギリシャ等、地中海沿岸地方の国々では、鳴く虫を籠に入れて飼う習慣があったこともわかるのである。
ハーンは続けて、虫の詩の傑作と思うものを例に引いている。キューバ生まれで、フランス19世紀のいわゆる高踏派の詩人エレディア（1842〜1905）の作である。その部分を引用する。

昆虫に関する最も美しい近代フランス詩は――その古典的な完璧さで美しいのは――エレディアによるソネットだと思う。題名は“Épigramme Funéraire”――つまり「墓碑銘」のことだ。これは詞華集の詩から丹念に学ばれた、ギリシア人の感情と表現の正確な模倣である。十分な世話をしたのに死んでしまった、お気に入りの虫たちのために、子供たちがどんなに悲しむかを詳述するこのようなギリシア詩は、数編が現存している。その中で最も名高いのは、私が以前の講義で引用した、自分のキリギリスの墓を作り、泣き伏したギリシアの少女ミロを歌った詩である。エレディアは次の繊細なソネットで、そのギリシア人の感情をたいへんうまく真似《まね》た。

Ici gît, Etranger, la verte sauterelle
Que durant deux saisons nourrit la jeune Hellé,

Et dont l'aile vibrant sous le pied dentelé.
Bruissait dans le pin, le cytise, ou l'airelle.

Elle s'est tué, hélas! la lyre naturelle,
La muse des guérets, des sillons et du blé;
De peur que son léger sommeil ne soit troublé,
Ah, passe vite, ami, ne pèse point sur elle!

C'est là, Blanche, au milieu d'une touffe de thym,
Sa pierre funéraire est fraîchement posée.
Que d'hommes n'ont pas eu ce suprême destin!

Des larmes d'un enfant sa tombe est arrosée,
Et l'Aurore pieuse y fait chaque matin
Une libation de gouttes de rosée.

大急ぎの翻訳では、たいへん不完全に読まれてしまう。（講義の際には、ハーンが英訳を付したのであろうか——引用者）原文の魅力は形式の完璧な技術による。しかし、私が前に言ったように、全体は実にギリシア的であり、同種の主題によるギリシアの小詩数編の綿密な研究に基づいている。何千年も前のギリシアの少女たちは、愛玩動物として虫の鳴き音に耳をすましつづけ、毎日、刻み韮《にら》と新鮮な水で飼育し、小さな籠の中に、虫が好む植物の若枝を置いたものだった。冬が来ると虫が必ず死んでしまうことによる子供の悲しみは、多くのギリシアの詩人たちに霊感を授けたように思われる。子供はありったけの優しさをこめて、虫に小さな墓を作ってやり、おごそかに埋め、墓石を真似《まね》てその場所に小さく白い石を置く。が、もちろんこの子はお墓に碑銘が欲しくなる——おそらく年長の友だちの誰かに、自分のために一つ作ってくれるよう頼むであろう。時にはその年長の友だちが、詩人であったかもしれないし、その場合には、彼は永遠に残る墓碑銘を作ってくれるだろう。

その主題に関してギリシア詩のこのおごそかな模倣が、優しい嘲笑にすぎず、子供の心からの悲しみに冗談半分で同意している、と諸君は考えるのではないかと思う。「友よ、通りすぎよ」なる表現は、死者の土の上を軽く歩んで行けという命令であるとともに、ギリシアの葬礼碑銘によく見られる文句である。

ハーンは、ギリシャ的感性の持ち主で、もちろんギリシャびいきであるが、彼の称賛するそのエレディアの詩を、これもなんとか訳してみよう。

このsauterelleは、南仏などでよく見られるアオヤブキリ（*Tettigonia viridissima* フランス名Sauterelle verte）と考えてよいであろう。属は違うが、キリギリスに近い、といえば近い直翅類である。だからここはキリギリスと訳しておく。図鑑の記述を信じれば、鳴き声はよく響き、50メートル先からでも聞きとれるという。この虫は長命で、脱皮して完全に成長するまでに少なくとも1年半、長ければ5年を要するとある。

キリギリスのための墓碑銘

エレディア

異国の方、緑鮮やかなキリギリス、ここに眠れり。
幼いエレが、二つの季節にわたって可愛《かわい》がって飼っていた虫、
棘《とげ》の生えた肢のあいだで、翅をふるわせ、
マツの木やエニシダやコケモモの茂みで鳴いていた虫。

ああ、死せる虫よ、自然界の竪琴《たてごと》よ、
休耕地の畝にすだく、小麦畑の詩の女神よ。

軽いその眠りを覚まさぬよう、
ああ、わが友よ、颯颯《さつさつ》と、足早に通りすぎよ。

墓はそこに在り。タイムの茂みの中に建つ、
真新しい白い墓石《ぼせき》。
こうした幸せに何ほどの人があずかれよう！

子供の涙が墓に注がれ、
あけぼのの女神は朝が来ると、
恭しげに露を置く。

（拙訳）

次に、わが内田百閒《うちだひやっけん》（1889〜1971）の『虫のこゑごゑ』を紹介しておこう。

〈アンソロジー〉

虫のこゑごゑ

内田百閒

秋が更けて虫の音も細つて来たが、まだ方方で昼も夜も、こほろぎが鳴き続けてゐる。秋雨の降る晩なぞ、彼等《ら》は縁の下や庭石の陰や、雨が降つても濡《ぬ》れない所にゐるらしいから、却《かへ》つてふだんより大きな声で、雨に和して、或《あるい》は雨の音に対抗して盛んに鳴き立てる。

こほろぎを聞いて感慨に耽《ふけ》るのも月並であるが、私が中学生の時、家が貧乏して大きな屋敷の中が急に無人になつた。生家は造り酒屋だつたので酒倉が幾棟もあり、人が大勢ゐるから住ひの方も広かつた。それ迄《まで》にすでに傾いた家産で無理をしてゐたのだらうと思ふけれど、最後は酒税の納入が滞つて、その為《ため》に酒倉に差押へを受けたから、それでお仕舞になつてしまつた。

秋になつて、こほろぎが鳴く時分になると、中学生でも淋しかつた。酒倉にはこほろぎが沢山ゐるものだが、人がゐなくなつたので一層ふえたかも知れない。晩になると裏の方から、こほろぎの声が、大《おほ》

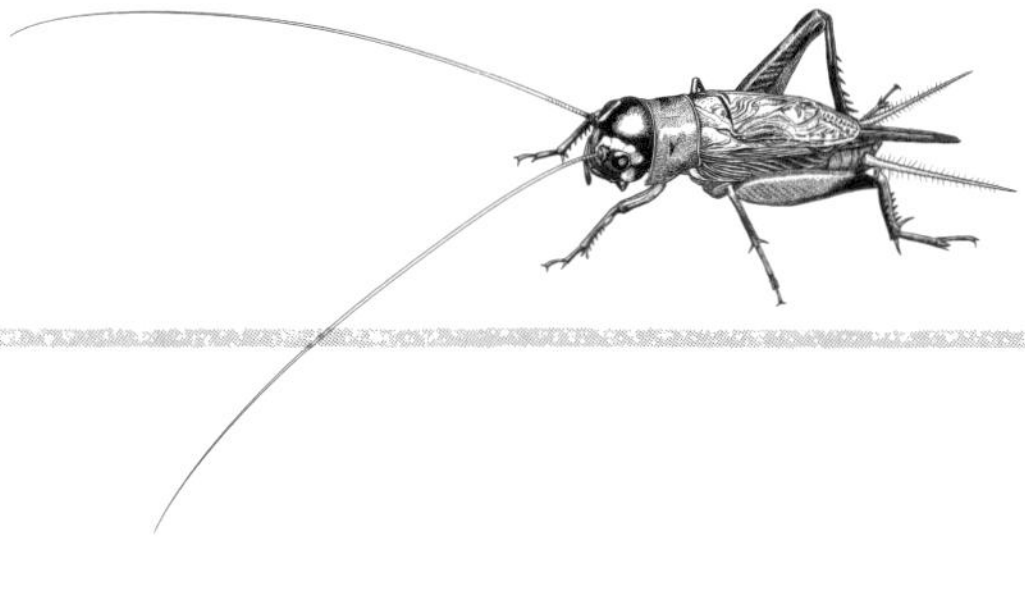

浪《なみ》がうねる様になつて聞こえて来る。何千匹か何万匹かが、同じ様な節で一緒に歌ふから、小さな虫の声とは思はれない。

裏の倉ばかりでなく、私共が寝てゐる母家の縁の下にも沢山ゐるらしく、夜が更けるに従つて、倉の方の合唱と張り合ふ様に、縁の下の声も段段大きくなり、高くなり、声のかたまりが、ぎんぎん光つてゐる様な気がする。

夜明け近くふと目がさめると、縁の下のこほろぎの声の為に、空き家の様になつた大きな家台が、ゆさゆさ揺れてゐるかと思はれた。そこへ遠浪の様な倉の声が寄せて来る。八釜《やかま》しい程の虫の音の中で、しみじみ淋しいなと思つた。

その後何十年、それ程のこほろぎの声を聞いた事はない。東京に住んで大地震の何年か前に、小石川の目白台にゐた時分、鬼子母神のお会式が通る前後には、そこいら一帯が虫の声で海の様になつたと思つた事はあるけれど、それは広い所で一帯に鳴きしきつてゐると云《い》ふだけで、お互の声が一つの浪の様にかたまつて聞こえた昔の趣とは違ふ。

年年同じ音色の同じ節のこほろぎを聞いて来たが、戦後はＤＤＴの為《ため》ではないかと思ふ、一二年の間にこほろぎの声が随分まばらになつた。或は空襲の火事の時、こほろぎの子が焼かれたり、卵が蒸されたりして沢山死んだのではないかとも思はれる。

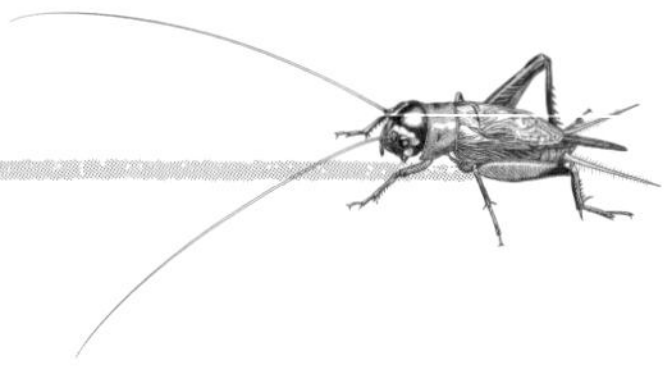

それが去年あたりから大体もとに戻つた様で、家のまはりの方方で昔の通りに鳴き出した。えんまこほろぎと云ふのは普通より大ぶりであつて、全体が黒褐色で油を塗つた様にぎらぎら光つてゐる。非常に好い声をして鳴くので珍重するが、田圃《たんぼ》には沢山ゐるけれど、町中では滅多に聞かれない。昭和十年頃の事だから物の値段が今とは丸で違つてゐたが、小鳥屋からえんまこほろぎを取り寄せたら一匹十五銭であつた。

そのえんまこほろぎが、敗戦後の食べ物がなくなつた当時、どこの家でも空地に菜園をつくる様になると、卵が苗の土にでもついて来たのか、その秋は方方でえんまこほろぎが鳴き出した。いい工合《ぐあひ》だと思つたが、えんまこほろぎは菜園物の根を食ひ荒らすと云ふので、人人は目の色を変へて追ひ廻《まは》して殺した。

秋に鳴く虫にはその外、鈴虫、松虫は別として、邯鄲《かんたん》、草ひばり、鉦《かね》たたき等がある。邯鄲は野生のは聞いた事がない。虫籠で飼ふのだがもう十年以上も飼はないので、どんな声でどう云ふ節で鳴いたかと云ふ事を、本当に聞いてゐる様な気持で思ひ出す事が出来ない。

草ひばりはどうかすると家の庭でも鳴いてゐる。小さな南京玉をつづつた様な、或は南京玉のめどの孔《あな》を吹いてゐる様な微《かす》かな声でぴりぴりと鳴き続ける。その声に耳を澄ますと、外の大きな荒荒しい物音は何も聞こえなくなる様な気がする。

鉦たたきは矢張《やは》りこほろぎ科の虫だが実に小さい。夢の様に小さい。今年も家のまはりで頻《しき》りに鳴いた。ちんちんちん、ちんちんちんと澄んだ美しい声で鳴く。拍子も一定してゐる様で、どの虫でも、あつちで鳴いてゐるのも、こつちで鳴いてゐるのも、その音のテンポに狂ひはない。こほろぎの鳴き声にまじつて鳴く。微かな聞き取れない位の声だが、それでゐて周囲の騒音に消されると云ふ事はない。秋の旅行で暮れかけた汽車が山裾を通る時は、轟轟《ぐわうぐわう》と鳴る響きの中に、鉦たたきのちんちんちんと澄んだ声がはつきり聞こえて来る。

家にゐてそのちんちんちんと云ふ声に耳を澄まし出すと、暫《しば》らくは何も考へられなくなる。一しきり鳴いては一寸間を置いて又鳴くと云ふ風なので、ついその次を待つ気になり、急ぎの仕事もその為に頓挫し、どうかするとその儘《まま》気が抜けてしまふと云ふ事もある。

（「虫のこゑごゑ」『内田百閒全集　第八巻』講談社）

〈アンソロジー〉

月見座頭

シテ　座頭　角帽子（沙門に着る）・長衣・長袴・着付―無地熨斗目　杖をついて出る

アド　上京の者　狂言上下・着付―縞熨斗目　瓢箪を腰につける

座頭（登場。常座で）これは下京辺《しもぎょうへん》に住まい致す座頭でござる。今宵《こよい》は八月《はちがち》十五夜 名月《めいげツ》でござるによって、心ある人々は、野辺《のべ》に出《い》で、沢辺《さわべ》に遊びて月を眺め、歌を詠《よ》み詩を作って楽しませられまする。某《それがし》も 月を見ることはならずとも、野辺に出で 虫の音《ね》を聞いて楽しもうと存ずる。まず そろりそろりと参ろう。（歩き出し）まことに 皆人《みなひと》の、春は花 秋は月と仰《おお》せらるるが、目の見えぬ者にとりては、世に 物の音色ほど面白いものはござらぬ。なかにも 虫の音は、さまざまの色音《いろね》がござって、ひとしお 面白いものでござる。（舞台を一廻りして、中央で）イヤ、何かと申すうちに はや野辺へ参った。ハハア さればこそ、千草《ちぐさ》にすだく虫の声々《こえごえ》、さてもさても面白いことかな。ドレドレ、ちと あのあたりへ参って承ろう。（常座へ行き、目付柱の方へ出ながら）ハハア、鳴くは 鳴くは。このこおろぎと申す虫は、いずかたにも多いものでござる。さればこそ きりぎりす、はたおり・ひぐらし、ど

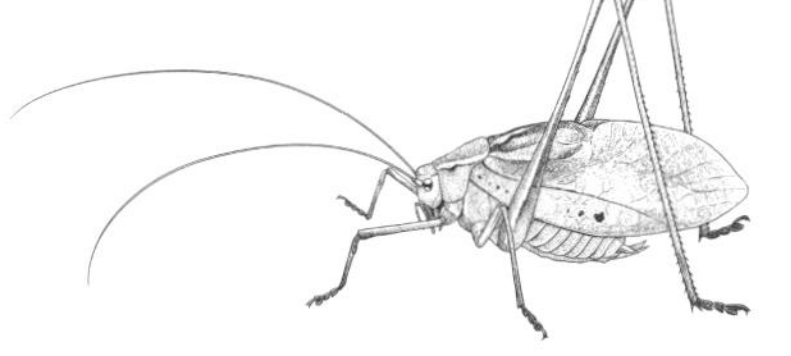

れもどれも 我《われ》劣らじと音色を立つる。さてもさても 面白いことじゃ。目付柱のあたりで ハハア、このあたりには松虫が多いそうな。さてもさても 美しい音色かな。オオ それよそれよ、ヤンヤ ヤンヤ ヤンヤ。笑って 虫も多いなかに、この松虫に上越《うえこ》すものはござるまい。ヤンヤ ヤンヤ。笑って オオそれそれ、昔 津の国阿倍野《あべの》とやらで、松虫の音にしのび入《い》って 空《むな》しゅうなられた人があると申す。某もそのようなことになってはなるまい。ちと 所を変《か》よう。脇座の方へ向きを変えて歩き出し、笑って、正先のあたりで イヤ、このあたりはくつわ虫、きゃつは虫の分として、大きな声でござる。あれほどに鳴き立てては、ちかごろ騒がしいものじゃ。脇座のあたりで さればこそ、このあたりはまた 鈴虫の声が多うござる。ハッア、やさしい音色かな。松虫に並ぶものはこの鈴虫でござる。

上京の者 座頭が目付柱より正先の方へ廻りかかるころ登場。一ノ松で まかり出でたる者は、上京辺《かみぎょうへん》に住まい致す者でござる。今宵は八月十五夜名月でござるによって、野辺へ出で 心を慰もうと存ずる。歩き出し まず そろりそろりと参ろう。まことに、いつもとは申しながら、今宵のように冴《さ》えたる月はござるまい。舞台に入り、常座で イヤ、何かというちに野辺へ出た。さてもさても 隈なき月かな。蟻《あり》の這《ほ》うまで見ゆることじゃ。脇座の方を見て イヤ、あれに座頭とみえて、ただひとり 居《い》るが、何をしていることじゃ知らぬ。まず ことばをかけてみょう。

上京の者 イヤのうのう、御坊《ごぼう》。座頭 ヤアヤア、こちのことか 何事でござる。上京の者 いかにもそなたのことじゃ。御坊は月を見ることはなるまいに、何を楽しみに それには居さしますぞ。座頭 さればそのことでござる。私は月を眺むることはなりませぬによって、虫の音を聞いて楽しみまする。上京の者 な

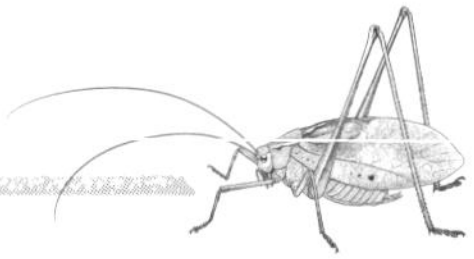

るほど、またそれぞれの楽しみじゃ。座頭 こなたには 月を楽しませらるることならば、さだめて 歌などを詠ませらるるでござろう。上京の者 おしゃるとおり 今も一首浮こうでおりゃる。座頭 それは何とぞ承りとうござる。上京の者 こうもあろうか。座頭 何とでござる。上京の者「天《あま》の原」。座頭「天の原」。上京の者「ふりさけみれば春日《かすが》なる」。座頭「春日なる」。上京の者「三笠の山に出でし月かも」、とは何とじゃ。座頭 イヤ、それならば 私も一首浮こうでござる。上京の者 これは承りごとじゃ。座頭 こうもござろうか。上京の者 はや 出たか。座頭「きりぎりす」。上京の者「きりぎりす」。座頭「鳴くや霜夜のさむしろに」。上京の者「さむしろに」。座頭「衣かたしきひとりかも寝ん」、とは何とござる。上京の者 これこれ、それは古歌でおりゃる。座頭 して 今こなたの詠ませられた歌は。二人はともに笑う

上京の者 ちかごろ面白い御坊じゃ。みどもはささえを用意したによって、一つ申そう、こちへおりゃれ。座頭 それはかたじけのうござる。上京の者 サアサア、まずこれで 下《しも》におりゃれ。座頭 心得ました。二人は、舞台中央で向き合ってすわる 上京の者 かように話し合うというも、多生《たしょう》の縁でかなあろうぞ。座頭 仰せらるるとおり、多生の縁でかなござりましょう。上京の者 腰から瓢箪を取り出し サアサア ついでおまそう、一つ飲ましめ。座頭 かたじけのうござる。扇をひらく 上京の者 ソリヤ、ドブ ドブ ドブ ドブ。つぐ 座頭 うけて オオ ちょうどあるそうにござる。上京の者 サアサア、お飲みやれ。座頭 こなたも それで飲ませられて下されい。上京の者 何がさて 某も飲みまする。扇をひらいて ドブ ドブ ドブ ドブ、自分にもつぎ ちょうどある。飲む 座頭 飲み終って さてもさても 結構な御酒《ごしゅ》でござる。上

京の者 サアサア、また つごう。座頭 たびたび かたじけのうござる。ちと謡わせられぬか。上京の者 何がさて 謡いましょう。小謡を謡いながらつぐ 座頭 ヤンヤ ヤンヤ ヤンヤ。上京の者 これは よい月見をすることじゃ。座頭 私も よい楽しみを致しまする。さて 一つ受け持ってござる。肴《さかな》に一《ひと》さし舞わせられい。上京の者 イヤ、座頭の舞を所望とは珍しいことじゃ。座頭 珍しいによって 舞うて下されい。上京の者 それならば一さし舞いましょう。小舞「漕ぎ出だいて」を舞う

上京の者 〽漕ぎ出だいて、釣するところに、「釣ったところが」、面白いとの。

座頭 ヤンヤ ヤンヤ ヤンヤ。よいお声でござる。今のお骨折に 一つ飲ませられい。上京の者 何がさてこれで飲みまする。自分についで飲み、小謡を謡いながら、座頭につぎ、自分につぐ 座頭 ヤンヤ ヤンヤ ヤンヤ。上京の者 さて みどもも一つ受け持った。御坊も一さし 舞うてくれさしめ。座頭 座頭に舞の御所望も珍しゅうござるによって、舞いましょう。こなた 付けて下されい。上京の者 心得ておりゃる。座頭は、小舞「弱法師」を舞う

座頭 〽おお、見るぞとよ 見るぞとよ。上京の者 〽さて難波《なにわ》の海の致景《ちけい》の数々。座頭 〽南はさこそと夕波の、住吉の松原。上京の者 〽東の方《かた》は時を得て、座頭 〽春の緑の日下山《くさかやま》。上京の者 〽北はいずく。座頭 〽難波なる、上京の者 〽長柄《ながら》の橋のいたずらに、座頭 〽かなたこなたと歩《あり》くほどに、盲目の悲しさは、貴賤《きせん》の人に行き合いの、まろびただよい難波江に、足もとはよろよろと、げにもまことの弱法師《よろぼし》とて、人は笑い給うぞや。思えば恥かしや、今は狂い候わじ、今

よりはさらに狂わじ。

上京の者 ヤンヤ ヤンヤ ヤンヤ。さてもさても 面白いことじゃ。座頭 不調法《ぶちょうほう》を致いてござる。上京の者 今の骨折に ついでおまそう。座頭 かたじけのうござる。上京の者は、小謡「ざざんざ」を謡いながらつぐ 座頭 ヤンヤ ヤンヤ ヤンヤ。上京の者 さて いま一つ参らぬか。座頭 もはや 下されますまい。仕舞わせられて下されい。上京の者 それならば 仕舞いましょう。瓢箪を腰につける さて、そなたはどれへ戻らします。座頭 私は下京へ戻りまするが、こなたはどれへ戻らせらるる。上京の者 みどもは上京へ戻るによって 同道もなるまい。座頭 すれば お供もなりますまい。上京の者 これでお別れ申そう。座頭 その儀ならば お別れ申しましょう。さて 今宵は思いも寄らぬお振舞に合うて かたじけのうござる。上京の者 某もよい楽しみを致いておりゃる。座頭 上京の者 さらばさらば。たがいに礼をして立つ

上京の者 橋がかりへ行き、一ノ松で独白 さてもさても面白いことであった。座頭と月見を致いた。まず急いで戻ろう。幕の方へ行きかけて、とまり が、いまひとしおの慰みに、作《つく》り声《ごえ》を致いて、きゃつに喧嘩《けんか》をしかけてみょう。舞台へ引き返す

座頭 上京の者の独白している一方、脇座で独白 さてもさても いずくの人かは知らねども、思いも寄らぬお振舞に合うた。さらば この機嫌で、宿へ戻ろう。〽きこしめせや きこしめせ、寿命久しかるべし。常座の方へ歩く 上京の者 中央のあたりで、座頭に突きあたり ヤイ、おのれ 憎いやつの、なぜに 人に行き当った、退《の》きおれ。座頭 ヤアラここな人は。そちは目明《めあ》きそうなが、目の見えぬ者に行き当るということがあるものか。上京の者 まだ そのつれなことを言う。おのれ 憎いや

アンソロジー 『月見座頭』

つの。おのれがように 往来《おうらい》の妨げをするものは、打ちたおいてのきょう。 座頭を引き廻して突きたおし よいなりの よいなりの。 退場する

座頭 引き廻されながら これは何とする。ゆるいて下されい。誰《た》そ 出会《でお》うて下されい。 突きたおされて アア痛《いた》 ア痛 ア痛。ヤイヤイヤイ、 片膝をつき 卑怯者《ひきょうもの》 卑怯者。 幕の方を見る さてさて あらき目に会わせおった。 正面を向いて安座し あまり振り廻されて、方角を失うた。杖はどれにあるか知らぬ。 杖を見つけ オオ、これにある これにある。杖をたよりに戻りましょう。アア、思えば 思えば、今のやつは最前の人には引き代え、情《なさけ》もないやつでござる。世には 非道な者もあるものじゃさて。オオ それよ。〽いまさら思い知られたり。秋の最中《もなか》に虫の音を、聞かんとて盲目の、よしなきことに立ち迷い、 立ち 小夜《さよ》ふけわたるこの野辺に、 見渡し ひとり我のみ泣きにけり、ひとり我のみ泣きにけり。 二三歩下がって、シオリをしてとめる 退場

（「月見座頭」『日本古典文学大系43 狂言集 下』小山弘志校注 岩波書店）

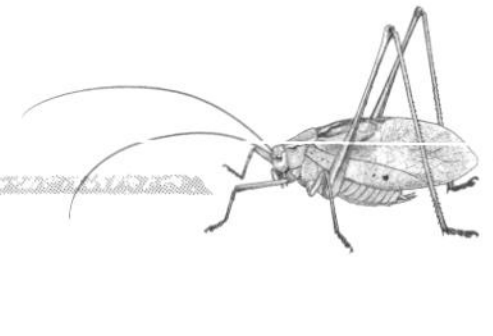

第9章

飛蝗——数も知られぬ群蝗

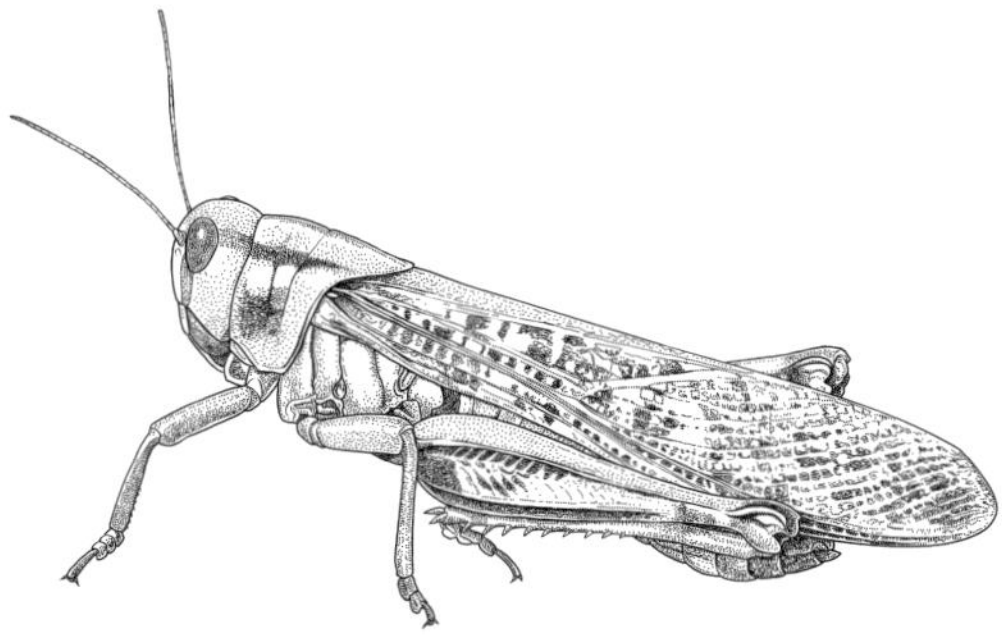

子孫繁栄の象徴、イナゴ

『詩経』の中に「螽《しゅう》斯《し》」という詩あるいは歌がある。まずそれを翻訳で紹介しよう。

数も知られぬ
群《むれ》蝗《いなご》
君が子孫の
盛なれ

薨《ごう》と飛び立つ
群蝗
君が子孫は
限りなし

さても集まる
群蝗

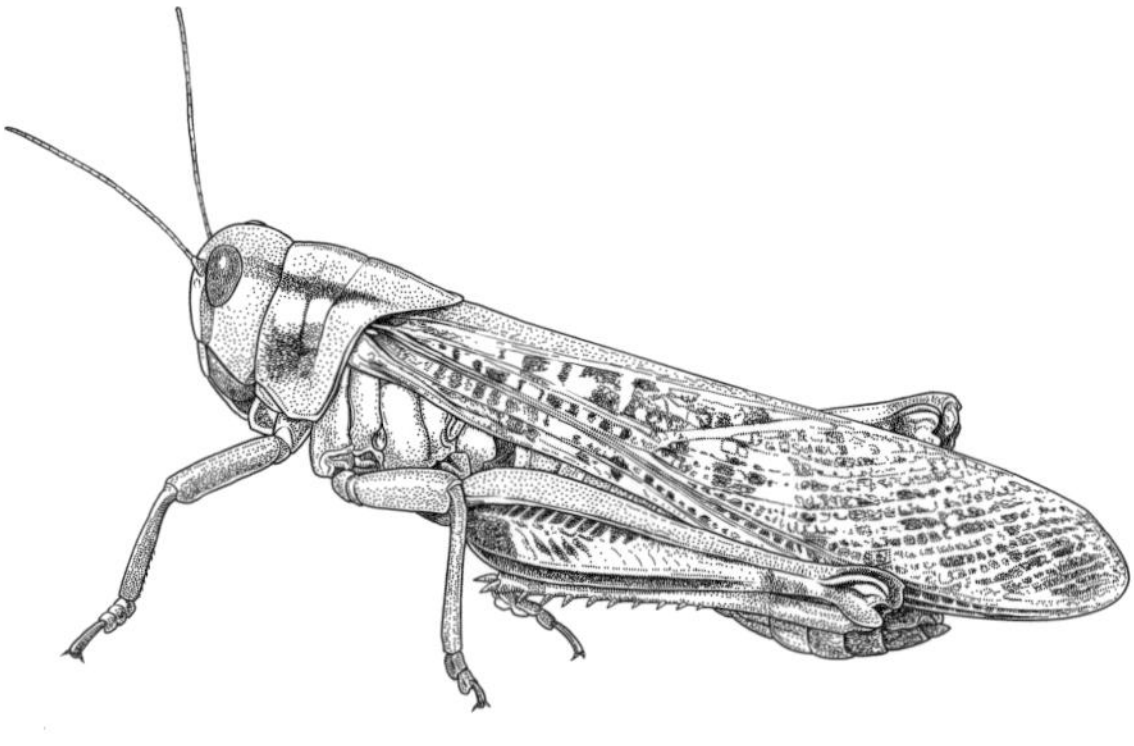

トノサマバッタ。大型のバッタで、世界
各地でしばしば大発生をして災害となる。

君が子孫は
むつまじく

（『中国古典文学全集　第1巻　詩経・楚辞』目加田誠訳　平凡社）

これだけを読むと、いかにもめでたい詩の文句である。螽斯の盛んな繁殖力にあやかって、子孫の繁栄を願おう、ということなのであろう。

このタイトルになっている「螽斯」とは、広く直《ちょく》翅《し》目《もく》を指す語のようだが、限りもなく数が殖えてめでたいという、この詩の場合は、キリギリスの仲間ではない。また、日本でいうイナゴ（稲子）でもない。

日本では、蝗という漢字に「イナゴ」という読みを当てているが、その昆虫の実物は、トノサマバッタ（*Locusta migratoria* ロクスタ・ミグラトリア）あるいはサバクトビバッタ（*Schistocerca gregaria* スキストセルカ・グレガリア）である。もちろん、日本の稲田にいるハネナガイナゴ（*Oxya japonica* オクシア・ヤポニカ）やコバネイナゴ（*Oxya yezoensis* オクシア・エゾエンシス）などとは別物である。

水田などでイネの葉を齧《かじ》っている普通のイナゴの仲間は、中型の直翅目だが、トノサマバッタもサバクトビバッタも、はるかにたくましく大きい。

トノサマバッタは、日本から中国にかけて分布するが、主として草原などにいて、イネ科の植物を好んで食べる。同様の生態を有するサバクトビバッタは、中近東、アフリカに分布する。

これらのバッタは、通常は緑色で翅《はね》が比較的短い「孤独相」と呼ばれる姿をしていて、単独で生活しているが、一定の環境の中で、多数の個体が爆発的に発生すると、翅が長く、色の黒い「転移相」、そしてその傾向のさらに進んだ「群生相」というものになり、群れをなして移住を開始する。これが飛蝗《ひこう》である。

先に述べたように、これらのバッタの本来の食物はイネ科の植物であるが、飛蝗になると、食性まで変化し、あらゆる緑を食い、共食いまでするようになるという。

飛蝗の研究では、ボリス・ウヴァロフ（1889~1970）の業績が有名である。それまで、別種と考えられていた「孤独相」のものと、「転移相」「群生相」のものとが、同種のバッタの「相」の転換したものであることを突き止めたのである。

中国での飛蝗の大発生について、瀬川千秋『中国　虫の奇聞録』に史書の記述がわかりやすくまとめられている。そのほんの一部をここに要約して紹介する。

たとえば『宋史』によれば、乾徳2年（964）に現在の河南省安陽市付近で、「蝗《いなご》」が大発生した。その群れの大きさは東西が40里、南北が20里であったという。メートル法に換算すると、1里が550メートルとして、東西22キロ、南北11キロとなる。これは東京駅を起点に、直線で埼玉県の浦和や神奈川県の生麦あたりまでの距離である。

黒雲のようなバッタの大群が襲来すると、「天を覆い日を遮り」「暴風雨さながらの轟音《ごうおん》」にとざされてしまう、と多くの史書に記されているという。

こうした飛蝗の群れが通過した後には、悲惨な状況が繰り広げられた。緑という緑が食い尽くされ、見渡す限りの裸地になってしまうのである。

その結果は救いようのない飢饉《ききん》であった。瀬川氏の前掲書には、司馬光《しばこう》『資治通鑑《しじつがん》』のそのさまを描写した部分が訳出されている。

そして、飛蝗の大発生は、しばしば農民反乱につながり、国家転覆の原因となった。唐末の「黄巣《こうそう》の乱」などもまさにそれであり、責任を感じた皇帝は、しばしば公の場で、「蝗」を呑《の》んで見せたのだという。

中国とアルジェリアの飛蝗

中国を舞台とする近代の小説では、パール・バック（1892〜1973）の長編『大地』に、トノサマバッタの大発生を描いた場面がある。また、北アフリカでの飛蝗の例としては、アルフォンス・ドーデ（1840〜1897）の作品『ばった』がある。当時のフランス植民地、アルジェリアにおけるイナゴの大発生を描いたものである。そのどれもが、日本人には、想像を絶するほど大規模なもののようである。何事も度が過ぎれば、「めでたい」などと言ってはいられない。まず、『大地』のほうから紹介しよう。異常な旱魃《かんばつ》の後、農民たちは、すぐまた蝗害に遭うのである。

王龍《ワンロン》は、長い間、来る日も来る日も、畑へ出た。

土は、またその治癒力を発揮した。照りつける太陽は彼の心配をいやし、夏の熱風は、おだやか

に彼を包んだ。そして、頭にこびりついている厄介ごとへの思いを、まったく根だやしにでもするかのように、ある日、南の空に小さい雲が現われた。それは最初、地平線に、ささやかな霞《かすみ》のようにかかっていたが、風に吹きただよう雲とは違って、しばらく動かずにいた後、やがて扇形にひろがってきた。

村人たちはそれを見守っては語りあい、恐怖に襲われた——彼らが恐れたのは、南の空からイナゴの大群が飛来して、彼らの畑を食いつくすことだった。王龍も、彼らと一緒に眺めていたが、そうして見つめている彼らの足もとに、風に運ばれて落ちたものがあった。一人が急いで拾ってみると、死んだイナゴだった。死んでいるので、あとからくる、生きた大群よりも軽かった。

すると、王龍は、今までの心配を何もかも忘れてしまった。女も、息子も、叔父も忘れた。何もかも忘れて、驚いている村人の真ん中へ飛びこんで、叫んだ。

「さあ、おれたちの畑のために、イナゴと戦うんだ!」

しかし、ある者は最初から絶望し、首を横に振って応じなかった。

「いや、何をしても、仕方がねえ。今年は飢饉《ききん》の運命だで。どうせ、結局、食えなくなるんだから、力を尽すだけ無駄だよ」

女たちは泣きながら、町へ行って、線香を買い、小さい祠《ほこら》に祭ってある土の神へ捧《ささ》げた。ある者は、町にある天神の社《やしろ》へ行って祈った。天地の神々に祈願したのだ。しかし、イナゴの大群は天に拡《ひろ》がり、大地をおおって襲来した。

（パール・バック『大地㈠』新居格訳　中野好夫補訳　新潮文庫）

蝗害を天罰と考えるのは、世界共通であるが、『大地』の主人公、王龍は、あくまでも闘う人である。

王龍は、彼の雇っている作男たちを呼び集めた。陳は黙々として、彼のそばに立って命令を待っていた。ほかに、若い百姓たちもいた。彼らは、自分の手で、畑の、もう熟れて刈り取れるばかりになっている小麦に、火をつけて焼き、幅の広い濠《ほり》を掘って、井戸から水を引いた。彼らは、不眠不休で働いた。阿蘭はじめ女たちは、畑へ弁当を運んできた。男たちは畑で立ったまま、まるで野獣のようにせっかちに食い、そして日夜、働いた。

そのうち空は真っ暗になった。大気は、イナゴの羽のふれ合う底深い音で、いっぱいになった。イナゴは地面へ降った。イナゴが飛びすぎた畑は被害がないが、襲われた畑は冬枯れと同じで、丸裸になってしまった。あるものは、「天命だよ」とあきらめてしまうが、王龍は狂気のように怒って、イナゴの大群を打払い、踏みにじった。作男たちは、殻竿《からざお》でイナゴを打った。燃えている火に落ちたイナゴもあった。掘った濠の水におぼれたイナゴもあった。何百万となく死んだが、生き残ったイナゴの群にとっては、痛くも、かゆくもなかった。

次はアルジェリアの例である。

南仏ニーム生まれのドーデは、パリで文人として暮らすべく苦労を重ねた。この『ばった』という文章を収めた『風車小屋便り』が彼の出世作である。彼は、アルジェリアで遭遇した飛蝗の大群のもたらす被害を、詳しく描写している。

これを読むと、19世紀半ば頃のフランス植民地アルジェリアの住民たちの、人種的にも、文化的にも雑多な様子がよくわかる。20世紀の作家、アルベール・カミュもまたアルジェリア生まれで、親の代はフランスから移住してきた「黒足」（ピエ・ノワール）と呼ばれた農民たちであったが、ドーデが描いているのはそれより以前の時代の人々である。

暑く、カラカラに乾燥した空気、痩せた土地。彼らはそれこそ息も絶え絶え、やっとのことで働いていた。そこを無情にも飛蝗の群れが襲い、緑という緑を食い尽くすのである。

間もなく鐘が鳴り、しばらくすると労働者たちが往来に並んだ。ブルゴーニュ生れの葡萄《ぶどう》作りたち、襤褸《ぼろ》を着て赤いトルコ帽をかぶったカビリア出の百姓たち、素足のマホン人の土方の群、マルタ人、リュック人、すべて人種がまちまちで、指図するのに骨が折れる。彼らの一人一人に向って、農家の主人は戸口の前で、やや荒っぽいぶっきら棒な声で、その日の仕事を割り当ててやった。それが済むと、主人は頭を上げ、心配そうな面持で空模様を見た。それから窓際にいる私の姿を認めて、——畑仕事には悪いお天気です」と彼はいった。「……そうれ、シロコが吹いてきました」

（「ばった」アルフォンス・ドーデ『風車小屋便り』村上菊一郎訳　新潮文庫）

シロコとは、北アフリカから地中海をわたる、乾燥した南風で、しばしば蝗群を運んでくる。

実際、太陽が昇るにつれて、灼《や》けつくような、息の詰まる風が、まるで開けたり閉めたりするかまどの口から出るように、南からどっと押し寄せてきた。身の置きどころもない。どうなることだろう。午前中はこんな具合で過ぎた。私たちは話す元気もなく、動く元気もなく、回廊の莫蓙《ナット》の上でコーヒーを飲んだ。犬どもはひんやりしている石畳を求めて、ぐったりとした姿勢で寝そべっている。昼食で私たちは少し元気を取り戻した。たっぷり品数の出る風変りな昼食で、鯉《こい》、鱒《ます》、猪《いのしし》の肉、椎茸《しいたけ》、スタウエリ産のバター、クレシヤの葡萄酒、蕃石榴《ばんじろう》の実、バナナ、何もかも、私たちを取り囲んでいるこみいった大自然によく似た、どこから手をつけてよいか途方に暮れさせる料理であった。……食卓から起《た》ち上ろうとしたとき、坩堝《るつぼ》のような庭の熱気を防ぐために閉めきってある出入り窓のところで、突然、大きな叫び声が響いた。

──ばった！　ばった！」

主人は凶報を知らされた人のように真蒼《まつさお》になった。私たちはそそくさと外に出た。今まであんなに静かだった家の中に、十分間ほど、あわただしい足音や、床《とこ》から飛び起きるざわめきにかき消されたはっきり聞き取れない声が響いた。召使たちは、昼寝をしていた玄関の物陰から、棒や熊手や連枷《からざお》を手にして、そこらにあり合わせのさまざまな金物類、銅の鍋、金盥《かなだらい》、シチュー鍋などを叩《たた》き鳴らしながら、表へと飛び出した。羊飼たちは放牧用のラッパを吹き鳴らした。船の法螺貝《ほらがい》や狩の角笛を鳴らす者もいた。乱調子な恐ろしい大騒ぎである。そして近隣の部落から駈《か》けつけたアラビヤ女たちの「イュー！　イュー！　イュー！」と叫ぶ鋭い音色が、その中にひときわ際立っていた。ばったを遠ざけて、下りて来ないようにさせるには、大きな物音を立て、空気をびりびりと鳴りゅるがせれば、それでもう充分なこともしばしばあるらしい。


大きな音を立てれば、飛蝗の群れを遠ざけることが出来る、というのはもちろん迷信である。フランス19世紀の田舎でも、人々は雹《ひょう》が降りそうになると、教会の鐘を連打すれば、避けることが出来ると信じていたそうで、同じような発想はどこにでもあったらしい。しかし、いっこうに飛蝗らしきものの影は見えない。

それにしても、一体どこにその恐ろしい虫けらがいるというのだろう？ 熱気に顫《ふる》える大空には、森の無数の梢《こずえ》をそよがせる嵐のような音を立てて、雹《ひょう》をはらんだ雲さながらの、銅色の、ぎっしりつまった一かたまりの雲が、地平線に現われた以外には何一つ私には見えなかった。ところが、それこそばったの群なのであった。ぱさぱさした翅《はね》を拡《ひろ》げてお互に支え合い、一団となって飛翔《ひしょう》して、私たちの叫び声や努力の甲斐《かい》もなく、その雲は、平原の上に大きな影を投じながら、ぐんぐんと進んできた。そして間もなく私たちの頭上に達した。と、見る見る、縁はほぐれて裂け目が生じた。驟雨《しゅうう》がぱらぱらと降り出すように、判然たる茶褐色を帯びた幾匹かが群を離れ、続いて雲はすっかり裂けて、虫は霰《あられ》のように音を立ててどっと落ちてきた。見渡す限り、畑はばったに蔽《おお》われてしまった。太さが指ほどもある大きなばったの群に。

もちろん、これに対して人間のほうでも出来るだけの抵抗は試みる。しかし所詮は、はかない抵抗である。

そこで虐殺が始まった。麦藁《むぎわら》を粉砕するような、押しつぶす作業の陰惨なざわめき。耙《まぐわ》や鶴嘴《つるはし》や鋤《すき》を持ち出して、人々はこの動く地層を掘り返した。ところが殺せば殺すほど、虫の数は殖《ふ》えるのである。長い肢《あし》を絡ませては、累々層々とうごめいている。上にいる奴《やつ》は苦しまぎれに跳ね上り、この奇妙な仕事のために鋤につながれた馬の鼻面に飛びついたりする。農家の犬や部落の犬は、畑の中に放たれ、ばったに躍りかかって、猛烈に噛《か》み砕く。このとき、アルジェリヤ狙撃兵が二中隊、ラッパ手を先頭に立て、不幸な移民たちの救援に到着し、ために殺戮《さつりく》は様相を一変した。

人間がいちいち手で殺していくようなことではとても間に合わないから、兵隊が火力を使うというのである。

ばったを押しつぶす代りに、兵士たちは地上に細長く火薬を撒《ま》いて、ばったを焼き払うのであった。

殺すのに疲れ、悪臭に嘔気《おうき》を催して、私は引き返した。家の中にも、戸外と殆《ほと》んど同じ位ばったがいた。戸や窓の隙間や煙突の口から入ったのである。板壁の縁だの、すっかり喰《く》い破ってしまったカーテンのあいだを、ばったは這《は》い回《まわ》り、下に転げ落ち、宙を飛び交い、醜さを一そうひどく見せる大きな影を落して、白い壁面を攀《よ》じ登《のぼ》ったりしていた。そうして相変らずあのぞっとするような臭気。夕食はなしで済まさねばならなかった。水槽も泉水も井戸も生簀《いけす》も、残らずばったの臭気がしみこんでいた。あんなにたくさん殺したのに、夕方、私の寝室では、家具の下にうようよと動き回る音や、豆の莢《さや》が炎天にはじけるような、翅《はね》のばりばり軋《きし》る音が聞えた。その夜も私はやはり眠ることができなかった。一方、農家のまわりでも一人残らず起きていた。焔《ほのお》は平原の端から端まで、地面すれすれに流れていた。アルジェリヤ狙撃兵は絶えず殺戮を続けていた。

そしてその翌日の惨状。

翌朝、私が前日と同じように窓を開けて見ると、ばったの群は立ち退《の》いていた。しかし何という廃墟《はいきょ》を後に残して行ったことだろう！　一輪の花、一株の草の芽もない。何もかも齧《かじ》られて、焼けただれたようにどす黒くなっていた。バナナや杏《あんず》の木も、桃や蜜柑《みかん》の木も、裸にされた枝々の恰好《かっこう》で、辛うじてそれと見分けがつくばかり。魅力は失《う》せ、木の生命である葉のそよぎもない。人々は水を入れる樽《たる》や貯水槽を洗っていた。到るところで労働者たちは虫の残して行った卵を殺すために地面を掘っていた。土くれは一つ一つ掘り返されては、丹念に打ち砕かれていた。そうして、この沃土のばらばらに崩れた中に、樹液の充《み》ち溢《あふ》れた無数の白い木の根がはみ出ているさまは、見るからに私の心を緊《し》めつけた。

世界を席巻する蝗害

欧米にも、もちろん、『旧約聖書』の「出エジプト記」のように、エホバの神がエジプト王パロにイナゴの大群を放って罰する話などがある。飛蝗の大発生は天罰でもあったのだ。

荒川重理の著書『趣味の昆蟲界』には、古くからの記録が挙げてある。参照した文献は内容から見て、フランスの書物であろう。章末にその「蝗害の世界席巻年譜」を紹介しておく。

１８７４〜77年のアメリカでの飛蝗の発生に際し、アメリカ政府も、これではならじと、蝗害対策の予算を大幅に増額した。つまり、「ロッキー・ローカストの大発生」が、アメリカ昆虫学の大きな発展に寄与したのであった。

一方、日本においても明治時代、北海道にたびたび起きた蝗害のために、札幌農学校の松村松年《まつむらしょうねん》にドイツ留学の命が下り、日本昆虫学発展の契機になっている。

日本における虫の害

日本での飛蝗の大発生は、大宝、弘仁、貞観、文政、慶応、明治と記録があり、特に明治時代以降の大発生は明治14年、20年、32年、40年、そして大正3年と、細かく記録されている。

ただし、江戸時代の飢饉は、「蝗」という字を当ててはいるが、トノサマバッタより、ニカメイチュウ（二化螟虫）、イネウンカ（稲浮塵子）などが原因のものが多い。つまり、「蝗」という字はもちろんトノサマバッタなどを指すのだが、日本人はもっぱらガの幼虫であるニカメイチュウや半翅目《はんしもく》のウンカの仲間のように、まったく違う虫のことだと思い込んだのである。そしてそれらの細かい害虫の防除法について、大蔵永常《おおくらながつね》（1768〜1861？）という人が『除蝗録《じょこうろく》』という書を著している。その主な駆除法は、後にも述べるように、水田に鯨の油を流すことであった。それが実に画期的な方法だったのである。

われわれは、農薬、化学肥料による自然環境の破壊をもっぱら問題にするけれど、それが普及する以前、そして農作物の品種改良が進む以前の病虫害、冷害、干害は、まさに恐るべきものであった。

江戸時代の飢饉による死者の甚だしいものとして、たとえば享保《きょうほう》の大飢饉がある。その餓死者の数は、諸説あるものの、全国で1万2000人、説によってはその10倍と伝えられている。

こうした稲を食害する虫を防除するために、しばしば「虫送り」ということが行われていた。江戸の漢詩人、大窪詩仏《おおくぼしぶつ》に「村夜」という作がある。『江戸詩人選集』（揖斐高注　岩波書店）によると、詩仏は文政元年の夏から年末まで、上方を遊歴した。この詩は掛川と吉田（現豊橋）の間での経験をもとに作られたものであろうという。以下に読み下し文を引用する。

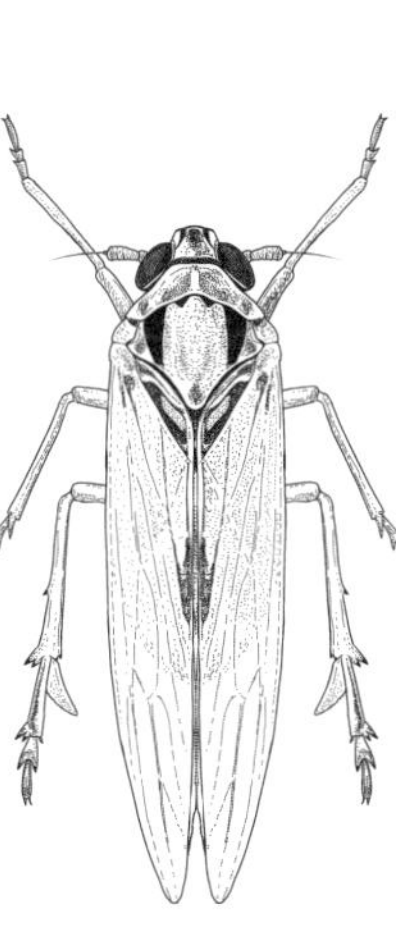

イネウンカ。稲の茎から汁を吸い、しばしば飢饉の原因となった。また稲の病気の原因となる。

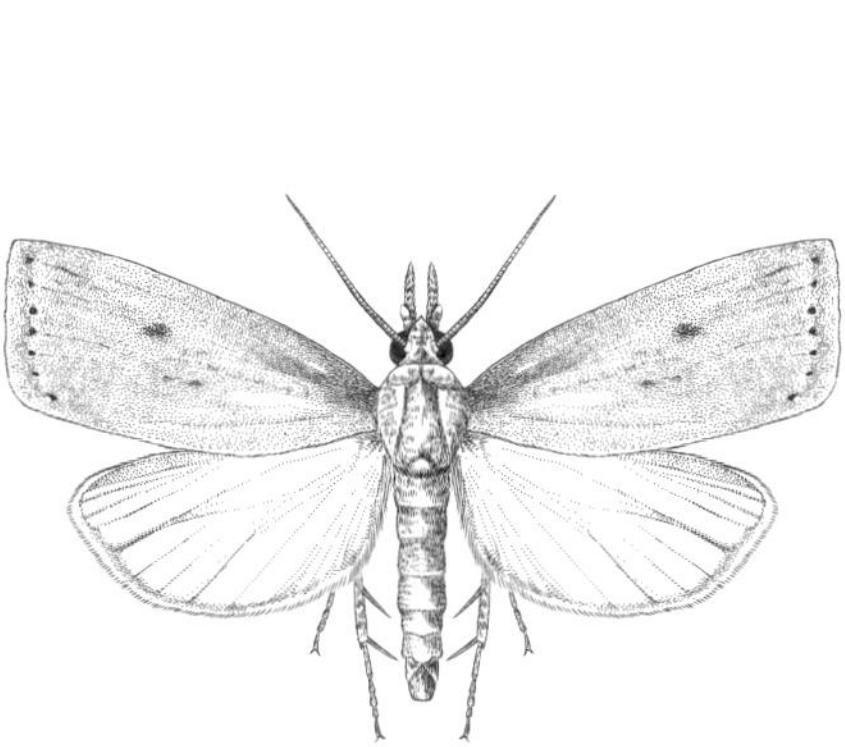

ニカメイガ。幼虫はニカメイチュウといって、稲の茎の汁を吸う。

村の夜

西山已《せいざんすで》に斂《おさ》む　夕陽《せきよう》の紅《くれない》
忽《たちま》ち怪しむ　喧闐《けんてん》　声の東に向うを
万点の松明《たいまつ》　明るきこと昼に似たり
鉦《かね》を鳴らし鼓を打ちて　蝗虫《こうちゅう》を送る

（『江戸詩人選集　第五巻　市河寛斎・大窪詩仏』揖斐高注　岩波書店）

夕陽が西の山を赤く染めて沈んだ頃。とっぷり日が暮れた田園地帯に、突然大勢の人声と、金物を打ち鳴らす喧《かまびす》しい音が沸き起こった。

騒々しい物音は東に向かうようである。何事ならん、と思って見ると、手に手に松明を持った人の群れが歩いて行く。火の粉を散らす松明の灯《あか》りが、まるで昼のように明るく見える。鉦や太鼓で虫を脅し、松明の火でおびき寄せて焼き殺そうというのである。これが噂《うわさ》に聞いていた虫送りの行事なのか。

『除蝗録』には、「虫送り」のことを次のように記している。

『除蝗録』（大蔵永常　1826年）より「蝗逐（むしおひ）の図」。田んぼ道を、松明をかかげ、鉦や太鼓を鳴らして練り歩いた。

（前略）虫送りとて黄昏《たそかれ》より一村《いつそん》集《あつまつ》て松明《たいまつ》を灯《とも》し鐘太鼓をならし或《あるい》は藁《わら》にて人形をこしらへ紙籏《かみはた》などをもち螺《ほら》を吹き鯨波《ときのこへ》をあげ蝗遂《むしおひ》と号し田の畦《あぜ》を巡り、その松明を引《ひゐ》て田に遠き野辺或ハ河原に捨《すつ》れバ付添来《きた》れる蝗悉《ことごと》く焼《やか》れて死す。按《あん》ずるに夜の虫の人声に群れ灯《ともしび》に集り己れとやかれて死するにより、いつしか松明を灯し鉦《かね》太鼓をならし田の畦を巡れバ其音《そのね》に集り灯火《ともしび》に群《むれ》て焼る丶故、蝗逐《むしおひ》といへる事を始《はじめ》しと見へたり。

（大蔵永常『除蝗録』）

当時の人は虫が灯りだけではなく、にぎやかな人声にも集まると考えていたのである。ところで、自分が江戸時代のひとりの農民であったと想像してみよう。夏の蒸し暑い夜、誰もが雨戸を立てた真っ暗な狭い室内で、寝苦しい思いをしていたはずである。網戸は第二次大戦後に普及したものである。

カが耳もとにぶーんと飛んでくるが、青蚊帳《あおがや》などという贅沢《ぜいたく》なものはない。せいぜい杉の葉かなにか、煙の出るものを燻《いぶ》す程度。

年寄りは昼間の重労働のために、それこそ、身体《からだ》が綿のように疲れて眠っているが、精力を持て余した若者は、なかなか寝つけない。外に出てちょっと涼んでみようか、という気になる。同じような若い者同士、外にしゃがんで、水田の面をたまさか吹いてくる涼風を頼りに、灯りのために、というよりは手慰みに、藁《わら》に火をつけてみたりしているうち、それに寄ってきた虫の焼け死ぬさまを見て、松明で虫を集めて焼き捨ててみたらと、思いついた。

「おう、それじゃ、それじゃ」

と話がまとまって、村の世話役にも相談し、許可を得て、松明や藁人形を用意する。やってみると景気がいい。夜間に集まって松明に火をつけ、騒ぎ立てる、などというのは、ただならぬことではあるが、虫送りという大義名分があれば、お咎《とが》めもない。

その規模が年々大きくなり、派手になっていく。ついには、鉦や太鼓を打ち鳴らし、鬨《とき》の声を上げて村はずれまで虫を追いやり、何もかも燃やしてしまうという、こんな行事が始まったのではあるまいか。

つまり、虫送りは、単なる害虫駆除ではなく、貧しい農民の欲求不満解消の、一種の火祭りでもあったのではないだろうか。

しかしながら、こんな方法ではとてもとても害虫を根本から退治することは出来ない。そこで編み出されたのが、水田に油を流し、小さな昆虫の飛翔力を奪う方法である。

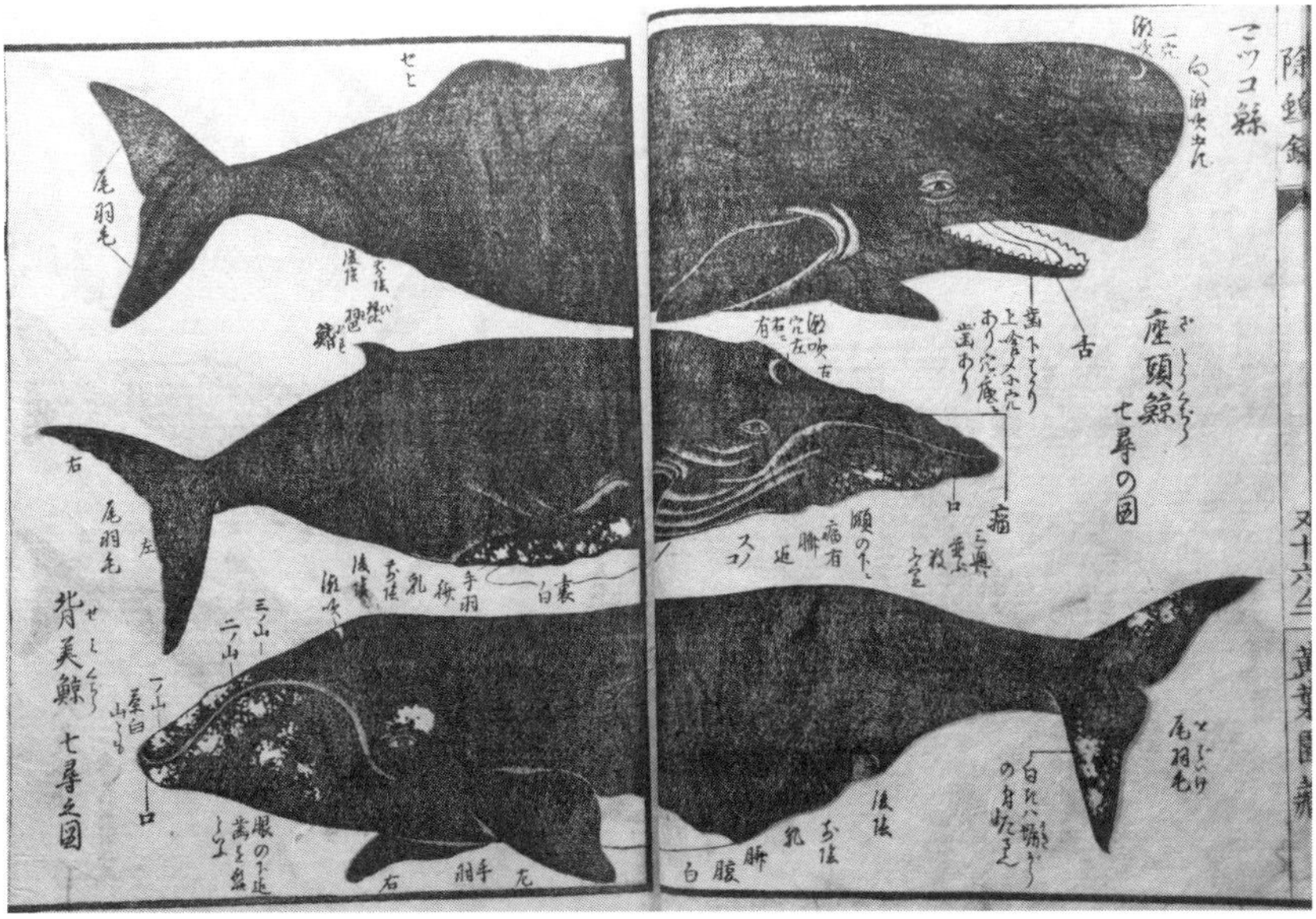

『除蝗録』より。虫退治の方法としてもっとも効力のあるのは、水田に鯨の油を流すことであった。

そもそも、稲の害虫を竹竿などではたき落としても、ウンカやニカメイガのような微小昆虫の場合、しばらくすると、水の表面張力を脱して、また飛び去ってしまうのだそうである。

そこで考え出されたのが、水面に油を流すという方法であった。

しかも、その油としては、菜種油より鯨油が遥《はる》かに優れているとして、先の大蔵永常は、油を取る鯨の種類まで、『除蝗録』に図示している。

こうして駆除した大量のウンカ、ニカメイガの死骸を田の畔《あぜ》に埋めたが、そのあまりの量に、祟《たた》りを恐れて建立したのが、日本各地に残る虫塚であるという。

飛蝗やウンカ、ニカメイチュウの、凄《すさ》まじい話はこれまでにして、ひとまず楽しい物語でこの章を終りたい。佐藤春夫《さとうはるお》（１８９２〜１９６４）の『蝗《いなご》の大旅行』である。

大正9年6月、佐藤は台湾とその対岸の福建省《ふつけん》に旅をし、10月に帰って来ている。『蝗の大旅行』は、その時実際に見た光景をもとにして書いたものであろう。

「僕は去年の今ごろ、台湾の方へ旅行をした」というその書き出しは、「甚《チン》だ暑《ソア》い」といいながらいかにも楽しそうで、台湾がまるで天国の一地方ででもあるかのようである。そしてその調子は最後まで変わらなくて、

「いゝ天気だつた。その上、朝早いので涼しくて、何とも言へない楽しい気がした」

とか、

「僕は——子供のやうな気軽な心になつてゐる僕は、可笑《をか》しさが心からこみ上げて来て、その可笑しさで口のまはりがもぐ〳〵動いて来る」

とか、朝風を切って走る汽車の中で極上の機嫌でいる。佐藤春夫研究家の牛山百合子作成の年表に拠《よ》れば、大正9年（28歳）の項に、台湾に渡る前には「極度なる神経衰弱のため郷里に帰る」とあり、「この年、作品殆んど無し」ともある。そして旅行から帰って離婚をしているのである。台湾、福建旅行は気分転換のためのものであったろうが、その転地療養は非常に効果的であったことになる。しかもこの旅行の見聞から、後の『魔鳥』『女誡扇奇譚』等が生まれたのであるから、台湾はよほど佐藤春夫の性にあったのであろう。全文をアンソロジーとするが、子供の時の筆者にもすらすら読めた面白いものであるから、最後の「失敬」という洒落《しゃれ》た挨拶まで、是非読んでいただきたい。

ただし、その後にまた凄まじい蝗害の記録を掲載することになる。

〈アンソロジー〉

蝗《いなご》の大旅行

佐藤春夫

僕は去年の今ごろ、台湾の方へ旅行をした。

台湾といふところは無論「甚だ暑い《チン・ゾア》」だが、その代り、南の方では夏中ほとんど毎日夕立があつて夜分には遠い海を渡つてい丶風が来るので「仲々涼しい《カ・チウチン》」だ。夕立の後では、こ丶以外ではめつたに見られないやうなくつきりと美しい虹が、空一ぱいに橋をかける。その丸い橋の下を、白鷺《しらさぎ》が群をして飛んでゐる。いろ〳〵な紅や黄色の花が方々にどつさり咲いてゐる。眩《まぶ》しいやうに鮮やかな色をしてゐる。また、そんなに劇《はげ》しい色をして居ない代りに、甘い重苦しくなるほど劇しい匂を持つた花もどつさりある——茉莉《バタリ》だとか、鷹爪花《ヰエヌニアンホア》だとか、素馨《スウヒイエン》だとか。小鳥も我々の見なれないのがいろ〳〵あるが、皆、ラリルレロの気持ちのい丶音を高く囀《さへづ》る。何といふ鳥だか知らないが、相思樹のかげで「私はお前が好きだ《ゴア・ティヤ・リィ》」と、そんな風に啼《な》いてゐるのもあつた。……かう書いてゐるうちにも、さまざまに台湾が思ひ出されて、

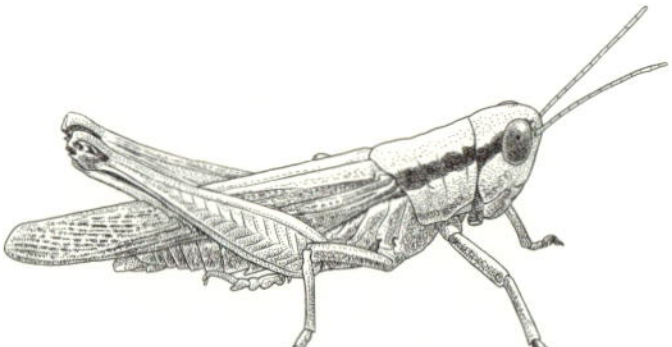

今にもう一度出かけて行きたいやうな気がする。台湾はなか〳〵面白いゝところだ。

で、僕が台湾を旅行してゐる間に見た「本当の童話」をしよう。

僕は南の方にゐたので、内地への帰りがけに南から北へところ〳〵見物をしたが、阿里山《ありさん》の有名な大森林は是非見て置きたいと思つたのに、その二週間ほど前に、台湾全体に大暴風雨があつて阿里山の登山鉄道が散々にこはれてしまつてゐたので、たうとうそこへは行けないでしまつた。それで、その山へ登るつもりで嘉義《かぎ》といふ町へ行つたのだが、嘉義で無駄に二日泊つて、朝の五時半ごろに汽車でその町を出発した。

いゝ天気だつた。その上、朝早いので涼しくて、何とも言へない楽しい気がした。僕は子供の時の遠足の朝を思ひ出しながら気が勇み立つた。大きな竹藪《たけやぶ》のかげに水たまりがあつて、睡蓮《すいれん》の花が白く浮いてゐるやうなところを見ながら、朝風を切つて汽車が走るのであつた。

確か、嘉義から二つ目ぐらゐの停車場であつたと思ふ。汽車が停《とま》つたから、外を見ると赤い煉瓦《れんぐわ》の大きな煙突があつて、こゝも工場町と見える。このあたりで大きな煙突のあるのは十中八九砂糖会社の工場なのである。その時、そこのプラットホオムに四十五六の紳士がゐて、僕のゐる車室へ乗り込んで来た。その後から赤帽が大きなかばんを持ち込む。そのまた後から別にまたもう一人のいくらか若い紳士が這入《はひ》つて来た。年とつた方の紳士といふのは、直《す》ぐ私のすぢ向ふの座席へ腰を下した。この人はおなかの大きな太つた人で、きつと会社の役員だらうと僕は思つた。赤帽のあとから来た紳士は貧相な痩せた人であるが、この人は腰をかけないで太つた紳士の前に立つたまゝつゞけさまに幾つもお辞儀をしてゐた。この人もきつと会社の人で、上役が旅行をするのを見送りに来たのに違ひない。これはこの二人の風采や態度を見くらべてもよく解《わか》る。太つた紳士が金ぐさりのぶらさがつたおなかを突き出して何か一言いふと、痩せた紳士はきつと二つつゞけてお辞儀をした。汽車は五分間停車と見えてなかなか動き出さない。二人の紳士はもう言ふことがなくなつたらしいが、痩せた方の人は発車の合図があるまではそこに立つてゐるつもりと見えて、車室の床の上に目を落したまゝ、手持無沙汰に彼の麦稈帽子《むぎわらぼうし》を弄んでゐた。

僕は先刻からこの二人の紳士を見てゐて、それからこの痩せた紳士が慰みにいぢつてゐる麦稈帽子に何心なく目を留めたが、見ると、この帽子の頭の角のところに一疋《ぴき》の蝗がぢつと縋《すが》つてゐた。それは帽子が動いても別にあわてる様子とてもなくぢつとしてゐる。今に、この痩せた紳士が自分の帽子にゐる虫に気がついて、払ひ落しはしないかと、僕は何故ともなく蝗のためにそれが心配だつたが、帽子の持主は一向気がつかないらしかつた。

突然、発車の鈴がひゞくと痩せた紳士は慌てて太つた紳士にもう一度お辞儀をして置いて、例の麦稈帽子を冠ると急いで向き直つて歩き出した。その刹那に、今までぢつとしてゐた蝗は急に威勢よく、大

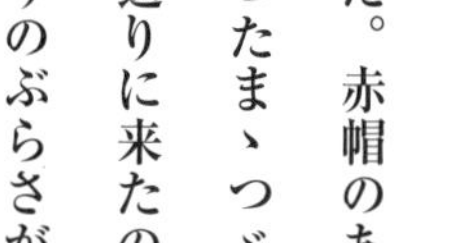

飛躍をした。古ぼけた麦稈帽子からひらりと身をかはすと、青天鵞絨《あをビロオド》の座席の上へ一気に飛び下りた。

「田中君！」

太つた紳士が急に何か思ひ出したらしく、僕のわきの窓から首を出して、痩せた紳士を呼びとめた時には、汽車はもうコトコトと動き出してゐた。しかし太つた紳士がその隣から慌てて立ち上らうが、汽車が動き出さうが、太つた紳士が再びその傍へ大きなお尻をどつかと下して座席が凹まうが、二等室の一隅、ちやうど私の真向ふに陣取つた例の蝗は少しも驚かなかつた。長い二本の足をきちんと揃《そろ》へて立てて、蝗はつつましくあの太つた紳士の隣席に、その太つた紳士よりは、ずつと紳士らしく行儀よく乗つかつてゐる。

僕は汽車に乗り込んだ蝗を見るのは生れて初めてである。田中君の帽子から汽車へ乗り換へた蝗のことを考へると、僕は——子供のやうな気軽な心になつてゐる僕は、可笑《をか》しさが心からこみ上げて来て、その可笑しさで口のまはりがもぐ〳〵動いて来る。僕は笑ひころげたい気持を堪《こら》へて、その蝗から暫《しばら》く目を放さなかつた。一たい、この蝗はどこからどんな風に田中君の帽子へ飛び乗つたか。さうしてこの汽車でどこまで行くのだらうか。台中の近所は米の産地だからそろ〳〵取入れが近づいたといふのでその地方へ出張するのだらうか。それともこの蝗はどこか遠方の親類を訪ねるのだらうか。それとも又ほんの気紛《きまぐ》れの旅行だらうか……。

汽車は次の停車場に著《つ》いた。四五人乗り込んだ、下りた人もあつた。しかし蝗はぢつとして未だ遠くまで行くらしかつた。その次の停車場でも、もう一つその次のでも下りはしなかつた。やはり最初のとほりに行儀よく遠慮がちにつゝましく坐《すわ》つてゐた。新聞を読むのに気を取られてゐる乗客たちは、誰一人この風変りな小さな乗客には目をとめなかつた。これが結局この小さな乗客には仕合せであらう。

　それにしてもこの蝗は何処まで遠く行くつもりであらう。もう今まで来ただけだつて、人間にとつては何でもない遠さだが、彼にとつては僕が東京から台湾へ来たぐらゐ遠い旅であるかも知れない。それから、僕はそんなことを考へて見た。僕が東京から台湾へ来たのだつて、世界を漫遊した人にとつてはほんの小旅行に相違ない、更に、人間よりもつとえらい者――それは何だか知らないが、もしそんな者があつて、さまざまな違つた星の世界を幾つもまはり歩いて来たとしたならば、そのえらい者にとつては人間の世界漫遊などは、たかの知れたほんの小さな星の上を一まはりした小旅行に過ぎないであらう。蝗の目には人間は見えないかも知れない。同様に人間の目には人間よりずつと大きなものは見えないかも知れない。僕らが汽車と呼んでゐるものとても、ひよつとすると、僕らには気のつかない程大きなえらい者の「田中君の麦稈帽子」かも知れたものぢやない。……

　僕がそんな事を考へてゐるうちに、汽車はどん〳〵走つてやがて僕の下車しようといふ二八水の停車場の近くに来た。僕は手まはりの荷物を用意してから、向側にゐるあの風変りな旅客の方へ立つて行つ

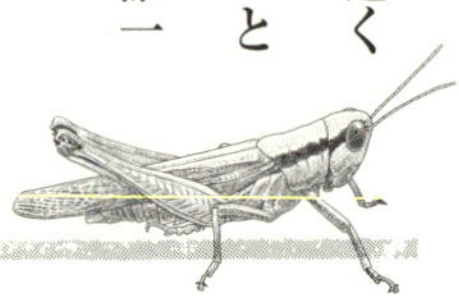

た。

「やあ！　蝗君、大へんな大旅行ぢやありませんか。君は一たいどこまで行かれるのです。真直ぐ行けば基隆《キールン》まで行きますよ。基隆から船で内地へ行かれるのですか。それとも別に目あてのない気紛れの旅行ですか。それなら、どうです？　僕も旅行家ですが僕と一緒に二八水で降りては。そこから僕は日月《じつげつ》潭《たん》といふ名所を見物に行くのだが、君も一緒に行かうではありませんか。」

僕は心のなかで、蝗にかう呼びかけながら、僕の緑色のうらのあるヘルメット帽を裏がへしにして、その緑色の方を示しながらこの小さな大旅行家を誘うて見た。この旅行家が常に緑色を愛してゐることを僕は知つてゐるから。しかし、蝗は外に用事があるのか、日月潭の見物は望ましくないのか、僕の帽子へは乗らうとはしなかつた。

汽車を下りる僕は、出がけにもう一度その蝗の方へふりかへつて、やはり心のなかで言つた――

「蝗君。大旅行家。ではさよなら。用心をし給《たま》へ――途中でいたづらつ子につかまつてその美しい脚をもがれないやうに。失敬。」

（「蝗の大旅行」『佐藤春夫全集　第九巻』講談社）

〈章末資料〉

蝗害の世界席巻年譜

――『趣味の昆蟲界』荒川重理 より――

一七三八のタンジール、モガトの間は全地蝗に被はれサハラ沙漠にまでその影響を及ぼせり。

一七七八、一八八〇の両度はモロッコをして飢饉《ききん》に陥らしめしが、其《その》実況を目睹《もくと》せしもの丶記載によれば同国の河は蝗屍《くわうし》にて埋められしと云《い》ふ。

一七八四―一七九七の両年南阿《なんア》にては一時に二千方哩《マイル》を荒し、其暴風雨のため海中に溺死するや死屍の海岸に打ち寄せられしもの長五十哩高さ三四尺の堤を築き、臭気百五十哩に及びしと云ふ。

此《この》年は中央アフリカも蝗害多く処々惨害を被りたり。

一八四五、アルゼリアを侵し三月より七月に及びぬ、其三月十六日襲来のものは長さ二里半巾《はば》一里の耕地を四時間に食尽せりとか。

一八六六、再びアルゼリア襲来、同年コンスタチヌスにも被害あり。

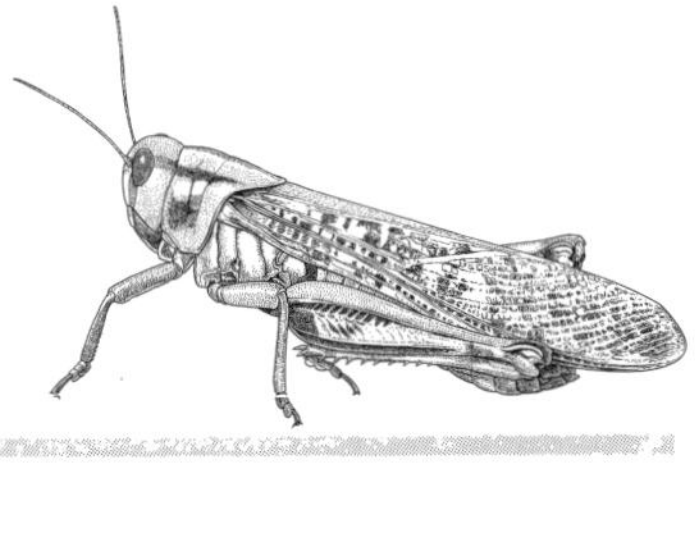

其他近年に至るも尚《なほ》頻々として其害多く南阿地方にては白蟻《しろあり》、馬匹《ばひつ》熱病、マラリア、蝗害の四つを以て四災と称して天災よりも恐怖せられる。

欧洲《おうしう》に就て見れば、

希臘《ギリシヤ》にては年三度卵、幼虫、成虫の駆除をなすべき事を法定せし記事紀元前に見えたり。

紀元二三十年頃ユダヤの野に於《お》けるヨハ子《ネ》はイナゴと野蜜を食とせし由、史に示せり。

五九一及び一四七八には伊太利《イタリア》を襲ひ三万人を餓死せしむ。

一五五三、葡萄牙《ポルトガル》のリスボン震災の年にして災後の窮民をして愈々《いよいよ》危地に陥る。

一六〇〇、一六九〇波蘭《ポーランド》に入りしに僧侶等はこれを神の怒りとなし、其翅《はね》にヘブライの文字ありと称して恐怖したり。其死するや死屍は四尺の塁をなせり。

一六〇八、一六一三には仏に入り、アル、地方にては七、八時間に六千町歩を荒し一卉《き》の青なきに至らしめ更らにタラスコン、ブーケルに亘《わた》りしがアラモン地方にて『ケラ』其他の食虫鳥に逢《あ》ひ漸《やうや》く其勢を減じたり、しかも此被害のためにアル、は二千五百万法《フラン》、マルセーユは二万法を支出し蝗卵採集高三十万斤悉《ことごと》くローヌ河に投ぜられたり、今百斤に付卵数百七十五万個とすれば五十二億五千万個を捕殺せし割なり。

此時代に地中海にて蝗軍の襲来を被りし一帆船は見る間に帆布、帆綱より水夫服までも食尽せられしと云ふ。

一七四九、瑞典《スウエーデン》チャーレス七世ブルドワの役に敗北しベッサラビヤより退軍の帰途、一峡谷にて蝗軍のためその進路を妨げられし事あり、此年は全欧悉く蝗群に苦しめられたり。

一七八〇、墺《アウ》のトラン、シルバアに入り千五百人の兵にて駆逐す。

一八〇五、一八二〇、一八二二、一八二四、一八二五、一八三一、一八三四の諸年に亘《わた》りて仏国各地を蝕掠し、マルセイユをして二十二年には二千二百二十七法、同二十五年には六千二百法を支出し卵一キログラムに対し五十サンチーム、成虫一キログラムに対し其半額を与ふる懸賞法を課し、其結果サン、マリー領内にては成虫の包俵千五百十八個、此重量六万八千八百六十一キログラム、アル、にては百六十五袋六千六百キログラムを算し、懸賞金額五千五百四十二法に達せしが翌年も亦《また》同様の加害を被れり。

キプルス島には古来マッティなる一種の溝渠《こうきよ》陥殺法ありて年々多少の効を収めつゝありしが一八八三年には二億万匹を捕殺せり、かくて漸次その数を減じ同年に一万二千磅《ポンド》の駆除費は一九〇二年には千九百磅に減少したり。

此《こ》の外露国、スカンジナビア、バルカン半島等随処多少の蝗害を見ざる処《ところ》なし。

米国にはロッキー、ロカスト一名移住蝗と称せらるゝ前掲の種ありて北はカナダより南は南米アルゼ

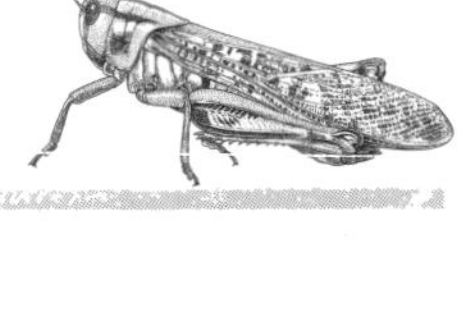

ンチンの諸邦に至るまで分布し、其変種又類似種も数種ありて屢々《しばしば》人民に惨害を与へたり、就中《なかんづく》北米合衆国に於《おい》ては千八百七十四年、アイヲワ、ミゾリー、カンサス、子ブラスカの諸州を襲ひ損害額四千万弗《ドル》に達し、次《つい》で千八百七十四年より同七十七年間に至る三年間に二億万円の損害を受けたり。此等はライレー氏の飛蝗報告書に明記せらる、猶《なほ》同時にカナダをも襲撃せり。

一九〇五、にはブラジルを侵し、政府は懸賞を以て之れが駆除を努めしも□果を得ず、僅かにアンデス山中の一洞に竄入《ざんにふ》せる蝗軍を二大隊の兵士にて撃滅したり、されど同地の蝗軍に対しては実に九牛の一毛に過ぎずして年々其惨害に苦しみつゝあり。

一九〇八、にはパナマを侵し多大の損害を与ふ。

其他南米諸国一つとして此虫害に苦慮せざるはなし。

（荒川重理『趣味の昆蟲界』警醒社書店）

第10章 ハチとアリ——働き者の社会

善いハチ、悪いハチ、つまらぬハチ

ハチもアリも、翅《はね》が薄い膜のようになっているので、膜翅目《まくしもく》という昆虫のグループに分類されている。

アリはツチバチというハチの仲間から分かれて、地下にすみかを作り、つまり、新しいニッチを開拓して、大発展を遂げたものと考えられている。ハタラキアリには翅がないけれど、王アリや女王アリ（つまり雄と雌）には翅がある。

欧米では、ハチを人間の都合で以下のように分類する。

ミツバチのように善いハチ／bee（ビー）
スズメバチのように恐ろしいハチ／hornet（ホーネット）
人を刺すだけの、普通のつまらぬハチ／wasp（ワスプ）

である。ホーネットなどはアメリカ空軍の戦闘機の名に使われている。フランス語ではそれが順にabeille、frelon、guêpe（アベイユ、フルロン、ゲープ）となる。

英語とフランス語との関係というのは、近すぎるのか、遠すぎるのか、日本人にはよくわからないけれど、たとえばこんな、変な法則がある。

セイヨウミツバチ。欧米から輸入され、日本でも蜜を採るために飼育されている。善いハチの代表。

英語のwは、フランス語のguに置き換わることがある。同様に、英語のbeastという語が、フランス語のbêteに置き換わるように、英語のasの綴《つづ》りが、フランス語のêに相当することがある（「＾」アクサン・シルコンフレックスは、昔あったsの字を省略したしるしである）。

従って、

w = gu

as=ê

という等式が成り立つ。従ってこれを英語の、たとえばWilliamという単語に代入すると、Guillaume となるわけだ。

それで実際には、どうなのかというと、英国人のWilliam（ウィリアム）という名前は、フランス人のGuillaume（ギヨーム）なのである。語尾に発音しないeが付くのは、まあ、フランス訛《なま》りとしておこう。

さてこの方式を英語のwaspという単語にあてはめるとどうなるか、もちろん、guêpeとなる。

これが、フランス語のハチの意味であったらお慰み、さあてお立ち会い、というところだが、ほんとに、ちゃんとそうなるのである。

まあ、これは余談だが、フランス語のguêpeは、英語のwasp同様、普通のつまらぬハチ、蜜も採れなければ、ひどく恐ろしくもない、ただのハチのこと。日本の仏和辞典では「スズメバチ」と訳してある。

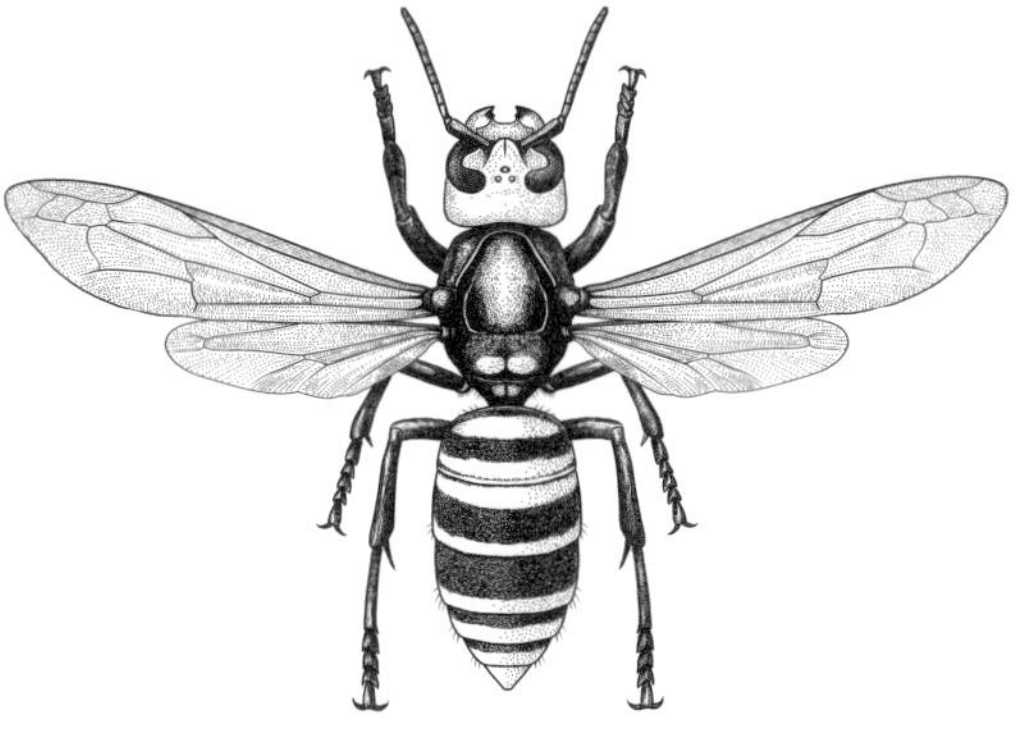

オオスズメバチ。大型の恐ろしいハチ。体質によっては、このハチに刺されて死ぬ人もいる。恐ろしいハチの代表。

フランス産で、刺されたら大変なことになる本当に恐ろしいスズメバチは、モンスズメバチ（*Vespa crabro*）のことであるから、詩や小説に出てきたwasp、guêpeをすべて機械的に「スズメバチ」と訳してしまうのはご用心というところ。その虫の登場する詩や小説のイメージそのものを損なってしまう可能性がある。

それにしても、ハチの、刺すための針というのは、なんと凄《すご》い発明であろう。しかもそれは毒針である。この針は産卵管の変化したものであるから、雄にはなく、雌だけの専有物である。

もしこの針がなければ、恐ろしいスズメバチも大型のアブと同じ無力な虫に成り下がる。核兵器で相手を威嚇《いかく》していた小国が、その核兵器を放棄したようなもので、いとも簡単につぶされよう。

毒針がなければ、ミツバチの蜜などは、盗《と》り放題となってしまうし、幼虫がいっぱい詰まったスズメバチの巨大な巣は、蛋白質《たんぱくしつ》の宝庫となって、クマのような捕食者は大喜び、しかし、間もなくハチは滅びて元も子もなくなるに違いない。

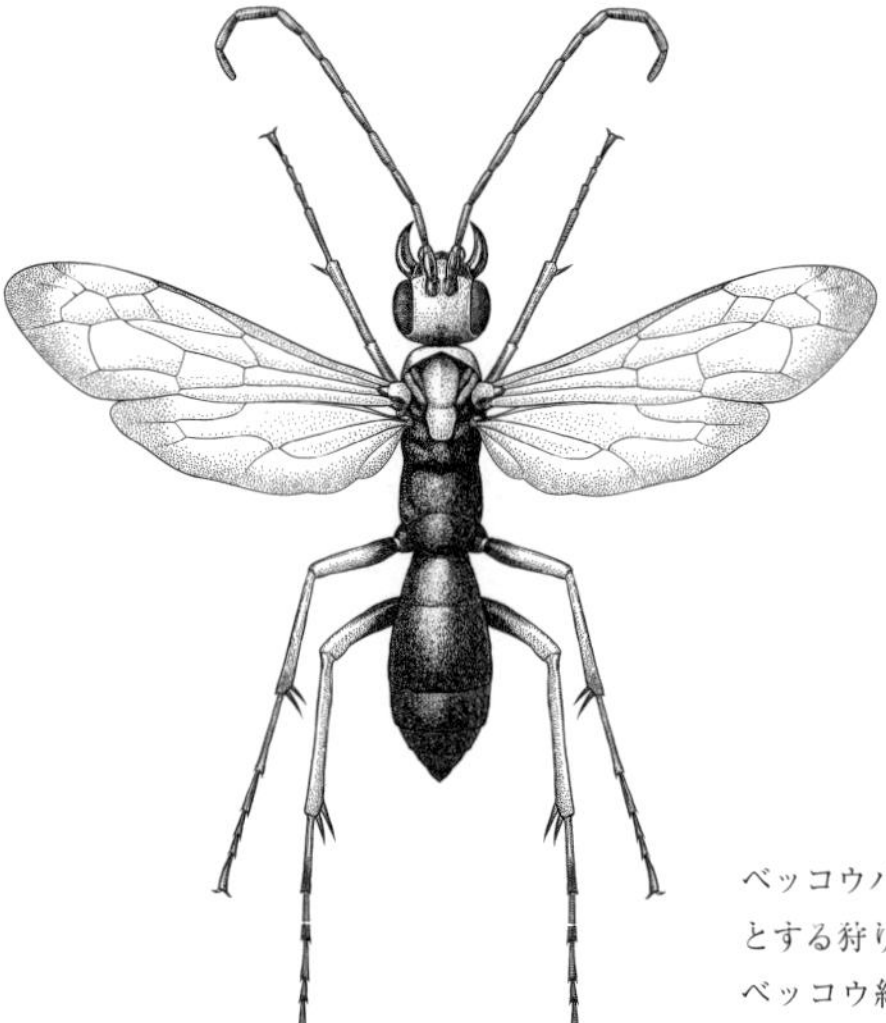

ベッコウバチ。クモを獲物とする狩りバチ。翅の色がベッコウ細工を思わせる。クモバチともいう。普通の“つまらぬ”ハチの一種。

ウェルギリウスのミツバチ

ミツバチの発生については、古代ローマの詩人ウェルギリウス（前70～前19）が、「農耕詩」の中に、「ミツバチの群れが全滅してしまった時の再生方法」として、不可解なことを述べている。それは、まず、2歳の牡牛《おうし》を殺し、皮の上から叩《たた》いて、どろどろになるまで肉と骨とを砕き、香草とともに風通しのよい小屋に入れておく。すると皮の中で温まった体液が醗酵《はっこう》し、やがてミツバチの幼虫（蛆《うじ》）が生じる、というものである。

これはbugonia（ブゴニア）という古代エジプトのミツバチ再生法で、ブゴニアという言葉そのものが「牡牛から生まれる」という意味のギリシャ語を起源にしているという。

ヨーロッパでは、17世紀にいたるまでこの説が信じられていた。もちろん、ミツバチが動物の屍体《したい》に集まることはない。実際には、腐ったものを幼虫の食料とするアブやハエが、産卵するために牛の屍体にたかっているのを見誤ったのであろう。外見がミツバチに似たハナアブは「ウェルギリウスのミツバチ」と呼ばれていた。

神が作りたもうたミツバチ

イソップの物語の中にもミツバチはたくさん出てくる。サトウキビのない時代、甘味は貴重であり、蜂蜜は重要な食糧であった。酒さえ蜂蜜を原料にして造り、ミードと呼ばれていた。

そのように重要な蜂蜜であるから、西洋にミツバチの物語は多く、ワルデマル・ボンゼルス（1881〜1952）『ミツバチマーヤの冒険』や、モーリス・メーテルリンク（1862〜1949）『蜜蜂の生活』のような作品があり、歴史家で、昆虫を観察して深い瞑想《めいそう》的な文章を描いているジュール・ミシュレ（1798〜1874）も、ミツバチについて記している。

西洋では、ミツバチは特に「神に仕えるハチ」と考えられていた。ミツバチは蜜を作るほかに、蜜蠟《みつろう》という蠟を作るが、それから蠟燭《ろうそく》が作られ、教会に捧《ささ》げられるので、「神に仕えるハチ」ということになるわけである。

このハチは敬虔な昆虫と思われていた。ところが、次々に相手を替えて交尾するミツバチの「王」と思われていたのが、実は「女王」であることが判明して、人々がショックを受けた時代もある。

ポール・セビヨ（1846〜1918）の『フランスのフォークロア』によると、フランス東北部、ブルターニュ地方では、古くはこんなことが信じられていたという。

神様がミツバチを造った。すると、悪魔がそれに対抗しようと思って、長いこと悪戦苦闘した末、やっとのことで造り出したのがただのハチとハエであった。

（Paul Sébillot : Le Folk-Lore de France　拙訳）

これとほぼ同じように、唐代以来の中国でも蜂蜜と蜜蠟が尊重されている。

中国のハチのイメージ

先にも名の出た、古代中国の『詩経』は、いわゆる「四書」「五経」の中のひとつで、中国の官吏登用試験（科挙）の教科書ともいうべき、必須の古典、まさに、古典中の古典である。なにしろ、嫁が身ごもると、居住まいを正し、この『詩経』を読んで聞かせてもらって、胎教を心がけるという。お腹《なか》の中の子供が男の子であれば、その子が科挙に受かりますようにと、もう、その頃から準備するのだそうである。

その中には、鳥や獣や虫が謳《うた》われ、山菜採りをしたり、相聞歌《そうもんか》を交わしたりする、古代の人々の生活ぶりが描かれている。その純朴さ、瑞々《みずみず》しさは、現代でいえば、山岳に住む少数民族の文化を思わせる。日本人にとっては、万葉の世界といってもいい。

それは、森林が失われ、都市化する以前の中国の、鄙《ひな》びた生活の詩なのであろう。虫も鳥もここにでもいた。それどころか、古代中国には、トラやヒョウ、ゾウにサイまでいたらしい。中国国家博物館に保存されている青銅製の「犀尊《さいそん》」は、宮中でサイが飼いならされていたことを思わせる。

だから鳥獣の鳴き声も飛び方走り方も人々はよく知り、それを捕り過ぎぬよう気を配り、捕まえたものはよく見ていた。『詩経』に登場する虫だけを挙げても、コオロギ、カゲロウ、バッタ、イナゴ、ツユムシ、セミ、ハエ……と数多い。

その中に、若い女性の美しさを讃《たた》えるのに比喩として、虫を用いた歌がいくつもある。たとえば衛風《えいふう》の「碩人《せきじん》」という作では、美人のうなじを、カミキリムシかカブトムシの幼虫に喩《たと》え、額はセミ、眉はガの触角に喩えている（「蛾眉《がび》」）。

それぞれの訳文を示せば、

領《うなじ》は柔き桑蠹《すくもむし》
広き蠑額《せみびたい》　美しき蛾《が》の眉

（『中国古典文学全集　第1巻　詩経・楚辞』目加田誠訳　平凡社）

ということになる。

こういうふうに、美の形容に虫が使われるのでも、「蛾眉」などは、わからないことはないけれど、若い女性のうなじの美しさを、白い、脂ぎったカミキリムシの幼虫に喩えたりする美意識なぞは、現代人とは共有しにくいだろう。

『詩経』のジガバチ

その『詩経』の「小雅《しょうが》・小宛《しょうえん》」の項に、次のような有名な句がある。

螟蛉有子　螟蛉《めいれい》に子あり、

蜾蠃負之　蜾蠃《から》これを負う。

「螟蛉」とは何かといえば、イモムシあるいはアオムシのこと。では、「蜾蠃」とは何か、といえば、ハチのことであるという。

中国では、古代から、この言葉を、次のように解釈してきた。

すなわち、ジガバチには雌がいない。それで、子孫を造ることが出来ないので、イモムシ、アオムシを自分の子として育て、跡継ぎとする、云々《うんぬん》。

この解釈に、歴代の学者、注釈者らが次々と、本で読んだ知識を付け足し、先学の考えを孫引きして伝えて来た。あの朱子学の朱熹《しゅき》（1130～1200）なども、これに注を加えることに一役買っている。これを「朱筆を加える」と称するというのは、もちろん嘘《うそ》。

そのため、このジガバチの養子説は、もはや誰も疑わぬ定説となったというのである。

唐の段成式《だんせいしき》（?～863）の『酉陽雑俎《ゆうようざつそ》』という本には、「蠮螉《えつおう》」という項目がある。次のような文章である。

蠮螉。

わたしの書斎には、この虫が多い。多分、書巻に巣をつくるのが好きなのであろう。あるいは、

筆の管〔軸〕にいることがある。まじないをいう声がきこえてくる。しばしば、巻物をひらいて見てみると、ことごとく小さな蜘蛛《くも》で、大きさは、蠅虎《ようこ》ぐらいであった。まもなく、泥《つち》でそれをどけた。そのとき、はじめて、桑《そう》虫を負うているだけでないと知った。

〔段成式『酉陽雑俎3』今村与志雄訳注　平凡社 東洋文庫〕

「桑虫」とは「螟蛉」と同じで、イモムシのこと。これなどは、『詩経』に疑義を唱えている珍しい例と言わねばならぬ。

段成式のこのハチは、現代の分類学からいえば、ルリジガバチの仲間に違いない。ハエトリグモなどを捕らえてきて細い筆の軸などの中に幼虫の餌として貯蔵する。

ここに、段成式が「桑虫を負うているだけでない」というのは、先ほど引用した『詩経』の句の、「螟蛉に子あり、蜾蠃これを負う」を踏まえているのである。

今村与志雄は東洋文庫版『酉陽雑俎』の注で、羅振玉《らしんぎょく》（1866〜1940）による、以下のような注釈を引いている。羅振玉は、清末から民国初年の大学者で、古代の甲骨、銅器の文字の解読、殷墟《いんきょ》の研究で有名な人である。辛亥《しんがい》革命に際しては、日本に逃れ、京都に住んだ。日本の漢学者、中国文学者にとっては、家庭教師が舞い込んだような気がしたことであろう。本場、中華の、まさに生き字引

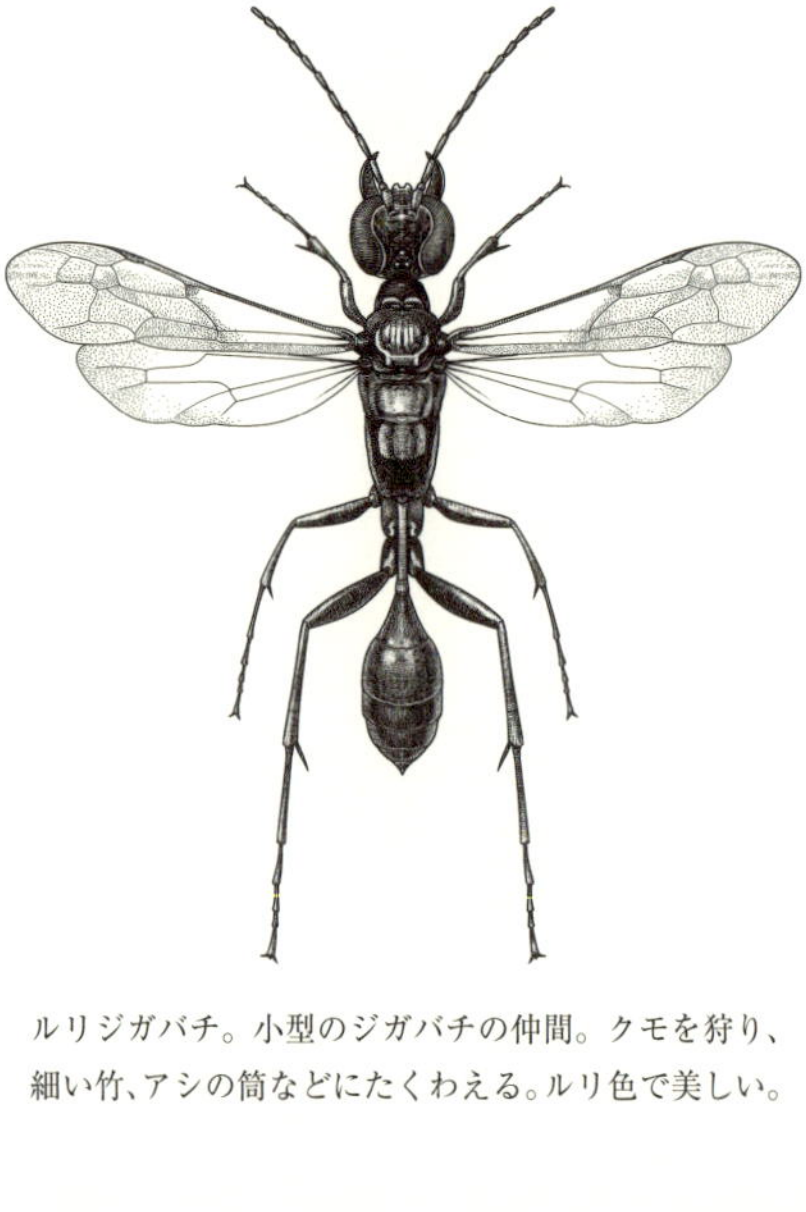

ルリジガバチ。小型のジガバチの仲間。クモを狩り、細い竹、アシの筒などにたくわえる。ルリ色で美しい。

のような学者に、永年の疑義を何でも質問出来るのである。その羅振玉の注。

「螟蛉《めいれい》とは、犍為《けんい》文学によると、桑《くわ》の小さな青虫である。歩の屈するに似、その色は青くて細小である。あるいは草莱《そうらい》にある。いま、蜾蠃《から》が負うて子とするものがそれである。蜾蠃は土蜂《どほう》である。一名、蒲盧《ほろ》。蜂に似て小さい腰である。だから許慎《きょしん》は、細腰という。桑虫を取って木の空《うろ》で、あるいは書簡、筆筩《よう》のなかでこれを負う。七日たって変化してその子になる。俚語《りご》によると、象我象我と呪《まじない》をいう」

大量の文献を読んで記憶している羅振玉は、犍為文学だとか、許慎だとか、先人の言を引いて、解釈しようとするけれど、かえって話がややこしくなるばかりである。

虫そのものが何をしているのか、庭に出て辛抱強く観察すれば、解決することを、書香の中にいて、体を使わず、空想をめぐらせている。

いずれにせよ、この「象我象我」が、日本では、ジガバチの名の由来である、「似我似我」に変えられる。ハチが自分の掘った穴の中でジジジと羽音を立てるのをそう聞き做《な》したのである。

日本では江戸時代に、幕府の医官で、本草学者の栗本丹洲《くりもとたんしゅう》（瑞見《ずいけん》）（１７５６〜１８３４）という人が、ジガバチの行動を正しく観察して、そのさまを『千蟲譜』に描き、ハチの生態について記している。

しかし、先に挙げたように、中国伝統社会では、実物の虫を観察することなどは軽んじられていて、先人の文の解釈に全力を傾けていたことから、話は混乱するばかりであった。

それでも、南北朝時代の陶弘景（456～536）という本草家などは、実際の狩りバチの行動を観察し、これまでの『詩経』についての諸家の解釈は誤りであると喝破した。すると、書物の知識で、頭がこちこちになった学者らの総反撃を食ったそうである。

しかし、難しいことを考えずに先ほど挙げた句の含まれる『詩経』の詩を読んでみると、これは、どうやら、責任感のある人間、あるいは老人が、若者の行いを戒める詩のように読める。

ジガバチが出て来る前後のところ。目加田誠訳にはこう、ある。

つつしんでさとい人は
酒をのんでも温《おだ》やかにしているが
心昏《くら》く無知な輩《やから》は

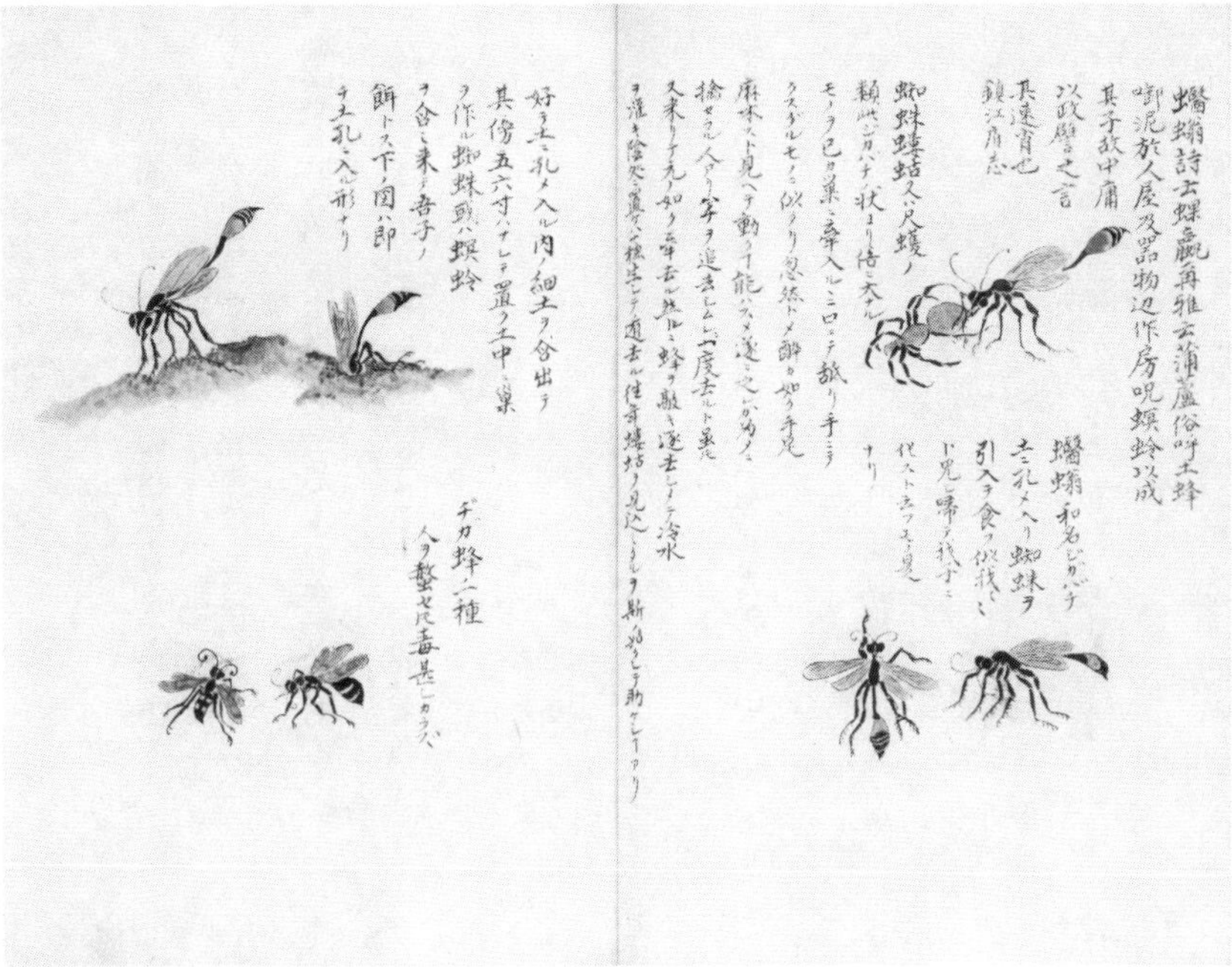

栗本丹洲の『千蟲譜』には、虫の習性についても記されている。国立国会図書館蔵。

ひたすら酔うて日々にはなはだしい
各々その行儀をつつしむがよい
天命は二度とはかえらぬ

原の中にまめがあれば
もろびとがこれを采《と》り
桑虫に子があれば
土蜂《じかばち》が負うという
そなたの子を教え導き
よくあとを嗣《つ》がせるがよい

（前掲書）

翻訳であるから、ここにはすでに解釈が入っているけれど、ごく素直に読めば、このジガバチの箇所は、跡継ぎの子のないハチが、イモムシを見つけて、これ幸いと養子にするという、古代人の喩え話と取れるのではないか。そのように、せいぜい家の血統を絶やさぬようにせよ、というのである。

この当時の民衆のフォークロアに、そうしたハチについての迷信があり、それをおおらかに、比喩として謳っているだけなのである。

いけないのは、ハチについての迷信を単なる古代人の寓意《アレゴリー》として読まずに、孔子様のお選びになったありがたいお言葉として、不動の真実、かつ、受験問題の正解として、秀才たちの頭に叩《たた》き込むようにさせた科挙の制度である。

とはいえ、科挙は、あの巨大な、多数の民族からなる中国社会を、混乱なく維持させるためには、永らく〝最適な〟制度であったのかもしれない。秀才のエネルギーは、時として政府には危険なものである。幼時から壮年の時期までの科挙対策の猛勉強は、それを吸収してしまうスポンジの役目を果たしていたのではないか。

それに、人間の社会は、放っておけば、たちまち、網の目のように広がる門閥制度にからめとられて、ロクなことにならないからである。

西欧世界でも同じようなもので、旧約聖書の「創世記」あたりに記されている神話の〝絶対的真実〟が、〝科学〟の前に壁のように立ちふさがり、それについて論議を重ねることによって、秀才のエネルギーは無事浪費されたのである。

西洋中世で、羊皮紙などの巻物であったものが書物の形を取るようになったのは、5世紀頃からだそうだが、その書物そのものが権威を持ち、霊験あらたかなものになっていく。アイルランドの『ダロウの書』などは、その汁を病人に飲ませるために、たびたび水に浸《つ》けられたようである。

もちろん、そこに書かれていることは絶対の真実とされた。著者（auteur《オーテール》）と権威（autorité《オートリテ》）が同じ語源を持つのは、それ故であるという。

医学にしても同じである。書物を見てあれこれ言っていないで、人体を解剖してみればすぐわかることなのに、昔の本ばかりを見て議論していた。人体の真実を見ることは、神を冒瀆《ぼうとく》することのように思われていた。

『聊斎志異』のハチの女

話がハチからはなれすぎたけれど、明の末年に生まれた文人に蒲松齢《ほしょうれい》（１６４０～１７１５）という人がいる。宮崎市定《みやざきいちさだ》（１９０１～１９９５）の『科挙』には、老境に至るまで科挙の試験を受け続けて、つらい人生を送った人々のことが詳しく記されているが、蒲松齢がまさにその万年落第生だったそうである。

その蒲松齢が、清代の初年、17世紀の後半に、狐やお化けの出てくる怪異譚《たん》ばかりを集めた『聊斎志異』という物語を書いている。表題の「志異」とは、読んで字の如く、「こと志と異なる」、つまり試験に落ちてばかりで、思う通りに事が運ばぬ、ということなのであろう。しかし、この物語集のために、彼の名は残ったわけだ。

それはさておき、その中に『緑衣の女』と訳されている作品がある。それがなかなかなまめかしい話なのである。昔の中国の暗い室内で、受験勉強にうんざりしている男の心境を想像しながら読んでいただきたい。

于璟《うえい》は益都《えきと》（山東省）の人であった。醴泉寺《れいせんじ》という寺に泊まって勉強していたが、ある夜、本を読んでいると、ふと一人の女が窓の外から、

「于先生たいそうご勉強ですわね」

と言った。于は、こんな深い山の中に女なんかいるはずはないがと不審に思っていると、女はもう扉をおしあけてにこにこしながらはいってきて、

「ずいぶんご勉強ですわね！」

と言った。于がびっくりして立ち上ってみると、緑色の着物をきて、長い裙《はかま》をはいた、目のさめるような美人であった。于は物《もの》の怪《け》だろうと思って、どこに住んでいるかを、しつこく聞いたら、女が、

「ご覧のとおりのもので何も取って食おうというのではありませんし、やかましくおたずねにならなくともいいでしょう」

と言った。

于はその女が好きになって、とうとう臥所《ふしど》をともにすることになったが、薄ものの肌着を脱ぐと、腰が細くて、手のひらで抱けるほどであった。夜があけようとするころ女は立ち去ったが、それからというもの毎夜おとずれてこない夜はなかった。

ある晩、いっしょに酒を酌んだとき、いろいろの話の間に、音律に理解をもっていることがわかったので、于が、

「あなたの声はすずやかで美しい、一曲聞かしていただいたら、きっと魂を奪われるにちがいない」

と言った。女は笑って、

「歌なんかお聞かせしないでも、多分あなたの魂を奪うことはできますでしょうよ」

と言った。于がどうしても聞かしてくれと言うと、女は言った。

「わたしは何にも惜しがっているのではありませんが、他の人に聞かれるのを心配しているのです。あなたがどうしても歌えとおっしゃるなら、お耳を穢《けが》しましょう。だけど小さな声で心持だけを歌わしていただきます」

そして細い鞋《くつ》で軽く足置台をふみならして拍子をとりながら、歌った――

烏臼鳥《うきゆうどり》めが夜なかに鳴いて
わたしや哄《だま》され帰ってきたよ
鞋のぬれるはいといはせぬが
ぬしが一人で明かすがいとし

その声は蠅《はえ》のように細くて、やっと聞きとることができた。だが、じつと聞いていると、非常に巧みで曲折があって、耳に沁《し》み入るとともに心に沁みるものがあった。

（「緑衣の女」蒲松齢『聊斎志異　上巻』松枝茂夫、増田渉ほか訳　平凡社）

女の腰が細いのも道理、彼女はハチの精だったのである。しかし、受験生たるものこういう楽しい目にあっていたのでは、なかなか試験には受からない。これもあるいは、万年落第生の妄想の生んだ物語であろうか。このモデルになりそうな、全身青い金属光沢に輝く寄生性のハチは、ゴキブリを狩るもの（ゴキブリバチ）などいろいろいる。もしモデルがルリジガバチなら、これはクモを狩るのだが、物語では、緑衣の女は逆にクモに狩られてしまうのである。

「蜂腰」とは昔から美人の喩えだが、フランスのジュール・ルナール（1864～1910）も『博物誌』の中に、

ハチ

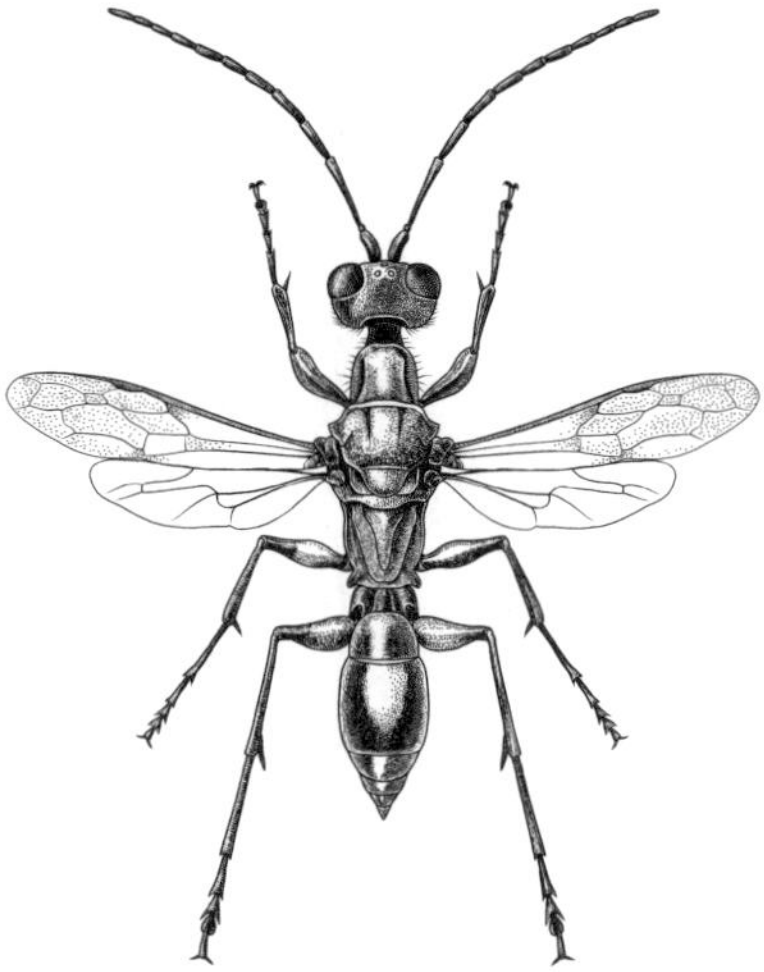

ゴキブリバチ。エメラルドグリーンの金属光沢を持つ美麗種。ゴキブリを狩る。タイなどに産する。

そのうち自慢の細い腰が台なしになるだろうよ。

(Jules Renard : Histoires naturelles　拙訳)

と書いている。肥《ふと》ってスタイルが駄目になることを言っているのである。19世紀の西欧では、女性は腰を思い切り締めつけ、腰が細ければ細いほどスタイルがよいとされたそうである。そのためかどうか、女性はしばしば失神した。そうしてまた、淑女は失神のほかに、時々タイミングよく赤面もしなければならなかったのである。

アリの詩

さて、アリの話だが、ギリシャの『イソップ物語』の中にも、『アリに噛《か》まれた男とヘルメス』ほか、アリの登場する物語がたくさんある。その中でもっとも有名なのは、後に17世紀の詩人ラ・フォンテーヌ（1621〜1695）が仏訳した『セミとアリ』だが、それは、セミの章（第13章）で紹介する。

もちろんラ・フォンテーヌの場合も、イソップの場合も、人間を念頭において物語を書いているわけだから、後には、働く人がアリに喩えられ、怠け者がセミに喩えられるようになる。『セミとアリ』の物語が、ドイツやイギリスのようなセミのいない国に伝えられた時に、夏の間に鳴く虫として、コオロギやキリギリスの仲間で代用されることになる。

日本には、おそらくイギリス、アメリカ経由でこの『イソップ物語』が伝えられたので、アリとキリギリスの物語になっている。子供の絵本などでは、燕尾服《えんびふく》を着て尾羽打ち枯らしたキリギリスが、バイオリンを抱えてアリの家にやってくる。そして親切なアリさんが人生の敗残者のようなキリギリスに、「これからはちゃんと働くんだよ」と言い聞かせて、食べ物を恵んでやり、火にあたらせてやる、という話になっているのである。

しかし、こういうやさしい結末になっているのは、世界中でも日本だけの現象のようで、これでは教訓にならないのではないかという説もあるし、あるいは日本人が本当にこんなふうにやさしいのならば、それはそれですばらしいことだ、という説もあるわけである。

もう一度、ジュール・ルナールの『博物誌』からアリの話を挙げれば、

一匹一匹が、3といふ数字に似ている。
それも、いること、いること!
どれくらいかといふと、333333333333……ああ、きりがない。

（ジュール・ルナール『博物誌』岸田國士訳　新潮文庫）

というのがある。ルナールは日本でもこの岸田國士《きしだくにお》の訳で、ずいぶん読まれた。そのほかにも、おそらくはこれに想を得たというか、その口調を借りた三好達治（1900～1964）の、

土

蟻《あり》が
蝶《てふ》の羽をひいて行く
ああ
ヨットのやうだ

（『三好達治詩全集　一』筑摩書房）

という詩があり、また、これはルナールとは関係がないけれど、

アリの道、雲の峯《みね》より続きけん

という小林一茶《こばやしいっさ》（1763〜1828）の句がある。地平線の果てに見える入道雲から、アリの道が延々と続いてこちらに向かってきているという、この一茶の句と、ジュール・ルナールの作品とを比べていると、どちらが俳句で、どちらがフランス人の作品なのか、わからなくなる。

アリの王国物語

王アリ、女王アリ、働きアリと、まるで階級分化したような社会生活を送るアリは、しばしば人間社会になぞらえられる。

同工異曲の物語はたくさんあるようだが、その中でも有名な話、唐代伝奇小説として名高い、李公佐《りこうさ》（770頃〜?）『南柯太守伝《なんかたいしゅでん》』では、主人公の酒好きの若者がある日、招かれて不思議な王国に行き、栄華を極めていたのが突然、現実に引き戻される。主人公は結局、人生の短さ、栄達の空《むな》しさを悟り……と結末はどのヴァリアントもだいたい同じであるが、そのことがかえって、読者の栄達への執着の強さを示しているともいえよう。

その物語を瀬川千秋の素晴らしい要約によって紹介させていただく。

瀬川の解説によると、「南柯の夢」（中国語では「南柯一夢」）は、物事のはかなさを喩える成語にもなっているし、現代ではちゃっかり、物語ゆかりの地なる観光地まで造られているという。

南柯の夢

淳于棼《じゆんうふん》は呉楚《ごそ》地方では名の聞こえた俠客《きようかく》だった。豪放で武芸にすぐれていたが、酒好きがわざわいして仕官もならず、資産があるのをいいことに、血気さかんななかまと酒びたりの毎日を送っていた。

その日も酔いつぶれ、友人たちにかつがれて自宅屋敷のぬれ縁に倒れこんでもうろうとしていた。すると、どこからともなく紫の衣をまとった人があらわれて告げた。

「槐安《かいあん》国王の命でお迎えにあがりました」

うながされるまま馬車に乗り込むと、馬車は庭さきにはえている槐《エンジユ》の古木の、ぽっかりあいた洞《うろ》にはいっていった。

洞のなかには山河が広がり、街道は人の往来でたいそうなにぎわいだ。妙なことがあるものだといぶかりながら運ばれること数十里。やがて前方に朱塗りの楼門が見えてきた。門には金色の扁額《へんがく》がかかっており、「大槐安国」と大書してある。高官がうやうやしく出迎えてくれたが、これまた異なことをいう。

「お待ち申しあげておりました。わが君は、淳于棼殿と姫様との縁組を待ちのぞんでおられます」

壮麗な宮殿の玉座の間に案内され、槐安国王に拝謁した淳于棼は、ただただ怖ろしく、ひれ伏すばかりである。そうしてあれよあれよという間に盛大な婚礼の儀がとりおこなわれ、仙女と見まがうばかりの美しく若い姫君とめおとになった。

やがて南柯郡の太守に封ぜられる。南柯は槐安国の大郡だったが、彼が善政をしいたので、よくおさまった。在任中の二十年間、淳于棼は民衆には崇敬され、国王には重んじられて、広大な領地と高い地位をたまわった。夫婦仲はむつまじく、ふたりのあいだに生まれた息子や娘たちは、いずれも幸せな人生を歩んでいる。わけもわからぬまま槐安国に連れてこられた淳于棼だったが、ここに栄華はきわまった。

しかし絶頂期は長くはつづかなかった。他国が突然、南柯郡に攻めよせてきたのである。淳于棼は軍隊をだして迎え撃ったものの、あえなく敗れてしまう。戦いのさなか、妻の金枝公主も病を得て亡くなってしまった。すっかり消沈した彼は太守職の辞任を願いで、妻の棺《ひつぎ》をともない都にもどってきた。そんな婿にたいし、国王はこれまでになく冷淡だった。

「そちも故郷をでて久しい。いちど家族に会いに帰ってみてはどうか」

「いまさら帰る家などありませぬ。いまやここがわたくしの故郷なのです」

そう訴えてみたが、とりつくしまもない。

「そなたの家は俗世にある。ここではないぞ」

姫の死によって閨閥《けいばつ》関係は切れ、国王の寵愛《ちょうあい》を失ったのだと彼は悟った。

帰郷には、かつて彼を槐安国に連れてきたときとおなじ紫の着物をきた人が同道した。粗末な馬車に乗せられ、昔とおった道をもどり、エンジュの洞から外へでる。そこには以前と変わらぬ、なつかしいわが家があった。車からおりて、ふと母屋を見やると、ぬれ縁にまどろんでいる自分の姿があるではないか。「あっ」と思ったところで目が醒《さ》めた。見れば使用人はほうきで庭をはき、酔いつぶれた自分をかついできた友人たちは談笑しながら足を洗っている。夕日はまだ垣根のうえにあった。しかし夢のなかでは、長いながい人生を送ったような気がする。

淳于棼はしみじみとして、ふたりの友人にいましがた見た夢の話をした。彼らはたいそう驚き、淳于棼をうながして庭のエンジュのところへいってみた。あやかしのしわざではと考えた友人たちは、使用人に木を伐《き》らせ、古木の内部を調べはじめた。

洞のなかは寝台がひとつ置けるほど広く、城市のようにもりあがった土くれにおびただしい数のアリがひそんでいた。中央の宮殿とおぼしきところにはひときわ目立つ大アリがいて、数匹のアリをしたがえている。どうやらここが槐安国の都で、大アリが国王らしい。さらに調べると、穴は南にのびた枝に通じており、その奥にも小さな街と御殿があって、たくさんのアリがいる。彼がおさめた南柯郡だ。「柯」とは枝のいいである。かつて巻狩をした山、妻を埋葬した岡……すべてが夢で見た世界と同じであった。

淳于棼は槐安国がこわされないように、いそいで穴をふさいだ。しかしその夜、一帯を暴風雨がおそい、翌朝、エンジュの洞をのぞいてみるとアリは一匹のこらず消えていた。そのことがあってから淳于棼は道門に入り、酒色をぱったりと絶ったのだった。

（瀬川千秋『中国　虫の奇聞録』大修館書店）

小さくて、群れをなし、いかにも勤勉に働いているように見えるアリは、擬人化されやすい生き物なのである。フランスでもベルナール・ウェルベル『蟻』（小中陽太郎、森山隆の訳がある）という一種のＳＦ小説が、１９９１年にベストセラーになっている。

第11章

ノミ・シラミ・ナンキンムシ——馬の尿する枕元

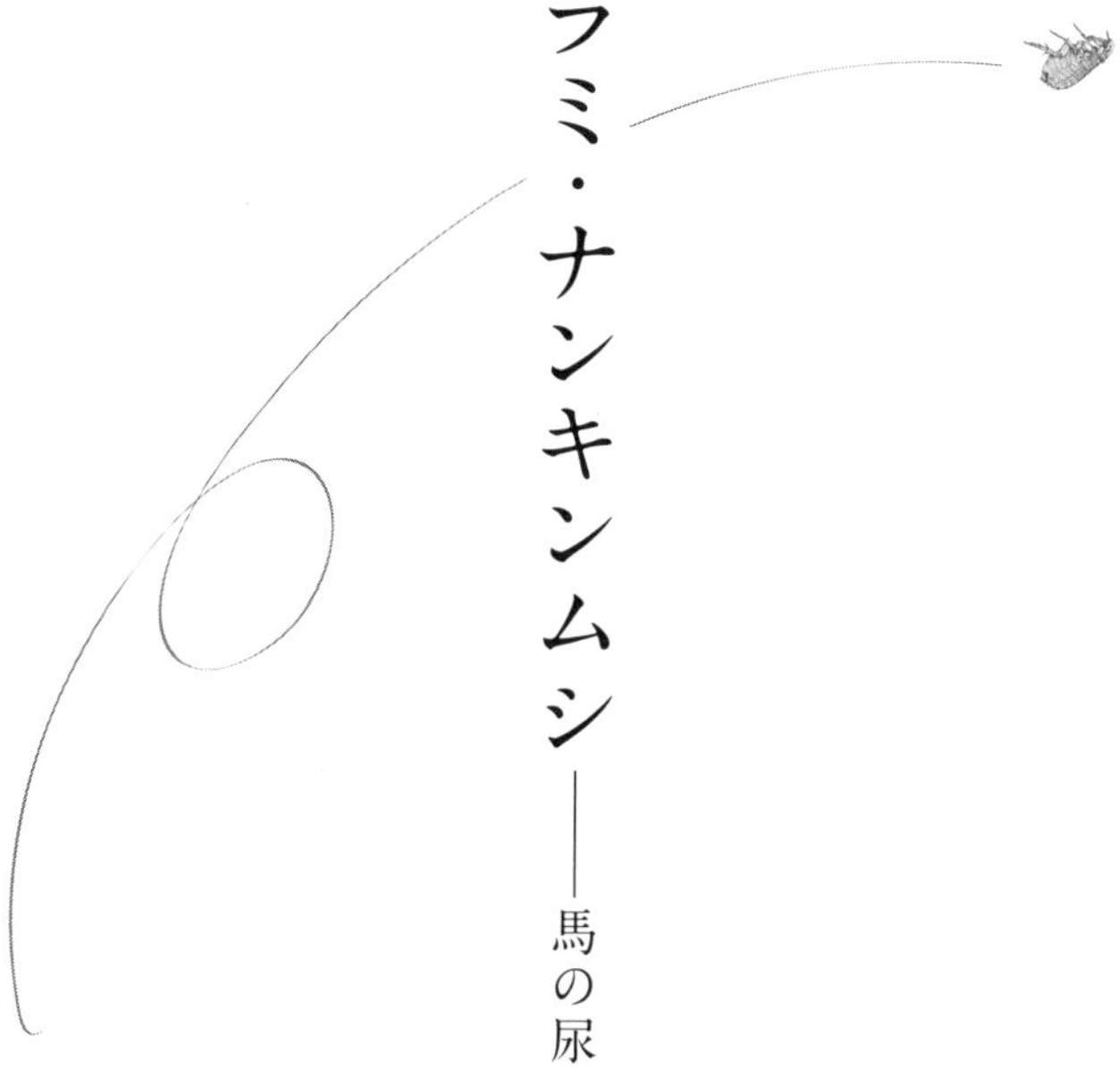

戦中戦後のシラミ

今は昔、昭和一桁生まれの先輩方と話していると、ときどきノミ、シラミ、そしてまれにナンキンムシが話題になることがあった。この世代の人は、戦争中、そして、戦後の昭和20年代に小学生または中学生だったのだ。

「シャツを脱ぐとね、縫い目などに白い小さい虫がびっしりひそんでいるんだ。血でふくらんで赤くなっているのもたくさんいてね。そいつをセルロイドの筆箱のふたに掻《か》き落とし、鉛筆の尻でつぶしていくと、筆箱のふたが血だらけになったもんだ」

とか、

「終戦直後に進駐軍が駅で待ちかまえていやがってね、ＤＤＴをかけられたよ」

という話が出たりする。

「こんなポンプみたいなやつでね、頭やら、襟首、袖口にシュッシュッシュッなんて、真っ白になるほど」

などと話している顔を見ると、目が輝いている。こういう昔の、悲惨で屈辱的な想《おも》い出も、時代が経《た》つとともに風化して、むしろ懐かしいものになっていくということがわかる。

昔から、ノミ、シラミ、ナンキンムシというのは、人間の生活と切っても切り離せない、それこそ身近な存在であった。そのため、いろいろな別名がついている。

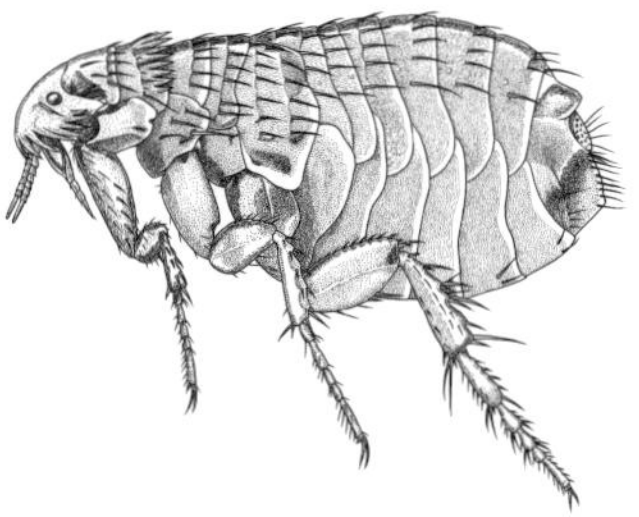

ネコノミ。ノミは昆虫の中でもっとも進化したものといわれる。翅は退化して無いが、肢でよく跳ねる。

たとえばシラミだと、「観音様」という異名がある。それは、手がたくさんあって、千手観音の絵姿によく似ているからで、江戸時代の人なども、シラミをとっては、暇にあかせてつくづく眺めることがあったのだろう。

戦後は「ホワイトチーチー」などという名もあったらしい。へえ、と思って、

「ホワイトチーチーってなんですか?」

などと訊《き》くと、「そんなことも知らんのか。きみは何年の生まれだ」などと叱られたりすることがあった。

こういう時には、悲惨な体験をしている人ほど発言力が増すのだが、しかし、その中に、実際に戦争に行ってシベリアの捕虜収容所などに入ったという、もっと先輩が混じっていたりすると、強制労働の時に死んだ仲間の、「冷たくなり始めた身体《からだ》からシラミがぞろぞろと出てきてなあ」というような話に、シーンとしてしまうのであった。

「虱《シラミ》」という漢字は、風という字の左側がないわけで、これを洒落《しゃれ》て「半風子」などという場合もある。

ひとくちにノミ、シラミ、ナンキンムシというけれど、それぞれまったく違う昆虫である。

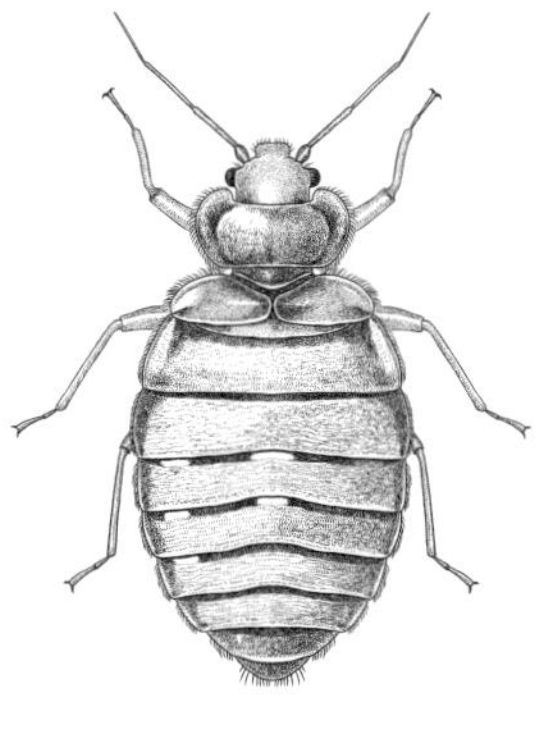

ナンキンムシ。セミなどと同じ半翅目の仲間。血を吸われたあとが痛痒い。

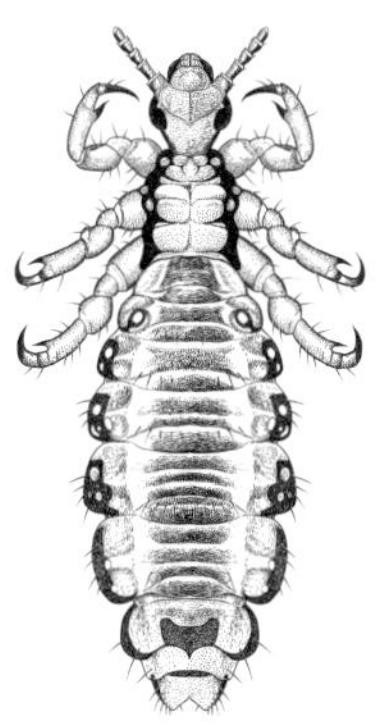

コロモジラミ。人の衣服などにつき、肌から血を吸う。

ノミは無翅亜綱《むしあこう》といって、翅《はね》が退化しているが、これが昆虫の中でももっとも進化したものではないかといわれている。

ノミは、動物の身体に寄生して血を吸い、素晴らしくよく跳ねる力を持っている。ノミの肢《あし》にあるレジリンという蛋白質《たんぱくしつ》は、たくわえた力を一時に97％も放出する。実に効率のいい特別な蛋白質である。だから、自分の体長の三百倍もの距離を跳ぶことができるわけである。

シラミは、古い時代にチャタテムシという虫から進化したといわれていて、シラミ科という独特の科を構成する。もともとチャタテムシの仲間は鳥の巣などに棲《す》んでいて、鳥の排泄物《はいせつ》などを食べていた原始的な虫だが、それが鳥の羽毛を食べるようになってハジラミに進化したといわれる。次にそれが哺乳類に寄生先を移してシラミになったというのである。

シラミは白い身体をしているから、血を吸ったあとは赤黒く血が透けて見えるが、いつもは白いので、シラミの語源は白い虫、シラムシに由来するという。

シラミには、アタマジラミ、コロモジラミ、ケジラミというふうに三つの種類があって、コロモジラミはキモノジラミとも呼ばれる。つまり、人間の衣服などについていて、シャツの縫い目にすんで、人の肌から吸血をする。

アタマジラミは、コロモジラミとは非常に近いもので、同種類の別亜種といわれる。人間の頭の毛に摑《つか》まっていて、頭の皮膚から吸血する。つまり、頭髪についているほうのシラミである。肢の先は、ちょうど寄生している人種の、髪の毛の太さに合わせて、毛を摑みやすくなっているという。

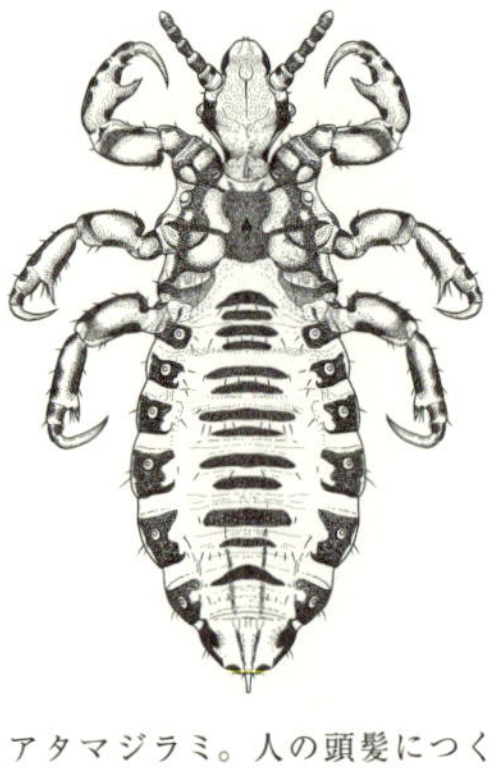

アタマジラミ。人の頭髪につく。肢のカギの径は、寄生する人種の髪の太さと関係があるという。

アタマジラミのうち、髪の毛から襟元のほうに徐々に移住したものがコロモジラミに変化したといわれる。アタマジラミは、寄生する人種によって少しずつ色が違っていて、髪の毛の色の薄い人たち、たとえば金髪だと、アタマジラミの身体の色も薄く、寄生先の髪が黒くなるほど、シラミの体色も濃いそうである。

アメリカ先住民のミイラの頭から取れたシラミは、中央アジアのモンゴロイドの頭のシラミと系統が似ているといわれている。そんなふうに、シラミから、それが取り付いた宿主の動物の類縁関係がわかるそうである。

ケジラミというのは、アタマジラミ、コロモジラミとは違って、横に幅のある、蟹《かに》のような姿をしているので、クラブライス、つまりカニジラミと英語ではいっている。これは頭髪などにはすまない。

芥川《あくたがわ》龍《りゅう》之《の》介《すけ》（1892～1927）に『虱』という短編がある。大阪から長州征伐に出る航海の船の中で、暇をもてあました意地張りの侍たちが、つかまえたシラミの処理法をめぐってとうとう喧嘩《けんか》になるという話である。章末にて全文紹介する。

アリストテレスのシラミ

シラミは非常に古い時代から人間と一緒に繁栄してきた虫なのだが、古代ギリシャのアリスト

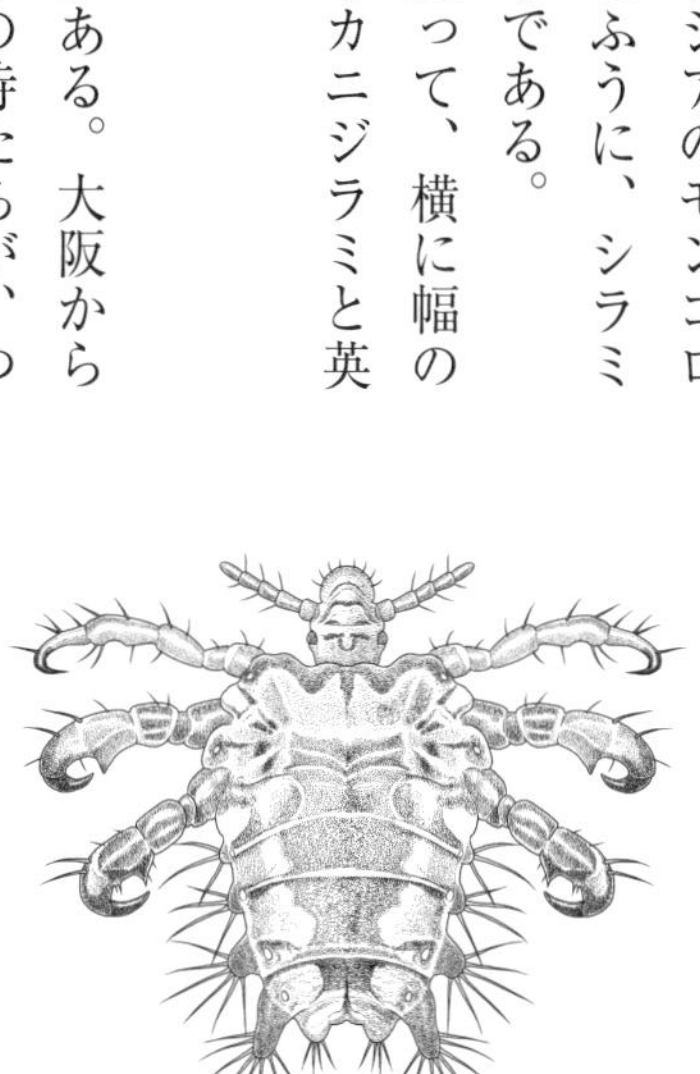

ケジラミ。毛は毛でも陰毛につく。

テレス（前384〜前322）は、『動物誌』の中で、

（前略）シラミは肉から生ずる。（中略）子供の頃は頭にシラミがつきやすいが、一人前の男になるとそれほどでなくなる。また女の方が男よりシラミがわきやすい。頭にシラミが発生すると、頭痛を起すことが少なくなる。

（『アリストテレス全集7　動物誌　上』島崎三郎訳　岩波書店）

と述べている。

シラミは血を吸われると単に痒《かゆ》いだけではなく、発疹チフスという伝染病を媒介する。これはコロモジラミが媒介するリケッチアという病原虫によって起されるものだが、終戦直後にはこの発疹チフスによってずいぶんたくさんの人が死んだのである。

そのシラミがいなくなったのは、先ほど述べたDDTのおかげである。それまではどうしても退治することが出来ず、たとえば下着を全部煮沸するなどの方法を取っていた。

「虱は騰沸するを知らず」と宋代の黄庭堅《こうていけん》（1045〜1105）の詩にあるが、現代でも、フランスの電気洗濯機の中にはシーツなどを煮沸する機構のついたものがあった。

しかし、そういう苦労をしてもシラミを絶滅させることはなかなか出来なかったのだが、DDTによってわれわれの身の周りからは、ほとんどいなくなってしまったのである。残留性がある

といって今では使用禁止のＤＤＴだが、われわれはこの薬に大いに恩義を感じなければならないのかもしれない。

陰気なシラミ、陽気なノミ

ノミもシラミもいろいろごっちゃにしてしまうようだが、たとえば、ノミについて小咄《こばなし》が多いのはヨーロッパであり、シラミについて逸話が多いのは中国とか日本など、東洋のようだ。どうも西洋では、ノミが陽性の昆虫、シラミが陰性の昆虫で、シラミをわかすことは恥ずかしいことだが、ノミはむしろユーモラスな存在だったのである。

往年のロシアの名歌手、バスのシャリアピンが唄《うた》ったムソルグスキーの「蚤《のみ》の唄」も、ユーモラスな唄らしかった。子供の時ヴィクターの大きなレコードを繰り返し聴いたものである。Ｂ面がそれで、Ａ面は同じ歌手の十八番《おはこ》、「ヴォルガの舟歌」であった。

フランス小咄の中に、こういうのがある。ノミの夫婦の話である。

蚤の夢

生活の不安定な蚤の若夫婦が、いろいろと未来の夢を話し合った。細君のいうことに、

――ねえあなた、あたしたちもお金持ちになったら、犬を一匹買いましょうね。

（『ふらんす小咄大全』河盛好蔵訳編　筑摩書房）

それで私も、出典は忘れてしまったが、想い出したフランスの小咄がある。

二匹の蚤が、映画を見終わって外に出た。一匹が相手に言った。

「歩いて帰ろうか、それとも犬でも拾う？」

人間なら、「タクシーでも拾う？」というところ。フランス小咄の中にはノミが出てくるものがいろいろある。先にも述べたが、シラミは陰性、ノミのほうは陽性で、ちょっとエロチックと相場がきまっているようである。

日本の場合だと、俳句、川柳にノミが出てくる。

朝夷《（比）》奈の蚤取りかぬる鎧《よろい》かな

これは内藤鳴雪《ないとうめいせつ》（1847〜1926）の句だが、朝比奈義秀は、大力無双で有名な鎌倉時代の侍である。手間暇かけてやっと鎧兜《よろいかぶと》をつけたと思ったら、その中でノミがもぞもぞするというのでは、もう一度脱いでノミ取りをするわけにもいかず、この力の強い男がいらいらするというところにおかしみがあるのだろう。

西洋中世には、頭のてっぺんから足の先まで鉄で固めた甲冑《かっちゅう》があるが、あれなども、日本ほど湿気が多くないから助かるかもしれないが、彼らの毛深い身体につけた甲冑の中でノミやらシラミがもぞもぞ動き始めたら、さぞや難儀をしたに違いないと思われる。
日本の侍が出陣の前に兜に香を焚《た》きしめるというのも、大変奥床しい心掛けのようでもあるが、ひょっとしたら、殺虫の意味もあったのではないかと考えてしまう。

ランボーとシラミ

昔の人々は、このノミ、シラミ、ナンキンムシから逃れるために、大変な工夫をしたわけだが、たとえばフランスの詩人アルチュール・ランボー（1854〜1891）の作品の中に、次のような詩句がある。

先祖のガリア人譲りの俺の青と白の目、小さい頭、無様な戦いぶり。俺の着物も彼らのと同じくらいに野蛮なものだ。だが、髪の毛にバターなんか塗りはしない。

（Arthur Rimbaud : Mauvais sang　拙訳）

ランボーの散文詩集『地獄の季節』の中の「悪い血」という一編の冒頭だが、古代のガリア人（フランス一帯に住んでいて、古代ローマに征服された原住民）は、髪の毛にバターを塗っていたというのである。それは、きれいに髪を光らせるという美容上の効果もあるのかもしれないが、油を塗っておくと、シラミが歩きにくく、行動の自由を奪われる。だから、シラミよけという意味があったのだろうと思われる。

ランボーにはまた、シラミを謳った詩があり、それをほとんど同時代の上田敏《うえだびん》（1874〜1916）が訳している。

虱《しらみ》とるひと

むづがゆき額を赤めをさな児《ご》は
それとなき夢の白き巣立をねがふ時、
爪しろがねに指細きふたりの姉は
たをやかに寝台近く歩みよる。

青天《あをぞら》の光、咲き乱れたる花に注ぐ
明け放ちたる窓のそばに幼児《をさなご》を抱《いだ》き行きて
露ふりかゝるその髪の毛のなかに
美しく、恐ろしく又心迷《まど》はする指は動きぬ。

ふたりの息のこわごわに出入るをきけば
花の如《ごと》く、草木の如きかをりして、
又折節《をりふし》は喘《あへ》ぐ声。口に出《い》づるを
噍《の》み込みし片唾《かたづ》の音《おと》か、接吻《せつぶん》の熱き願か。

香《にほひ》よき寂寞《せきばく》のなか、二人の黒き睫《まつげ》は繁叩《しばた、》き
えれきの通ふ細指はうつらうつらと、
貴《あて》なる爪の下にこそぷつと虱をつぶしけれ。

時しもあれや、徒然《つれづれ》の酔《ゑひ》は稚《をさな》き心に浮び、
狂ほしきハルモニカの吐息《といき》の如く
姉が静かになづさはる其愛撫《そのいたはり》に小《を》休《やみ》なく
湧き出でゝ、また消えはつるせつなき思《おもひ》。

（「虱とるひと」ランボー『上田敏全訳詩集』山内義雄、矢野峰人編　岩波文庫）

古く12世紀、13世紀頃のヨーロッパの生活はどうであったかと言えば、城主であろうと、領主一家と臣下たちがひとつの広間に雑魚寝のようなことをしていたらしい。

石造りのお城の床に藁《わら》を敷いて（身分の高い人は毛皮などを敷いたかもしれないが）、敵襲にそなえて寝ていたのである。窓は小さいし、石の壁からは湿気がしみ出す。暗くてじめじめして、城の生活というより、むしろ馬小屋の生活といったほうがいいくらいのもので、現代人の感覚ではとても快適とはいいがたい居住条件である。

彼らの着ていた厚手の毛織物の衣服は、洗濯には向かないので、アーサー王やランスロットも、ノミ、シラミとは縁の切れない生活をしていたことになる。

戦国の世がおさまって、フランスの王様が全土をいちおう統一するが、たとえばルイ14世のヴェルサイユの宮殿でも、仰々しい服を着てはいても、衛生状態のほうはもうひとつ改善されなかったらしい。袖口や襟にひらひらと飾りのついた服を着ているが、そばによると、腐った魚のような臭いのする王様がいたそうである。髭《ひげ》を剃るとか、手を洗うとか、風呂に入るとかいうほうの神経を、あまり使わなかったのであろう。

髪の毛にももちろんアタマジラミがわく。大王といわれたルイ14世が、そろそろ頭の毛が薄くなってきた1670年頃の話なのだが、ひょっとして自分も父親のルイ13世に似て毛がすっかりなくなってしまうのではないかと思って、長髪で巻き毛のかつらをつけることにする。

ルイ14世の主な仕事は、自分の私生活を人に見せることで、王様が目覚めると、廷臣たちが「日の出のたぐいなき光景を見るために」集まってくる。そして王様の朝の支度に手を貸すことは、もっとも身分の高い貴族たちの名誉であり、特権で、椅子に座った王に、ひざまずいて股引《ももひ》きをはかせたり、飾りの類いをつけて差し上げたりする。
そうやって文字通りルイ王への接近をはかったのだが、そういう王様がかつらをつけるようになると貴族たちも争ってそれを真似《まね》るようになる。それこそ流行がまさに上から始まったわけだが、かつらというのは、使ってみると、アタマジラミの予防としてごく便利なものであることがわかった。かつらの下はさっぱりと短くしておくと、いつでも洗えるし、夜寝る時にはかつらをはずして召使に手入れをさせればいい。
しかし、こういうシラミも、発疹チフスなどをうつされるのでなければ、シラミとり、ノミとりというのは、退屈しのぎにちょうどよく、たとえば、台湾の高砂族《たかさご》の人たちの中に伝わっていた、昭和2年頃に採集された一話の中には、次のようなものもある。

昔は虱《しらみ》も無く、仕事も無かつたので、退屈であつた。〔或時《あるとき》人々が〕「我々は如何《どう》したら、我々の仕事が出来よう」といつて話し合つた。〔その時或人が〕「虱を買はうではないか」といつて、虱を買つて、頭の処《ところ》に蒔《ま》いた。すると仕事が出来て、退屈な時は、互に虱を取り合つたので退屈でなくなつた。

（『原語による台湾高砂族伝説集』台北帝国大学言語学研究室編　刀江書院）

というものである。
これと似た話がフランスのブルターニュにもある。

イエス・キリストが歩いていると、あるとき嘆き悲しんでいる女がいた。その理由を聞いてみると、退屈でしかたがないのだという。キリストがシラミをその女に与えるとその女はシラミ退治をすることで退屈がまぎれて大変喜んだ。

世界中どこでも、よく似た話があるものである。

俳句・川柳に出てくるノミ、シラミ

先にちょっと引いたように、俳句や川柳となるとノミの出てくるものは大変多く、松尾芭蕉《まつおばしょう》（1644〜1694）の

蚤虱《のみしらみ》馬の尿《しと》する枕もと

などは大変有名であるが、同じように、芭蕉の

夏衣いまだ虱をとりつくさず

とか、良寛（1758〜1831）の

蚤、虱、声たてて鳴く虫ならばわが懐は武蔵野の原

などという歌も有名である。あるいは、川柳の中には、

起きて見つ寝て見つ蚤を六つ取り

というのがあり、それは加賀千代女《かがのちよじょ》（1703〜1775）の

起きて見つ寝て見つ蚊帳の広さかな

のパロディでもある。川柳では、

国話尽きれば猫の蚤をとり

というのもあり、また、

虱とるそばで裸で毬《まり》をつき

などは子供の着物を脱がせてシラミをとっているところだと思われる。

江戸漢詩からも一首。

太平風雅《たいへいふうが》　　　　　　**淤足齋《おそくさい》**

蚤《のみ》

甫伊《ほい》　甫伊　又　甫伊たれば
縫目の　細き処《ところ》をば　歩くは　骨も　折れぬべし
段段と　手を廻《まは》して　漸《やうや》く　捕へ来り
生殺にして　得と見たれば　是《こ》れ　糸屑《いとくづ》なりけり

（『日本古典文学大系89　五山文学集　江戸漢詩集』山岸徳平校注　岩波書店）

甫伊、甫伊はノミのピョンピョン跳ぶさま。いっしょうけんめいになって摑まえたつもりでよく見れば、糸くずだったという、馬鹿々々しさと可笑《おか》しさ。これがノミにつきもののユーモアであろう。

近代になってやってきたナンキンムシ

さて、一匹だけで論じるなら、ノミ、シラミとは比較にならぬ強力な虫が、ナンキンムシである。これは、もともとカメムシなどの仲間の半翅目の昆虫で、ほかの昆虫の体液を吸うサシガメに近い虫であるから、刺されると、被害は大きい。刺された痕が痛く、痒くなるし、傷痕も腫れあがったりする。フランス語ではpunaise（ピュネーズ）、つまり、画鋲《がびょう》という。人によっては熱が出る。

ナンキンムシの生殖行動は特別で、雄はその鋭く尖《とが》った生殖器で雌の腹を〝突き刺す〟。実は雌の腹部にはそれを受け入れる「ポケット」が用意されているのである。その後、精子は、リンパ液の中を通って卵巣に到達する、という仕組みである。

これは、どうやら、幕末の頃に、中国あたりの船に乗って来た、つまり舶来の虫のようである。だから「南京虫」（南京は中国を指す。中華街を南京町ともいった）との名がある。明治10（1877）年の西南戦争の時に、熊本鎮台から兵隊にくっ付いて全国に広まったという。「鎮台虫」の別名を持つゆえんである。

古くは、榎本武揚《えのもとたけあき》の『シベリア日記』などにも出て来るが、昔の日本では一般に知られていなかった。

夏目漱石《なつめそうせき》（1867～1916）の『坑夫』にその描写がある。足尾銅山の宿舎などにはたくさんいたのであろう。漱石は、ある若者から体験談を聞いて、この小説を書いたのだそうだが、その迫真力には驚くべきものがある（長いものなので、章末に一部を掲載）。

さて、ナンキンムシの本場は、地中海沿岸地方のようである。20世紀の小説家で、『狭き門』などで有名なアンドレ・ジッド（1869〜1951）に、『法王庁の抜け穴』という小説がある。主人公のひとり、アメデ・フルーリッソワールという人物が汽車で旅行し、各都市のホテルの部屋でナンキンムシにひどい目にあわされる場面があるのでその一部を引用しよう。

主人公はナンキンムシからやっと逃れたと思うと、その次にツーロンのホテルでノミの襲撃に遭い、さらにまたカにやられるのだが、残念ながら、それらは省略することにする。

アンドレ・ジッドは、もともと少年時代に昆虫採集などをした経験があって、昆虫には大変詳しい、虫好きの作家であるから、ナンキンムシ、あるいはカの描写も大変に行き届いているのである。

ナンキンムシという奴《やつ》は独特の習性を持っている。連中は、ロウソクの灯《ひ》が吹き消されるのを待ち構えていて、部屋の中が暗くなるや否や人に取りつくのである。しかも、どこでもかまわず食いつくのではない。人の首筋のところをまともに狙ってくる。そこの部分が特に好きなのである。時には手首に嚙《か》みつくこともあり、稀《まれ》には足首を好む奴もいる。どういうふうになっているのかよくわからないけれど、眠っている人間の皮膚の下に、すこしでも掻《か》けばすぐぱっと広がる、痒《かゆ》みの素《もと》のような、微《かす》かな油脂を注入するのだ……。

　フルーリッソワールはひどい痒みを感じて目が覚め、さっき消したばかりのロウソクに灯を点《つ》けて急いで鏡を見た。すると、下顎の骨の下あたりに、赤みが差し、ぼんやりとした白っぽい点々ができていた。しかしながら、ロウソクの灯《あか》りは暗く、鏡は古ぼけて裏の錫箔《すずはく》が傷んでいる上に自分の目も眠さのために霞《かす》んでいた。……彼はその部分を掻きながら、また横になり、もう一度灯りを消した。ところが五分もたつと、焼け付くような痛みにとてもたまらず、またもやロウソクを点け、洗面台まで飛んで行った。陶器の水差しにハンカチを浸し、刺されてかっかと熱《ほて》る部分に押し当てた。患部はどんどん広がって、今では鎖骨にまで達していた。彼は、自分が病気にかかったのだと思い込んで神に祈った。それから、また灯りを吹き消した。濡《ぬ》らしたハンカチで湿布をして、少しだけ良くなったようには思われたけれど、それもつかの間のこと、とても寝付くことなんかできなかった。今度は、腫れ物の痛痒《いたがゆ》さに加えて、寝間着の襟が濡れて気持ちが悪い。涙まで流れて濡れていたのである。そして突然、彼は恐ろしいことに気がついて飛び上がった。そうだ、ナンキンムシだ！　ナンキンムシなんだ！……どうしてもっと早く気がつかなかったのだろう。でもナンキンムシなんて、名前しか知らない。どうしてこんな、はっきりした咬《か》み傷と、どう表現したらいいのかわからないこんな、焼け付くような痒みとを、結びつけることができるというのか。彼はベッドから飛び出し、またロウソクに灯を点けた。これで三度目であった。

もともと理屈っぽくて神経質なところがあるので、彼はナンキンムシについて誤解していた。それで、背筋がゾッとなって、まず、自分の体に虫が取り付いているのではないかと点検し始めた。しかし、一匹も見つからなかった。そして自分の間違いか、と思い直し、やっぱり変な病気にかかったのだと思い始めた。シーツの上を見ても何もいない。ところが、また横になろうとする前に、ふと、長枕を持ち上げてみようと思いついた。すると、黒い小さな平たい虫が三匹、ささっとシーツのシワの中に隠れるところが見えた。こいつらだ！

ロウソクをベッドの上に置いて、彼は虫の追跡を始め、シワを広げ、五匹捕まえた。そいつらを爪でプチプチやるのは流石《さすが》に気持ちが悪いので、尿瓶《しびん》の中にほうりこんで、その上から小便をしてやった。しばらくの間、彼は残忍な満足感に浸って、連中のもがくさまを眺めていた。すると、なんだか気分の安らぎを覚えた。それで横になり、ロウソクを吹き消した。

痒さはほとんどすぐに倍になって襲ってきた。今度は襟首のところであった。カッとなって、また灯りを点けて立ち上がり、下着を脱いで襟の部分を細かく調べてみることにした。ついに彼は、縫い目に沿って、目に見えるか見えないかくらいの薄赤い点々のような虫がちょこちょこ走っていくのを見つけた。それを布地に押し付けて潰《つぶ》すと、血の跡がそこについた。こんな微小な虫めがすでにもう、一人前にナンキンムシなのだ。とても信じられない気がした。ところが間もなく、もう一回長枕を持ち上げてみると、大きな奴が一匹出てきた。確かにこいつが連中の母親なのに違いない。そこで、勇気百倍、やる気が出て、というか、ほとんどもう、面白くなって、彼は長枕をどかせ、シーツを剝《は》がして、順序立ててナンキンムシの捜索を始めた。こうなるといたるところに虫が潜んでいるように思われてきた。しかし、結局のところは四匹しか収穫はなかった。そこでまた横になり、一時間ばかり静かに眠ることができた。

それから、焼け付くような痛みがまた襲ってきた。彼はもう一度、ナンキンムシ狩りを始めた。それからすっかり疲れ果て、えいもう、どうにでもなれ、と思った。すると、痛みが、掻いたりせず、そのままにしておけば結局かなり早くしずまるということに気がついた。明け方になると虫どもは満腹したのか、彼をほうっておいてくれた。ボーイが発車時刻に起こしにきた時、彼はぐっすり眠っていた。

（アンドレ・ジッド『法王庁の抜け穴』拙訳）

ナンキンムシの臭いはカメムシのそれと同じ類いのものである。人によっては、一度嗅ぐとクセになる。野菜では、香草（コリアンダー）の臭いがこれに似ている。

〈アンソロジー〉

虱《しらみ》

芥川龍之介

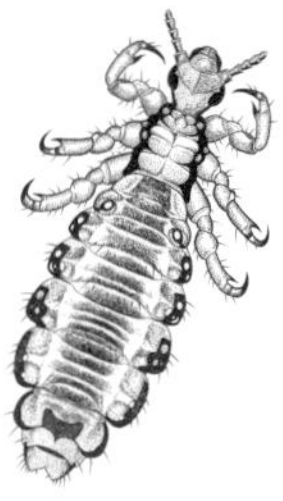

一

元治《げんぢ》元年十一月二十六日、京都守護の任に当つてゐた、加州家の同勢《どうぜい》は、折からの長州征伐に加はる為《ため》、国家老の長《ちやう》大隅守を大将にして、大阪の安治川口から、船を出した。小頭は、佃《つくだ》久太夫、山岸《やまぎし》三十郎《らう》の二人で、佃組の船には白幟《しろのぼり》、山岸組の船には赤幟が立つてゐる。五百石積の金毘羅船《こんぴらぶね》が、皆それぞれ、紅白の幟を風にひるがへして、川口《かはぐち》を海へのり出した時の景色は、如何《いか》にも勇ましいものだつたさうである。

しかし、その船へ乗組んでゐる連中は、中中《なか〱》勇ましがつてゐる所の騒ぎではない。第一どの船にも、一艘《さう》に、主従三十四人、船頭四人、併せて三十八人づつ乗組んでゐる。だから、船の中は、皆、身動きも碌《ろく》に出来ない程狭い。それから又、胴の間には、沢庵漬《たくあんづけ》を鰌桶《どぜうをけ》へつめたのが、足のふみ所もない位、ならべてある。慣れない内は、その臭気を嗅ぐと、誰《たれ》でもすぐに、吐き気を催した。最後に旧暦の十一月下旬だから、海上を吹いて来る風が、まるで身を切るやうに冷《つめた》い。殊に日が暮れてからは、摩耶颪《まやおろし》なり水の上なり、流石《さすが》に北国生《ほくこくうま》れの若侍も、多くは歯の根が合はないと云《い》ふ始末であつた。

その上、船の中には、虱が沢山ゐた。それも、着物の縫目にかくれてゐるなどと云ふ、生やさしい虱ではない。帆にもたかつてゐる。幟にもたかつてゐる。檣《ほばしら》にもたかつてゐる。錨《いかり》にもたかつてゐる。少し誇張して云へば、人間を乗せる為の船だか、虱を乗せる為の船だか、判然しない位である。勿論《もちろん》その位だから、着物には、何十匹となくたかつてゐる。さうして、それが人肌にさへさはれば、すぐに、いい気になつて、ちくちくやる。それも、五匹や十匹なら、どうにでも、せいとうのしやうがあるが、前にも云つた通り、白胡麻《しろごま》をふり撒《ま》いたやうに、沢山ゐるのだから、とても、とりつくすなどと云ふ事が出来る筈《はず》のものではない。だから、佃組と山岸組とを問はず、船中にゐる侍と云ふ侍の体は、悉《こと〴〵》く虱に食はれた痕で、まるで麻疹《はしか》にでも罹《かゝ》つたやうに、胸と云はず腹と云はず、一面に赤く腫れ上つてゐた。

しかし、いくら手のつけやうがないと云つても、そのまま打遣《うつちや》つて置くわけには、猶行《なほゆ》かない。そこで、船中の連中《れんぢう》は、暇さへあれば、虱狩をやつた。上は家老から下は草履取まで、悉く裸になつて、随所にゐる虱をてんでに茶呑茶碗《ちやのみぢやわん》の中へ、取つては入れ、取つては入れするのである。大きな帆に内海の冬の日をうけた金毘羅船の中で、三十何人かの侍が、湯もじ一つに茶呑茶碗を持つて、帆綱の下、錨の陰と、一生懸命に虱ばかり、さがして歩いた時の事を想像すると、今日では誰しも滑稽だと云ふ感じが先に立つ。が、『必要』の前に、一切の事が真面目になるのは、維新以前と雖《いへど》も、今と別に変りはない。――そこで、一船《せん》の裸侍は、それ自身が大きな虱のやうに、寒いのを我慢して、毎日根気よく、そこここと歩きながら、丹念に板の間の虱ばかりつぶしてゐた。

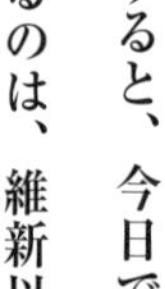

二

所が佃組の船に、妙な男が一人ゐた。これは森権之進《もりごんのしん》と云ふ中老《ちうらう》のつむじ曲りで、身分は七十俵五人扶持《ぶち》の御徒士《おかち》である。この男だけは不思議に、虱をとらない。とらないから、勿論、何処《どこ》と云はず、たかつてゐる。髷《まげ》ぶしへのぼつてゐる奴《やつ》があるかと思ふと、袴腰《はかまごし》のふちを渡つてゐる奴がある。それでも別段、気にかける容子がない。

では、この男だけ、虱に食はれないのかと云ふと、又さうでもない。やはり外の連中のやうに、体中、金銭斑々《きんせんはんはん》とでも形容したらよからうと思ふ程、所まだらに赤くなつてゐる。その上、当人がそれを掻《か》いてゐる所を見ると、痒《かゆ》くない訳でもないらしい。が、痒くつても何でも、一向平気ですましてゐる。すましてゐるだけなら、まだいいが、外の連中が、せつせと虱狩をしてゐるのを見ると、必わきからこんな事を云ふ。――

「とるなら、殺し召さるな。殺さずに茶碗へ入れて置けば、わしが貰《もろ》うて進ぜよう。」

「貰うて、どうさつしやる？」同役の一人が、呆《あき》れた顔をして、かう尋ねた。

「貰うてか。貰へばわしが飼うておくまでぢや。」

森は、恬然《てんぜん》として答へるのである。

「では殺さずにとつて進ぜよう。」

同役は、冗談だと思つたから、二三人の仲間と一しよに半日がかりで、虱を生きたまま、茶呑茶碗へ二三杯とりためた。この男の腹では、かうして置いて「さあ飼へ」と云つたら、いくら依怙《えこ》地な森でも、閉口するだらうと思つたからである。

すると、こつちからはまだ何とも云はない内に、森が自分の方から声をかけた。

「とれたかな。とれたらわしが貰うて進ぜよう。」

同役の連中は、皆、驚いた。

「ではここへ入れてくれさつしやい。」

森は平然として、着物の襟をくつろげた。

「痩我慢をして、あとでお困りなさるな。」

同役がかう云つたが、当人は耳にもかけない。そこで一人づつ、持つてゐる茶碗を倒《さかさま》にして、米屋が一合桝《ます》で米をはかるやうに、ぞろぞろ虱をその襟元へあけてやると、森は、大事さうに外へこぼれた奴を拾ひながら、

「有難い。これで今夜から暖に眠られるて。」といふ独語を云ひながら、にやにや笑つてゐる。

「虱がゐると、暖うござるかな。」

呆気《あつけ》にとられてゐた同役は、皆互に顔を見合せながら、誰に尋ねるともなく、かう云つた。すると、森は、虱を入れた後の襟を、叮嚀《ていねい》に直しながら、一応、皆の顔を莫迦《ばか》にしたやうに見まはして、それからこんな事を云ひ出した。

「各々は皆、この頃の寒さで、風をひかれるがな、この権之進はどうぢや。嚔《くさめ》もせぬ。洟《はな》もたらさぬ。まして、熱が出たの、手足が冷えるのと云うた覚は、嘗《かつ》てあるまい。各々はこれを、誰のおかげぢやと思はつしやる。——みんな、この虱のおかげぢや。」

何でも森の説によれば、体に虱がゐると、必ちくちく刺す。刺すから、どうしても掻きたくなる。そこで、体中万遍なく刺されると、やはり体中万遍なく掻きたくなる。所が人間と云ふものはよくしたもので、痒い痒いと思つて掻いてゐる中《うち》に、自然と掻いた所が、熱を持つたやうに温くなつて来る。そこで、温くなつてくれば、睡《ねむ》くなつて来る。睡くなつて来れば、痒いのもわからない。——かう云ふ調子

で、虱さへ体に沢山ゐれば、睡《ね》つきもいいし、風もひかない。だからどうしても、虱飼ふべし、狩るべからずだと云ふのである。……

「成程、そんなものでござるかな。」同役の二三人は、森の虱論を聞いて、感心したやうに、かう云つた。

三

それから、その船の中では、森の真似《まね》をして、虱を飼ふ連中が出来て来た。この連中も、暇さへあれば、茶呑茶碗を持つて虱を追ひかけてゐる事は、外の仲間と別に変りがない。唯《たゞ》、ちがふのは、その取つた虱を、一一刻銘《こくめい》に懐に入れて、大事に飼つて置く事だけである。

しかし、何処《いづく》の国、何時《いつ》の世でも、Précurseur の説が、そのまま何人にも容《い》れられると云ふ事は滅多にない。船中にも、森の虱論に反対する、Pharisien が大勢ゐた。

中でも、筆頭第一の Pharisien は井上《ゐのうへ》典蔵と云ふ御徒士である。これも亦《また》妙な男で、虱をとると必ず皆食つてしまふ。夕がた飯をすませると、茶呑茶碗を前に置いて、うまさうに何かぷつりぷつり嚙《か》んでゐるから、側《そば》へよつて茶碗の中を覗《のぞ》いて見ると、それが皆、とりためた虱である。「どんな味《あぢはひ》でござる？」

と訊《き》くと、「左様さ。油臭い、焼米のやうな味でござらう」と云ふ。虱を口でつぶす者は、何処にでもゐるが、この男はさうではない。全く点心を食ふ気で、毎日虱を食つてゐる。——これが先《まづ》、第一に森に反対した。

井上のやうに、虱を食ふ人間は、外に一人もゐないが、井上の反対説に加担をする者は可成《かなり》ゐる。この連中の云ひ分によると、虱がゐたからと云つて、人間の体は決して温まるものではない。それのみならず、孝経《かうきやう》にも、身体髪膚之《これ》を父母に受く、敢《あへ》て毀傷《きしやう》せざるは孝の始なりとある。自、好んでその身体を、虱如きに食はせるのは、不孝も亦甚しい。だから、どうしても、虱狩るべし。飼ふべからずだと云ふのである。……

かう云ふ行きがかりで、森の仲間と井上の仲間との間には、時折口論が持上がる。それも、唯《たゞ》、口論位ですんでゐた内は、差支《さしつか》へない。が、とうとう、しまひには、それが素《もと》で、思ひもよらない刃傷沙汰《にんじやうざた》さへ、始まるやうな事になつた。

それと云ふのは、或日《あるひ》、森が、又大事に飼はうと思つて、人から貰つた虱を茶碗へ入れてとつて置くと、油断を見すまして井上が、何時の間にかそれを食つてしまつた。森が来て見ると、もう一匹もない。そこで、このPrécurseurが腹を立てた。

「何故、人の虱を食はしつた。」

張肘《はりひぢ》をしながら、眼《め》の色を変へて、かうつめよると、井上は、

「自体、虱を飼ふと云ふのが、たわけぢやての。」と、空嘯《そらうそぶ》いて、まるで取合ふけしきがない。

「食ふ方がたわけぢや。」

森は、躍起となつて、板の間をたたきながら、

「これ、この船中に、一人として虱の恩を蒙《かうむ》らぬ者がござるか。その虱を取つて食ふなどとは、恩を仇《あだ》でかへすのも同然ぢや。」

「身共《みども》は、虱の恩を着た覚えなどは、毛頭ござらぬ。」

「いや、たとひ恩を着ぬにもせよ、妄《みだり》に生類の命を断つなどゝは、言語道断でござらう。」

二言三言云ひつのつたと思ふと、森がいきなり眼の色を変へて、蝦鞘巻《えびさやまき》の柄《つか》に手をかけた。勿論、井上も負けてはゐない。すぐに、朱鞘の長物《ながもの》をひきよせて、立上る。――裸で虱をとつてゐた連中が、慌てて両人を取押へなかつたなら、或《あるい》はどちらか一方の命にも関る所であつた。

この騒ぎを実見した人の話によると、二人は、一同に抱《いだ》きすくめられながら、それでもまだ口角に泡を飛ばせて、「虱。虱。」と叫んでゐたさうである。

四

かう云ふ具合に、船中の侍たちが、虱の為に刃傷沙汰を引起してゐる間でも、五百石積の金毘羅船だけは、まるでそんな事には頓着しないやうに、紅白の幟を寒風にひるがへしながら、遥々《えうえう》として長州征伐の途に上るべく、雪もよひの空の下を、西へ西へと走つて行つた。

（「虱」『芥川龍之介全集　第一巻』岩波書店）

〈アンソロジー〉

坑夫（抄）

夏目漱石

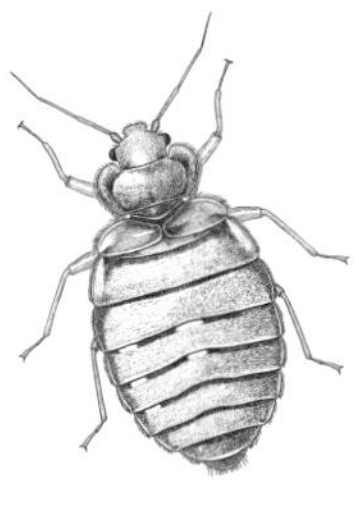

（前略）突然、

「草臥《くたび》れたらうから、もう御休《おやす》みなさい」

と云《い》はれた。

見ると、さつきの婆《ばあ》さんが、立つてゐる。矢張《やつぱり》襷掛《たすきがけ》の儘《まゝ》である。何時《いつ》の間に上がつて来たものか、些《ちつ》とも気が附《つ》かなかつた。自分の魂が遠慮なく火の中を馳《か》け廻《まは》つて、艶子《つやこ》さんになつたり、澄江《すみえ》さんになつたり、親爺《おやぢ》になつたり、金《きん》さんになつたり、――被布《ひふ》やら、廂髪《ひさしがみ》やら、赤毛布《あかげつと》やら、唸《うな》り声《ごゑ》やら、揚《あげ》饅頭《まんぢゆう》やら、華厳《けごん》の滝やら――幾多無数の幻影《まぼろし》が、囲炉裏の中に躍り狂つて、立《た》ち騰《のぼ》る火の気の裏《うち》に追つ追れつ、日向《ひなた》に浮ぶ塵《ちり》と思はれる迄《まで》夥《おびたゞ》しく出て来た最中に、はつと気が附いたんだから、眼《め》の前にゐる婆さんが、不思議な位変であつた。然《しか》し寝ろと云ふ注意丈《だけ》は明かに耳に聞えたに違ないから、自分はたゞ、

「えゝ」

と答へた。すると婆さんは後ろの戸棚を指して、

「布団は、あすこに這入《はい》つてるから、独《ひとり》で出して御掛《おか》けなさい。一枚三銭づゝだ。寒いから二枚は入《い》るでせう」

と聞くから、又
「えゝ」

と答へたら、婆さんは、夫《そ》れ限何《ぎりなん》にも云はずに、降りて行つた。是《こ》れで、自分は寝てもいゝと云ふ許可を得たから、正式に横になつても剣突《けんつく》を食ふ恐れはあるまいと思つて、婆さんの指図通り戸棚を明けて見ると、あつた。布団が沢山あつた。然しいづれも薄汚いもの許《ばか》りである。自宅《うち》で敷いてゐたのとは丸《まる》で比較にならない。自分は一番上に乗つてるのを二枚、そつと卸した。さうして、電気灯の光で見た。地《ぢ》は浅黄《あさぎ》である。模様は白である。其《そ》の上に垢《あか》が一面に塗り附けてあるから、六分方《ろくぶがた》色変りがして、白い所杯《など》は、通例なら我慢の出来にくい程どろんと、化けてゐる。其の上頗《すこぶ》る堅い。搗《つ》き立《た》ての伸《の》し餅《もち》を、金巾《かなきん》に包んだ様に、綿は綿でかたまつて、表布《かは》とは丸で縁故がない程の、こち〳〵したものである。


　自分は此《この》布団を畳の上へ平《ひらた》く敷いた。それから残る一枚を平く掛けた。さうして、襯衣《シャツ》丈になつて、其の間に潜り込んだ。湿つぽい中を割り込んで、両足をうんと伸ばしたら踵《かゝと》が畳の上へ出たから、又心

持引つ込ました。延ばす時も曲げる時も、不断の様に軽くしなやかには行かない。みしりと音がする程、関節が窮屈に硬張《こはば》つて、動きたがらない。じつとして、布団の中に膝頭を横たへてゐると、倦怠《だるい》のを通り越して重い。腿《もゝ》から下を切り取つて、其の代りに筋金入りの義足を附けられた様に重い。丸で感覚のある二本の棒である。自分は冷たくつて重たい足を苦に病んで、頭を布団の中に突つ込んだ。せめて頭丈でも暖《あつたか》にしたら、足の方でも折れ合つて呉《く》れるだらうとの、果敢《はか》ない望みから出た窮策であつた。

然し流石《さすが》に疲れてゐる。寒さよりも、足よりも、布団の臭ひよりも、煩悶《はんもん》よりも、厭世《えんせい》よりも――疲れてゐる。実に死ぬ方が楽な程疲れ切つてゐた。それで、横になるとすぐ――畳から足を引つ込まして、頭を布団に入れる丈《だ》けの所作を仕遂げたと思ふが早いか、眠《ね》て仕舞つた。ぐう〳〵正体なく眠て仕舞つた。是《これ》から先《さ》きは自分の事ながら到底書けない。……

すると、突然針で脊中《せなか》を刺された。夢に刺されたのか、起きてゐて、刺されたのか、感じは頗る曖昧であつた。だからそれ丈の事ならば、針だらうが刺《とげ》だらうが、頓着《とんぢやく》はなかつたらう。正気の針を夢の中に引摺《ひきず》り込んで、夢の中の刺を前後不覚の床《とこ》の下に埋《うづ》めてしまふ分《ぶん》の事である。所がさうは行《ゆ》かなかつた。と云ふものは、刺されたなと思ひながらも、針の事を忘れる程にうつとりとなると、又一つ、ちくりと遣《や》られた。

今度は大きな眼を開《あ》いた。所へ又ちくりと来た。おやと驚く途端に又ちくりと刺した。是れは大変だと漸《やうや》く気が附きがけに、飛び上る程劇《はげ》しく股《もゝ》の辺《あたり》を遣られた。自分は此《こ》の時始めて、普通の人間に帰つた。さうして身体中《からだぢゆう》至る所がちく〳〵してゐるのを発見した。そこでそつと襯衣の間から手を入れて、脊中を撫《な》でゝ見ると、一面にざら〳〵する。最初指先が肌に触れた時は、てつきり劇烈な皮膚病に罹《かゝ》つたんだと思つた。所が指を肌に着けた儘、二三寸引いて見ると、何だか、ばら〳〵と落ちた。是れは只事《たゞごと》でないと忽《たちま》ち跳ね起きて、襯衣一枚の見苦しい姿ながら囲炉裏の傍《そば》へ行つて、親指と人差指の間に押へた、米粒程のものを、検査して見ると、異様の虫であつた。実は此の時分には、まだ南京虫《ナンキンむし》を見た事がないんだから、果して是れがさうだとは断言出来なかつたが――何だか直覚的に南京虫らしいと思つた。かう云ふ下卑た所に直覚の二字を濫用《らんよう》しては済まんが、外に言葉がないから、已《やむ》を得ず高尚な術語を使つた。偖《さて》其の虫を検査してゐるうちに、非常に悪《にく》らしくなつて来た。囲炉裏の縁へ乗せて、ぴちりと親指の爪で圧《お》し潰《つぶ》したら、云ふに云はれぬ青臭い虫であつた。此の青臭い臭気《にほひ》を嗅ぐと、何となく好《い》い心持になる。――自分はこんな醜い事を真面目にかゝねばならぬ程狂違染《きちがひじ》みてゐた。実を云ふと、此の青臭い臭気を嗅ぐ迄は、恨《うらみ》を霽《は》らした様な気がしなかつたのである。それだから捕つては潰し、捕つては潰し、潰すたんびに親指の爪を鼻へあてがつて嗅いでゐた。すると鼻の奥へ詰つて来た。今にも涙が出さうになる。非常に情ない。それだのに、爪を嗅ぐと愉快である。此の時二階下で大勢が一度にどつと笑ふ声がした。自分は急に虫を潰すのを已《や》めた。広間を見渡すと誰もゐない。金さん丈が、平

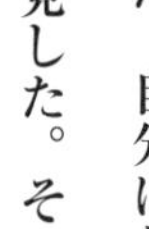

たくなつて静かに寝てゐる。頭も足も見えない。其の外にたつた一人ゐた。尤《もつと》も始めて気が附いた時は人間とは思はなかつた。向ふの柱の中途から、窓の敷居へかけて、帆木綿《ほもめん》の様なものを白く渡して、其の幅のなかに包まつてゐたから、何だか気味が悪かつた。然しよく見ると、白い中から黒いものが斜《はす》に出てゐる。さうして夫《それ》が人間の毬栗頭《いがぐりあたま》であつた。――広い部屋には、自分と此の二人を除いて、誰もゐない。たゞ電気灯がかん〳〵点《つ》いてゐる。大変静かだ、と思ふと又下座敷でわつと笑つた。さつきの連《れん》中《ぢゆう》か、又は作業を済まして帰つて来たものが、大勢寄つて巫山戯散《ふざけち》らしてゐるに違ない。自分は茫乎《ぼんやり》して布団のある所迄帰つて来た。さうして裸体《はだか》になつて、襯衣を振るつて、枕元にある着物を着て、帯を締めて、一番仕舞に敷いてある布団を叮嚀《ていねい》に畳んで戸棚へ入れた。それから後はどうして好いか分らない。時間は何時だか、夜《よ》は到底まだ明けさうにしない。腕組をして立つて考へてゐると、足の甲が又むづ〳〵する。自分は堪《こら》へ切れずに、

「えつ畜生」

と云ひながら二三度小踴《こをどり》をした。それから、右の足の甲で、左の上を擦《こす》つて、左の足の甲で右の上を擦つて、是れでもかと歯軋《はぎしり》をした。しかし表へ飛び出す訳にも行かず、寝る勇気はなし、と云つて、下へ降りて、車座の中へ割り込んで見る元気は固《もと》より無い。先《さつ》き毒突かれた事を思ひ出すと、南京虫より余《よ》つ程厭《ほどいや》だ。夜が明ければいゝ、夜が明ければいゝ、と思ひながら、自分は表へ向いた窓の方へ歩いて行つた。

すると其処《そこ》に柱があつた。自分は立ちながら、此柱に倚《よ》つ掛《か》つた。脊中を附けて腰を浮かして、足の裏で身体を持たしてゐると、両足がずる〳〵畳の目を滑つて段々遠くへ行つちまふ。夫れから又真直《まつすぐ》に立つ。又ずる〳〵滑る。又立つ。まづ斯《こ》んな事をしてゐた。幸ひ南京虫は出て来なかつた。下では時々どつと笑ふ。

　居ても立つてもと云ふのは喩《たとへ》だが、其の居ても立つてもを、実際に経験したのは此の時である。だから坐《すわ》るとも立つとも方《かた》の附かない運動をして、中途半端に紛らかしてゐた。所が其の運動をいつ迄根気に遣つたものか覚えてゐない。いとゞ疲れてゐる上に、猶《なほ》手足を疲らして、いかな南京虫でも応へない程疲れ切つたんで、始めて寝たもんだらう。夜が明けたら、自分が摺《ず》り落《お》ちた柱の下に、足だけ延ばして、脊を丸く蹲踞《うづくま》つてゐた。

　是れ程苦しめられた南京虫も、二日三日と過《た》つにつれて、段々痛くなくなつたのは妙である。其の実、一箇月許りしたら、いくら南京虫が居やうと、丸で米粒でも、ぞろ〳〵転がつてる位に思つて、夜はいつでも、ぐつすり安眠した。尤も南京虫の方でも日数《ひかず》を積むに従つて遠慮してくるさうである。其証拠には新来《きたて》のお客には、べた一面にたかつて、夜通し苛《いぢ》めるが、少し辛抱してゐると、向ふから、愛想をつかして、あまり寄り附かなくなるもんだと云ふ。毎日食つてる人間の肉は自然鼻につくからだとも教へたものがあるし、いや肉の方に夫丈《それだけ》の品格が出来て、シキ臭くなるから、虫も恐れ入るんだとも説明

したものがある。さうして見ると此処《こゝ》の南京虫と坑夫とは、性質《たち》が能《よ》く似てゐる。恐らく坑夫許りぢやあるまい、一般の人類の傾向と、此南京虫とは矢張《やは》り同様の心理に支配されてるんだらう。だから此解釈は人間と虫けらを概括する所に面白味があつて、哲学者の喜びさうな、美しいものであるが、自分の考へを云ふと全くさうぢやないらしい。虫の方で気兼《きがね》をしたり、贅沢《ぜいたく》を云つたりするんぢやなくつて、食はれる人間の方で習慣の結果、無神経になるんだらうと思ふ。虫は依然として食つてるが、食はれても平気でゐるに違ない、尤も食はれて感じないのも、食はれなくつて感じないのも、趣こそ違へ、結果は同じ事であるから、是は実際上議論をしても、あまり役に立たない話である。

（「坑夫」『漱石全集　第三巻　虞美人草　坑夫』岩波書店）

第12章

チョウとガ

——てふの出て舞う朧月

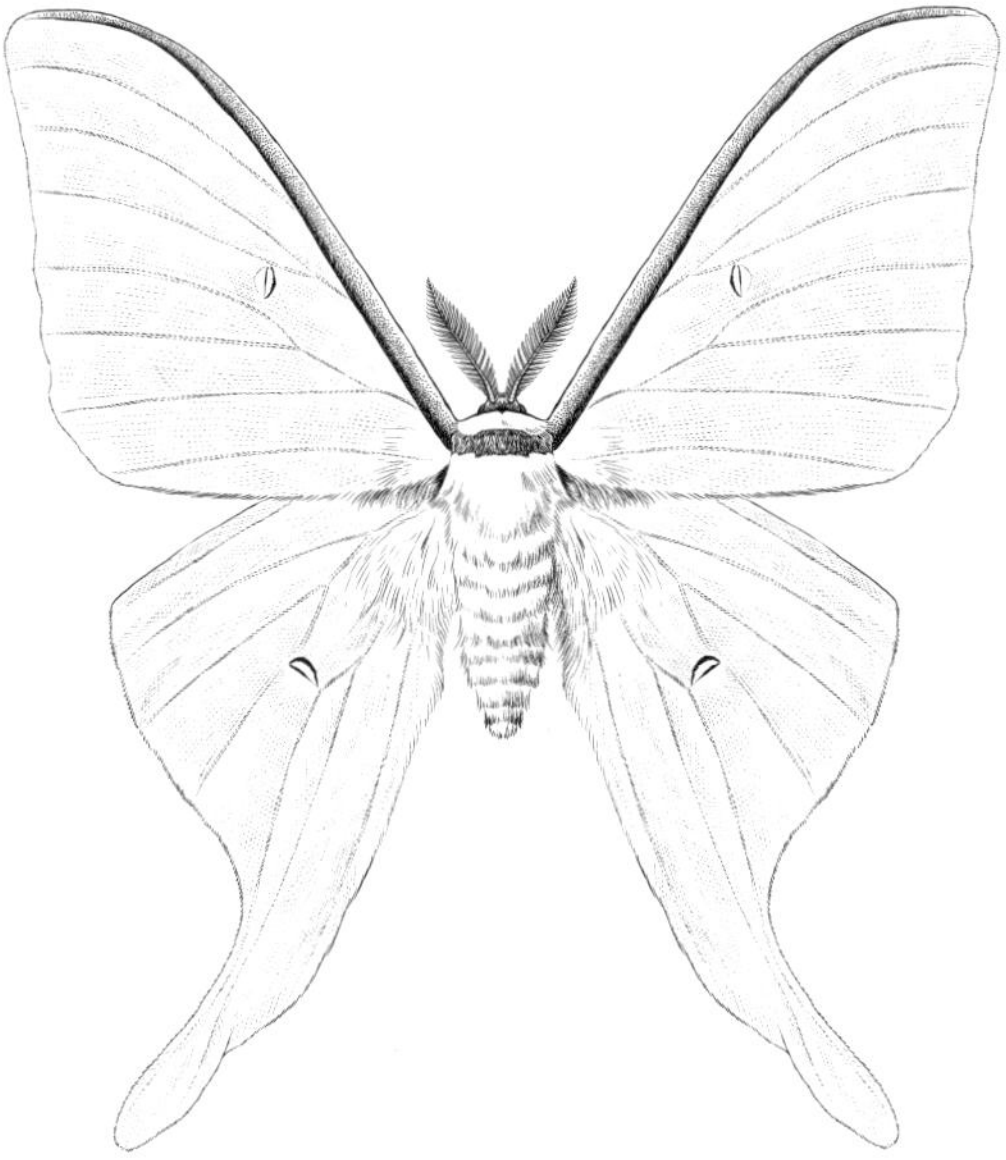

チョウとガの区別点

日本語では、チョウとガをはっきりと区別する。しかし、その区別点は、実をいうと、そう明確なものではない。それどころか、例外だらけといってもよいのである。

その区別点とされるものを列挙してみると、以下のようになる。

(1)チョウは翅《はね》を立てて背中で合わせて止まり、ガは翅を屋根型に開いて止まる。
(2)チョウは昼間飛び、ガは夜に飛ぶ。
(3)チョウの触角は棍棒《こんぼう》状だが、ガの触角は糸状、または櫛《くし》状である。

しかし、チョウも休止する時には翅を屋根型に開くし、ガの中にも昼間飛ぶものはいくらでもいる。そして棍棒状の触角を持つガもいるのである。

もっと邪険に、「チョウは綺麗《きれい》、ガは汚い！」と喝破する人もいる。

しかし、チョウでもセセリチョウなどは、両者の中間的形態をしていて、「十分汚い」といえるし、その中でオーストラリアのラッフルズセセリとなると、ガの特徴である、翅棘《しきょく》を持っていたりする。

カストニアガ。翅などはガだが、触角がチョウに似る珍しいガ。主に南米に産する。

さらに南米のカストニアガなどは、セセリを巨大化したようなもので、ガには違いないが、触角は見事に棍棒状なのである。

熱帯などに採集に行って、昼間ひらひら飛んでいるきらびやかなチョウを採って、よく見ると「あっ、ガだ、チョウじゃなかった」ということがしばしばある。

暑い地方に産するマダラガやエダシャクというガの仲間には、マダラチョウやアゲハチョウに擬態しているとしか思えないほど、それらにそっくりの姿をし、しかも飛び方まで真似《まね》ているように思われるものがたくさんいる。そうした擬態種とそのモデルの例を挙げると、次のようなものがある。

マダラガとマダラチョウの仲間
マダラガとハルカゼシロチョウの仲間
アゲハモドキとベニモンアゲハの仲間

等である。

以上、チョウとガの区別点を挙げたけれど、先ほど言った通り、これらは便宜的なものに過ぎないのであって、昆虫学的には、チョウとガとの間には、根本的な区別はないのである。

もともとチョウとガは鱗翅目《りんしもく》という、昆虫の大きなグループの中に含まれるものであって、チョウはそのごく一部、後の大半はガということになる。数字を示せば、チョウが全世界で2万種、ガはその10倍というところか。

アサギマダラガ。有毒のアサギマダラに似たガ。

アサギマダラ。有毒のチョウ。幼虫はキジョランなど化学物質を含む植物を食べる。

オウサマアゲハモドキ。有毒のオオベニモンアゲハに似たガ。

オオベニモンアゲハ。幼虫はウマノスズクサの仲間の植物を食べる。有毒。

もともと鱗翅目というのは、鱗のある広い翅を持った虫のことをいうわけで、鱗翅とは、ラテン語のレピド（鱗）とプテラ（翅）というのを訳したものである。

鱗翅類の起源については諸説あるようだが、幼虫時代を水の中で過ごす、トビケラのような虫がその祖先、という説が有力のようである。すなわち、その成虫の翅の表面に生えている細かい毛が鱗のように発達し、それに美しい色がついて今のチョウやガになったといわれているのである。

いずれにせよ、「鱗翅」というのは耳慣れない言葉で、昔、筆者が学生時代に、大学前の郵便局で「日本鱗翅学会」の会費を払おうとしたら、窓口の人に、

「鱗翅学会って何の会なんですか？」

と不審そうに訊《き》かれたことがある。その頃、大学生にも、職員にも、この会の会員が多く、窓口で振込をすることが何回か続いたのであろう。それで郵便局員も、いったいこれは何なんだ、いっぺん訊いてみたい、と思っていたのではないだろうか。

今にして思えば、その頃が「日本鱗翅学会」の全盛時代だったのだ。その後はチョウ・ガの会も多様化してさまざまに分裂し、何しろ天狗《てんぐ》の集まりであるから、喧嘩《けんか》までした。同時に、少子高齢化で、虫屋人口も徐々に減り始めたというわけである。

チョウという言葉

日本語の「チョウチョウ」という言葉は、歴史的仮名遣いの通り、もともとは「てふてふ」と

書かれ、その通りに発音していたようである。

しかし時代を遡ると、「てふ（tehu）」のhは、もうすこし唇を使うfの音であり、さらに昔は、もっと強く発音するpの音だったらしい。ローマ字で書くと、新しい順にtehu tehu→tefu tefu→tepu tepuということになる。

つまり、「てふてふ」以前は「てぷてぷ」だったものと思われる。

同様に、「花」は「ふぁな」であり、その前は「ぱな」であった。

したがって「てふてふがふぁなからふぁなに飛んで」いた時代より、さらに大昔には、「てぷてぷがぱなからぱなに飛ぶ」といっていたのであろう。

チョウという言葉は、本来この薄い翅を持った虫の、ひらひら、ぱたぱたと飛ぶありさまを形容した擬態語ということが出来るだろう。

古人は、日本語のこの言葉に、漢字の「蝶」の字をあてた。中国ではチョウのことを「胡蝶《フーテイエ》」という。そのためか、「蝶」の字の音読みは「チョウ」というのだが、日本語ではもともと「てぷ」とか「てふ」とかと言っていたのが、いつの間にか「チョウ」になったようである。

漢字の「蝶」の字のつくりは、鰈や葉、諜の字を並べて見てもわかるように、薄い、あるいはぺらぺらした感じのものを表すようである。

外国でチョウを表す言葉を見ると、たとえば、インドネシア語のクプクプとか、フィリピンのタガログ語のパロパロとか、イタリア語のファルファッラ、なども、同じようにして擬態語から出来たのではないかと思われる。

フランス語ではパピヨン（papillon）というが、これはラテン語のパピリオ（papilio）に由来する。これも擬態語くさいが、それは擬態語好きの日本人だからそう感じる、とも言い切れないであろう。

このパピリオという語が、古代ローマの属州であった、ガリアの地、つまり今のフランスでは、papillon（パピヨン）とpavillon（パヴィヨン）、ふたつの形と意味で使われている。そのひとつ、パヴィヨンにはさらに、「亭」と「旗」との、ふたつの意味がある。

旗は、はたはた、あるいはぱたぱたとはためくから旗なのであって、これも、元は擬態語であろう。「はたがはたはたとはためく」という文章の中に「はた」がいくつあるか、子供に聞いてみたい。

「蛾」という漢字

ところで、「蝶」と対になる「蛾」という漢字には訓読みがない。

本来はガもまたチョウといっていたようである。ただし夜間、灯《ひ》に飛んでくるガの仲間は、ヒトリムシとか、ヒムシとか、あるいはヒヒルとかといっていた。

日本で「蛾」という言葉が文献に初めて現れたのはいつだったのか。『日本国語大辞典』での用例の初出は順徳帝の歌論書『八雲御抄』（鎌倉時代前期）だということなので、日本でのこの字の登場は、「蝶」の場合と較《くら》べると、ずいぶん新しいことになる。そしてこの虫が大事なところで面白い役をするのは、『太平記』においてである。

『太平記』に記された物語、あるいは歴史について、戦前は逸話を主に、詳しく教えたようであるが、楠木正成《くすのきまさしげ》、正行《まさつら》父子の「桜井の別れ」や、新田義貞《にったよしさだ》が稲村ケ崎で黄金《こがね》造りの太刀を海に沈めて、神の加護を祈った伝説のことなど、今はもうあまり語られることがないようである。それどころか、南朝、北朝とか、「建武の中興」とかも知らない人さえいる時代である。

筆者も『太平記』を全巻通して読んだことはなかったのだが、最近、兵藤裕己《ひょうどうひろみ》の懇切な注釈付きのテキストが岩波文庫に入った。

読んでみると、これは『平家物語』とは違って、生々しく荒々しい描写の混じる、まさに「戦記物」で、合戦の場面は真に迫ったものである。武士の首に矢が突き刺さり、それが反対側に突き通って、どうとばかりに馬から落ちて息絶える、などという描写がある。

文章は、いわゆる和漢混淆《こんこう》文であって、難しい漢語のみならず、中国の歴史、故事なども頻出する。中には耳で聞いただけではわからない言葉も多いと思われるけれど、それがまたよかったのであろう。

『太平記』は後の講談にも影響を与えたというが、それはそうに違いない。易しい和語で、何もかもすっかりわかるより、多少わからない難しい言葉の混じっているほうが武張《ぶば》ってかっこいいし、有り難い気のすることもある。

そのあたりの事情は世界共通で、カトリックも祈りの文句などにラテン語を使ったし、日本のお坊さんも難しい読みの漢語、時には梵語《ぼんご》まで使っていた。かつての全共闘の演説も、易しい言葉で、すっかりわかってしまったのでは勢いがない、とは余計な話。

さて、『太平記』において「蛾」という語は、「第二巻6　阿新殿《くまわか》の事」というところに出てくる。

阿新は、後醍醐《ごだいご》天皇側に付いたが闘いに破れて捕らわれた日野資朝《ひのすけとも》の子で、弱冠13歳の少年である。佐渡島に流された父が処刑される前に、一目なりとも会いたいと、資朝をあずかっている本間山城《ほんまやましろ》入道のところに訪ねてくる。

ところが、本間は父子の面会を許さず、さっさと資朝の首を斬ってしまうのである。

密《ひそ》かに復讐《ふくしゅう》を誓った阿新は、本間の父でも子でもよい、殺さずにおくものか、と警備の隙を狙っている。

かくて、阿新は、四、五日は労《らう》する由にて、夜に入りければ、便暇《びんひま》を伺ひて、本間が寝所《しんじょ》を見置き、父子の間《あひだ》に一人差し殺して、無念を散ずべしと、狙ひける程に、或る夜、雨風烈《はげ》しくて、番衆《ばんじゅ》ども遠侍《とほさぶらひ》に臥《ふ》したり。今夜《こよい》こそよき隙《ひま》よと思ひ、本間入道が常の臥処《ふしど》を見るに、本間は見えず。さてはいづくに臥したるらんと見廻《みまは》せば、二間《ふたま》の障子の中に、燈《ともしび》の影あり。隙より覗きて見れば、資朝の頸《くび》切り奉りたりし本間三郎なり。

これこそ親の敵《かたき》よ。子の頸は親の頸なり。これこそ幸ひよ。同じくは、子を殺して、父本間に物を思はせ、わが親に別れたる悲しさを思ひ知らすべしと悦《よろこ》びて、障子を開《あ》けんとしけるが、燭明《ともしび》らかなり。見れば、枕に太刀も刀もあり。われはもとより太刀、刀は持たず。敵の太刀こそわが物よと思ひければ、太刀取らんに、もし驚きては仕損ずべし。あはれ、燈が滅《き》えよかしと待つ所に、……

と、やっとここで「蛾」がでてくる。

蛾《が》と云《い》ふ虫の、障子の明らかなるに付いて、内へ入らんとす。究竟《くつきやう》の事かなと思ひ、障子を玉唾《つばけ》にて濡《ぬ》らし、穴を開けて、蛾を内へ入れたりけるに、案の如《ごと》く、燈を滅《け》しければ、阿新殿は、内に入り、本間三郎が枕に立つたる刀を取つて、腰に差し、太刀を取つて、鞘《さや》をはづし、三郎が胸を突き通し、返す太刀にて喉笛を切つて、心閑《しづ》かに後ろの竹原に陰《かく》れにけり。

（『太平記㈠』兵藤裕己校注　岩波文庫）

昔から、障子は、指に唾をつけて穴を開けるものと、相場が決まっていたようである。その穴からガを室内に入れ、それが燈火をはたき消したというのだから、この灯りは、菜種油を灯芯に沁《し》み込ませたものであろう。そしてこのガは、しっかりした身体《からだ》を持つスズメガあたりのイメージである。

もうひとつ、前出の箇所のヴァリアント（異本）があるから書いておく。

夏の宵《よひ》なれば、蛾《が》といふ虫のあまた明障子《あかりしやうじ》に取り付きたりけるを、究竟《くつきやう》の事かなと思ひ給ひて、障子を少し引き開けて、この虫をあまた飛び入らせて、灯をばやがて打《う》ち滅《け》しにけり。

（『新編　日本古典文学全集54　太平記①』長谷川端校注・訳　小学館）

今度はガが複数である。文章は先ほど言った通り、なるほど、和漢混淆文そのもの。日本人はこうして、外国語の語彙を取り込んでいったのであって、これが明治初年なら、英語のボキャブラリーが混在することになる。たとえば、

サマーイヴニングなれば、モスといふインセクトのあまた、明かり障子に取り付きたるを、ラッキーかなと思い給ひて、障子を少し引き開けて、このインセクトをあまた飛び入らせて、ランプをばやがて打ち滅しにけり。

となる。とんと、仮名垣魯文《かながきろぶん》の『安愚楽鍋《あぐらなべ》』か坪内逍遥《つぼうちしょうよう》の『当世書生気質《かたぎ》』の英語混じり、ハイカラ軽薄文体である。

どうやら、ガという言葉が普通に使われるようになったのは、初出からもっとずっと後のことのようである。そして、「蛾」という字が、「娥」に通ずること、つまり、「くっきりとうつくしいさま」などという意味も、特に意識されずにきたようである。

確か谷崎潤一郎《たにざきじゆんいちろう》（1886～1965）の『武州公秘話』の中に「倪雲林《げいうんりん》の蛾の翅の厠《かわや》」というのが出て来るところがあった。それは、便壺《べんつぼ》の中に、蛾の翅をちぎって大量に積み重ねてあり、そこに上から、一件が落ちて来ると、たちまち舞い上がって、包み隠してしまう、というもので

あった。その描写が実に豪華なのである。

ところで、一般の人がチョウとガの区別点について知ったかぶりをするようになったのは、明治になってからの（英米流の）小、中学校における博物教育の結果なのではないか、と筆者などは考えている。そうした教科書を動物学者の飯島魁《いいじまいさお》（1861〜1921）あたりが翻案し、普及させたのではないだろうか。

作家、田中貢太郎《たなかこうたろう》（1880〜1941）に、『蛾』という作品がある。そこに、カフェーの女給の「蛾さ、蝶ぢゃないよ」というようなセリフがあるところを見ると、普通の人の中に、チョウとガとをちゃんと区別する人もすでにいたようである。

丈草の幻夢

芭蕉の弟子、内藤丈草《ないとうじょうそう》（1662〜1704）の句に、

大原やてふの出て舞う朧月《おぼろづき》

というのがある。これなどは、チョウが朧月夜に出て舞うのは変だという人もあり、また、朧月夜が綺麗なので、昼間飛ぶはずのチョウが浮かれて飛んで出た、つまりそれほど、朧月夜が……というふうに解釈する人もあるかもしれない。

しかし、ガに詳しい人ならば、春先に出てきて非常に目立つ種、そして飛ぶその姿が幻想的な

もの、といわれれば、直ちにオオミズアオを思い浮かべることだろうと思う。

尾状突起をひらひらとなびかせ、その名の通り、水青色のこの大型の美しいガは、シュールレアリスト風に表現すると、「取り乱した紙屑《かみくず》のように」行方定めずに飛ぶ。

これが朧月夜に舞い出てくると、それこそ、京都の大原という場所がら故に、建礼門院《けんれいもんいん》の怨霊が出てきたような感じがするのではないか。

平清盛《たいらのきよもり》の娘で、高倉天皇の中宮であった建礼門院は、壇ノ浦の闘いで、もはやこれまで、と入水したのであった。それが心ならずも救い上げられ、大原の寂光院で仏に仕えて余生を過ごしている。

平家の家紋は「揚羽の蝶」でもあることだし、丈草は、およそ500年前の『平家物語』の一節をここに想起し、蕪村《ぶそん》風でもある、この夢幻的な句を詠《よ》んだのであろう。

ついでにいえば、オオミズアオの英名は、moon moth（ムーンモス、月のガ）であり、学名は、*Actias artemis*と、月の女神アルテミスに捧《ささ》げられている、といえばこの話のオチになるだろうか（ただし、今は変更され*Actias aliena*となっている）。

そしてこの場合の「てふ（チョウ）」というのは、もちろん、ガも含んだ言い方である。今でも古い人は、カイコガと言わずに、カイコノチョウなどと言っている。

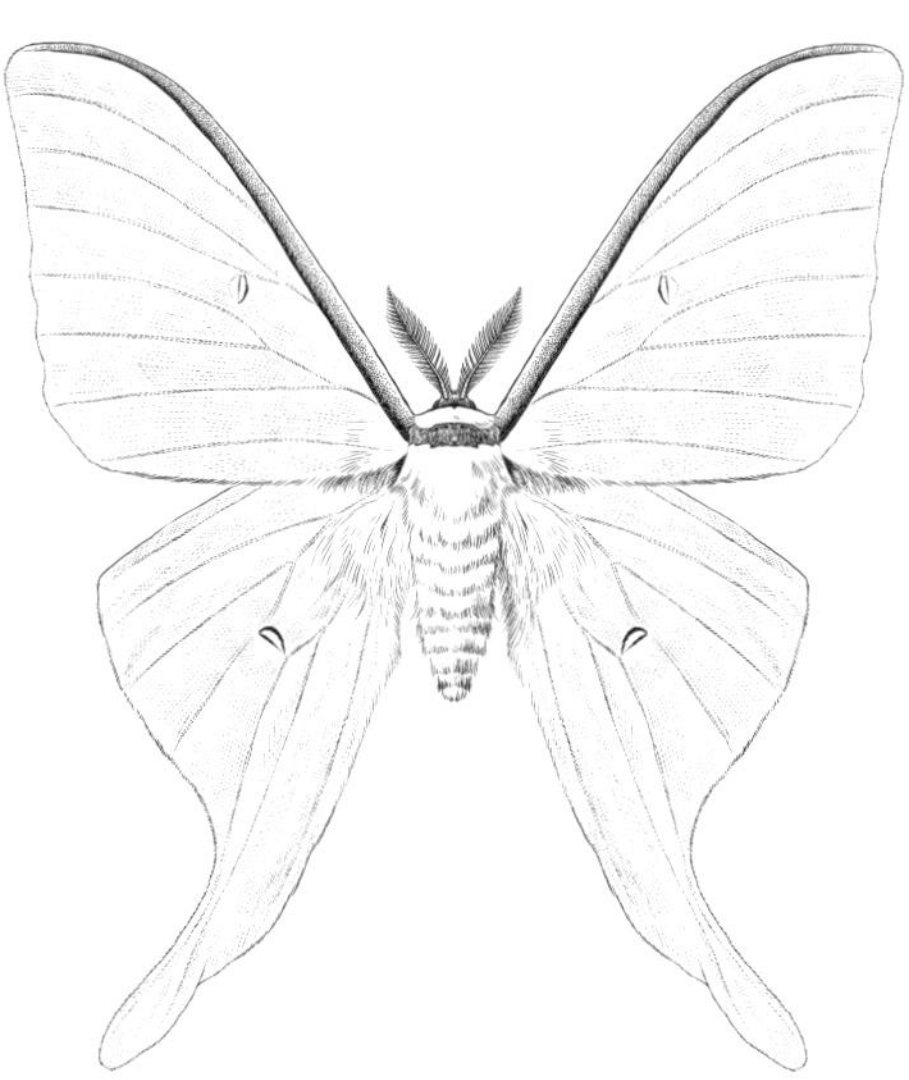

オオミズアオ。ヤママユガ科。大型の美しいガ。

カイコの歴史

昆虫の中でもっとも重要というか、実用的価値を持っているのはミツバチと並んでカイコガである。茶色い体をしたクワゴというガ（つまり野生種）を改良し、家畜化したものが、カイコである。

養蚕は、約5000年前に中国で始まり、その技術の〝企業秘密〟は約3000年の間守られたという。

ところが、一説によると、中央アジアに嫁すことになった一人の皇女が、髪の中にカイコガの卵とクワの種子を隠し持って、密輸出した、ということになっている。

さらに、その地から、ギリシャ人もしくはインド人僧侶が、その卵とクワの種子を竹の杖《つえ》に隠し持ち、ローマのユスティニアヌス皇帝の下にもたらした。それが552年または551年のことである。

フランスでの養蚕の歴史に関していえば、フランス最初のクワの木がトゥーレーヌ地方に植えられたのは、1461年と伝えられている。アンリ4世の時代に、農学者オリヴィエ・ド・セール（1539〜1619）が、テュイルリー宮殿の庭にクワの木を植えさせた。それまでのオレンジ（フランス語ではオランジュ）栽培用の温室（オランジュリー）が養蚕場に変えられたのである。

フランスの養蚕業は、17世紀以来、主として南仏において盛んであった。フランスで養蚕は

カイコガ。糸をとるためにクワゴを品種改良したガ。飛べない。

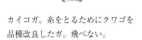

magnanerie（マニャヌリー）というが、この言葉は、オック語（南仏で話されるロマンス語の一種）のmagnan（マニャン）、すなわち「食べる」という語に由来するといわれる（ただしこれは俗説であるらしい）。

製糸業の中心はリヨンであり、日本は近代工業としての技術をフランスに求めた。群馬県前橋の官営製糸場にはリヨンから技術者が来ている。日本でも、江戸時代の初め頃は、生糸をポルトガルなどから輸入していたのだが、明治時代に国内で大量に生産するようになり、やがて日本の製糸業は大発展を遂げ、輸出額の一位は製糸業が稼ぎ出した。絹糸を売って、軍艦を買うという産業構造で戦争に勝ったのである。

長塚節のクスサン

カイコガ以外にも、ガの幼虫の糸は利用されて来た。茨城県出身で、農民の生活を実感として知っていた長塚《ながつか》節《たかし》（１８７９〜１９１５）に、『栗毛虫』という作品がある。随筆風のいわば身辺雑記だが、長塚による毛虫の描写は的確で、これが、ヤママユガの仲間のクスサンの幼虫であることをよく物語っている。かつては、こんな大型のガでも、われわれの身辺にいくらでもいたのである。そしてこれは、地味ながら、一度読んだら忘れられない文章である。

クワゴ。カイコガの野生種。

なんとなく気分が優れず、何にもやる気のしない「自分」は、ぼんやりしているよりいっそ、庭の栗毛虫退治でもやろうか、と思いつく。

（前略）この頃のやうに鬱陶しい時は頭が悪くなつて困る、することがみんな懶《ものう》い、自分でもこれでは成らんと思つてもやつぱりぼんやりして居る、こんな時には随分馬鹿々々しいこともやつて見ることがある、少し寒けがするので襯衣を着込む足袋を穿《は》くして居るうちに栗毛虫でも叩《たた》き落してやらうと云ふ気になつた、この栗毛虫といふのは栗の木へ付く虫なのであるが、門のはだかの木（百日紅《さるすべり》）へも年々たかつてしやうがない、長さが三寸もあつて白く稍々《やゝ》青みを帯びた肌へ房々とした白毛を生じて居るのだから毛虫嫌のものには見た計《ばかり》でも心持がよくないだらうと思ふ、はだかの樹《き》は自分がやつと覚えて居る頃植移したので、その頃でも珍らしい樹であつたのださうであるが、今では蘖《ひこばえ》でさへも立派な花を持つやうになつたのである、しかしこんな大きな毛虫に荒されるのであるから随分枝が淋《さび》しくなつてしまふ、掃いても掃いても樹の下は毛虫の糞が真黒である、どうしても叩き落して踏み潰してや

クスサン。ヤママユガ科の仲間。幼虫（シラガタロウ）からテグスをとった。

らなければならない、

木は大きく育ち、それについている栗毛虫の数はおびただしい。しかもこの毛虫の肢《あし》は力強く、しっかり木の枝にしがみ付いていて簡単には叩き落とせないのである。

（「栗毛虫」『長塚節全集　第二巻』春陽堂書店）

蘖の方は枝が低いので竹竿《たけざお》を持つて行つては折々攻め付けるので大概亡《ほろ》びてしまつた、大きな木になると竹竿ではなか〳〵届かないのみならず裏葉の色と毛虫の色とはまがい易いので下からでは容易に分らない、梯子《はしご》を掛けて登つた、片手には布袋竹の小竿を持つて居るのに足袋を穿いたりしたので、うるほひのあるはだかの樹は滑かで登りにくかつたが漸《やうや》く頂上まで辿《たど》りついた、門の畑はぢき目の下に見えて茄子《なす》も瓜も豆の這《は》つたのもよく分かる、畑のさきの林から隣村の竹まで見える、いま〳〵しい栗毛虫はそこにもこゝにもぢつとして動かないで居る、いきなり叩いてやるとぢきに落ちる奴もあるが、大概尻のところでつかまつた儘《まゝ》ぶらつと下る、二つ三つ続けざまに叩くとボタと音がして落ちる、枝から枝へ引き攀《よ》ぢては叩き落し〳〵打ち落してしまつた、毛虫は動くことも出来ず木の下一面に散らばつて居る、打《ぶ》つちぎれた小枝も毛虫の糞の上に散らばつて居る、そのうちに、ふと、これだけいる毛虫を何かに利用できないものかと「自分」は考える。そこへ、隣家の婆《ばあ》さんが通りかかる。昔からの農家の人であるから、この虫の利用法を知っているだろう、確かこれからは糸がとれるはずだが……と思って尋ねてみる。

四五十匹もある毛虫を潰すのも穢《きたな》い、どうしたものかと毛虫を掻《か》き寄せながら考へた、この虫の体から立派な糸が引き出せるといふことを聞いたことがあつたがどうすればよいのかと思つて居ると隣の家の婆さんが通り掛つた、自分は婆さんにその方法を尋ねると婆さんは一向知らないといふことであつた、この婆さん酒を飲むことだけは達者だが、こんなたしなみはないと見える、すると突然うしろから

「婆ア

と呼びかけたのは婆さんの孫で四つ位になる児《こ》である、ぢき筋向ひの分家の木戸から出て来たのである、豆を一杯にもつた汁椀《しるわん》を持つてあぶな相に歩いて居る、婆さんにこ〱しながら振り返つて

「この野郎なに貰《もら》つて来たハハハ……

といひ乍《なが》ら自分を見て笑ひつゝ豆の椀をうけとつて孫の手を引いて行つて仕舞つた、

この婆さんのまた隣の婆さんは物知りである、その婆さんならば屹度《きつと》分るだらうと自分は態々《わざ〱》聞

きに行つた、上り鼻の火鉢の脇にごろりとやつて居た婆さんはむつくり起き上つて目を擦《こす》りながら渋りがちにいつた、

「へエーかう二つに裂いて酢で引き出すんでがす、へエー背中ンとこに糸があるんでがす、なんでも釣糸にすると強えなんて、せんの頃は言ひ〳〵しつけがなあに誰だつて取れあんすともせ

わけもないことだといふのであるから自分もやつて見やうと思つたが生憎《あいにく》に酢がない、買ひに遣つても五六町はある、それも品切になつた日には河を渡つて買つて来なければならぬ、それも面倒でたまらぬ、妹が庭の隅へ囲ひをして鶩《あひる》を飼つて置くから、鶩の餌にしてしまふことにした、

クスサンの幼虫は、一名をシラガタロウという。終齢幼虫等は、ずっしり持ち重りがする、といいたいほどの大きいイモムシで、白い毛が生えている。枝に付いているのを、棒でちょっと叩いたくらいでは、尾端の肢（偽脚）の力が強いのでなかなか落ちない。

この物知りお婆さんの、「でがす」とか「誰だつて取れあんすともせ」などという方言に味があり、農民の地力ともいうべきものが感じられる。

明治のことであるから、教育は受けていないのかもしれないけれど、頭のいい、しっかりした人なのではないかという気がする。

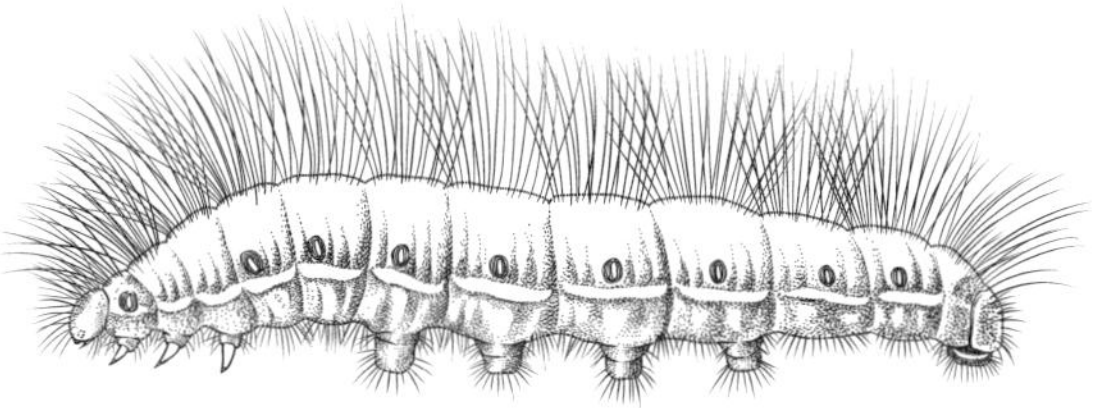

シラガタロウ。クスサンの幼虫。大きなイモムシ。

その前の、孫とお婆さんの関係も、なんともいえない微笑《ほほえ》ましい感じである。「この野郎なに貰つて来たハハハ」と言って、ちら、と、こちらの顔を見るところも実に生き生きしている。後のお婆さんが、丁寧な言葉遣いをするのに対し、先の孫とお婆さんの関係はいかにも乱暴な言葉遣いながら、そこに親しみというか孫への愛情がよく出ているではないか。

「炎舞」の後

朝、死んだガの美しさをじっと見つめる作家の眼《め》をほうふつさせるのは、川端康成(1899~1972)の代表作ともいうべき『雪国』であろう。

主人公の島村は、ガの死骸を手に取ってみては「なぜこんなに美しく出来ているのだろう」と思いに耽《ふけ》る。

そもそも、普通人の眼から見れば、この島村という男は、何を考えているのかわからない。職業は何かといえば、「親譲りの財産で徒食する島村には……」とあるから、戦前のそういう結構な身分の人間なのだろう。ただし、仕事らしきことはしているが、「ヴァレリイやアラン、それからまたロシア舞踊の花やかだった頃のフランス文人達の舞踊論を、島村は翻訳しているのだった。小部数の贅沢《ぜいたく》本として自費出版するつもりである。」というのだから、この仕事は金にならないどころではない。出版するには大金が必要である。

普通、そんな境遇の人間は、雪国の温泉場にぼんやり長逗留《とうりゅう》などしないし、何か目的があるのに違いないのだが、その目的は女であるように見えて、女だけでもない。抽象的にいえば、美の追求だろうか。小千谷《おぢや》縮みの古い名品を探したりもする。彼の眼は、ひたすら美を追求するのである。そしてじっと、死を見つめる。

彼は昆虫どもの悶死《もんし》するありさまを、つぶさに観察していた。

秋が冷えるに連れて、彼の部屋の畳の上で死んでゆく虫も日ごとにあったのだ。翼の堅い虫はひっくりかえると、もう起き直れなかった。蜂は少し歩いて転び、また歩いて倒れた。季節の移るように自然と亡《ほろ》びてゆく、静かな死であったけれども、近づいて見ると脚や触角を顫《ふる》わせて悶《もだ》えているのだった。それらの小さい死の場所として、八畳の畳はたいへん広いもののように眺められた。

島村は死骸を捨てようとして指で拾いながら、家に残して来た子供達をふと思い出すこともあった。

窓の金網にいつまでもとまっていると思うと、それは死んでいて、枯葉のように散ってゆく蛾《が》もあった。壁から落ちて来るのもあった。手に取ってみては、なぜこんなに美しく出来ているのだろうと、島村は思った。

その虫除《むしよ》けの金網も取りはずされた。虫の声がめっきり寂れた。

（「雪国」『日本の文学38　川端康成』中央公論社）

島村は、美しいガの死んだ姿から、ふと、家に残して来た子供、つまり、己の生み出した新しい、次の生命を連想する。こんなふうに、炎の宴《うたげ》の後のプシケー、古代ギリシャ人に言わせれば魂の抜け殻である死んだガの、儚《はかな》さとそれ故の美しさ、虚無の世界へと続く美を見つめようとするのである。

最近発見された川端の小編の中にもガが出てくる。〝インク壺《つぼ》の中の蛾〟という、川端らしいちょっと嫌なところのある短編である。

童謡のチョウ

大和地方の古い民謡に、

蝶《てふ》よ胡蝶《こてふ》よ菜《な》の葉にとまれ　とまりゃ名がたつ浮名《うきな》たつ

（『山家鳥虫歌―近世諸国民謡集―』浅野建二校注　岩波文庫）

というのがあるという。これなどが、やがて明治の小学唱歌の「蝶々蝶々菜の葉にとまれ、菜の葉に飽いたら桜にとまれ」の本歌といっていいものではないかと思われる。

粋な唄、といえば、教育上あまり好ましくないけれど、それが子供の唱歌になったのだ。この唱歌の作者は、幕末・明治期の国学者、野村秋足とされている。

これを聞くと、昔昔、袴《はかま》をはいた小学校の女の先生が、オルガンを弾きながら、子供たちに歌わせている光景を思い浮かべる。
実は明治末年生まれの筆者の母が、京の田舎で、そんな先生をしたことがあったのだそうである。

チョウは魂のイコン

ギリシャでは、アリストテレスが『動物誌』の中に、「キャベツの露がチョウの卵になる、そしてそこからチョウの幼虫が生まれてくる」と書いているということは第6章「ホタル」で述べた。アリストテレスはチョウをプシケーと呼んでいるが、このプシケーという言葉は、また人の魂をも表す。ギリシャの人々にとって、蠟燭《ろうそく》の灯《あか》りにチョウやガの仲間が飛んできて身を焼いて死んでしまうのは、まるで自殺をするように見えたわけで、なぜそんなことをするのか、不思議に思ったのではないか。

そしてそれは、一度火に焼かれて死に、また生まれ変わるためだと説明をつけたのであろう。太古以来の死と再生の思想を、ガの行動の中に彼らは見てとったというわけである。

日本でも、たとえば、墓地の木立ちの間を、クロアゲハやモンキアゲハのような、大型の黒いチョウが飛んでいたり、殊に人につきまとうように飛んだりすることがあると、信心深い人は、死んだ人の魂を連想したりする。

英国の政治家ウィンストン・チャーチルは、そういうことをすると祟《たた》りがある、と考えるのは昔の人で、チョウを飼育してたくさん集めさせておき、園遊会の時にこれを放って楽しんだそうだが、第10章でも紹介した中国17世紀の怪異譚《たん》『聊斎志異』には『蝶の仕返し』という物語がある。

長山県（山東省）の進士、王斠生《おうとせい》が県知事をしていたころのことである。訴えを裁くたびに罪の軽重に照らしあわせ、それ相応の数の蝶を罰として納めさせて罪をつぐなわせた。白洲《しらす》に千羽・百羽の蝶をいっせいに放すと、錦の切れはしが風にひらひら舞うように美しい。王はそれを見ては机をたたいて大いに笑うのであった。

ある夜、夢に女があらわれた。きらびやかな着物を身につけ、しずしずとはいってきて、

「あなたさまの暴虐な政治にかかって、姉や妹が大勢、死んでしまいました。知事さま、ともかく少々風流な仕返しをさせていただきますよ」

と言うと、蝶になってひらひら飛び去っていった。

翌日、役所でちびちび飲《や》っていると、ふいに省長官が巡視に来たのであわてて迎えに出た。だが奥の間で妻とたわむれていた時、白い花を冠にさしておいたのをとり忘れていた。省長官はそれを眼《め》にとめて、ふまじめだとして大いにしかりつけて帰った。それからは罰として蝶をとらせるきまりは廃止された。

（「蝶の仕返し」蒲松齢『聊斎志異　下巻』松枝茂夫、増田渉、村松一弥ほか訳　平凡社）

チョウの標本

プッチーニのオペラ『マダム・バタフライ』の中に、「海の向こうでは、チョウを捕まえると胸を針で貫き、板に刺すそうですね……」と蝶々夫人が歌うところがある。

それを残酷と感じる人もいるようだが、虫体に針を刺すというのは、もちろん、西洋から伝わったものである。これは実に思い切った方法で、標本を壊す心配なしに扱うための優れた工夫といえよう。

ただし、このためには、先の尖《とが》った細い針が安価に大量に生産されなければならない。つまり、インフラが充実していなければならないのである。

江戸時代の日本では、標本を紙に包むなどして保存を試みた人もあったようだが（例外的なものとして、武蔵石寿の半球形のガラスに入れた標本が東大博物館にある）、いっそ保存は諦めて、虫好きの大名であった増山雪斎《ましやませっさい》のように絵に描き、虫そのものは、土に埋め「虫塚」とした例もある。

雪斎の虫塚は上野寛永寺にある。「虫塚」については、柏田雄三『虫塚紀行』（創森社）という丹念な研究書があり、全国の主な虫塚調査の結果が一冊にまとめられている。その多くは、退治した大量の害虫の死骸を葬った後、祟りを怖れ、石碑などを建てた、いわば慰霊碑である。

上野寛永寺にある増山雪斎の虫塚。本来、虫塚は田んぼの害虫を退治し、埋めた後、祟りを恐れて造ったものという。

『マダム・バタフライ』の時代は、昆虫採集と標本の作り方が、西洋ですでに確立し、それがぽつぽつ日本にも導入されてきた時期で、横浜に外国人向けの土産として、昆虫の標本を作って売る店などもあったようである。その時代の採集品がヨーロッパに渡っていた。たとえばウスバシロチョウなどが、「横浜産」とか「日光産」として向こうの博物館に保存されていたりすることがある。その故か、ウスバシロチョウには、「ニッコウシロチョウ」という別名がある。

映画の中のチョウ

映画では、ドイツの作家エーリヒ・レマルク（1898〜1970）原作の『西部戦線異状なし』の最後の場面で、塹壕《ざんごう》の中から白いチョウを捕ろうと手をのばす若い兵士が撃たれる場面がわれわれ虫屋の印象に残っている。この場面について、「あのチョウは何だったのか」と、戦後間もなく刊行されていた「新昆虫」という雑誌の座談会で、昆虫学者らが話題にしている。

香港が舞台になったジェニファー・ジョーンズとウイリアム・ホールデン主演の『慕情』では、朝鮮戦争に従軍記者として赴くホールデンの肩にチョウが止まる場面が想《おも》い出される。

初めに観《み》た時、そのチョウが、北アメリカのタテハの一種のように見えたので、香港を舞台にした映画でそれはおかしいだろう、もう一度確かめたいと、私はかねて思っていた。

本書を書くきっかけになったNHK教育テレビの「人間大学」に出ることになった時、いい機会だと思って、その場面を探してもらったのだが、モンシロチョウかオオモンシロチョウがタイプライターに止まる場面しか見つからないという話であった。

そんなはずは……と思ったが、ハリウッド映画では、観客の嗜好《しこう》に合わせて、結末など、いろいろなパターンを撮っておいて差しかえるのだそうである。

『慕情』は甘い、感傷的な悲劇で、まさに紅涙を絞る作品だが、これはどうしても主人公のどちらかが死なねばならぬようである。当時、異人種間の結婚はタブーに近かった。だから『マダム・バタフライ』では蝶々夫人が、不平等条約のような結婚に絶望して自害し、『慕情』ではアメリカ人新聞記者が共産軍の弾に当たって死ぬのである。

そういえば、『慕情』の主題歌「Love is a many splendored thing」の音階を少しずつずらせば、プッチーニのアリア「ある晴れた日に」によく似て聞こえる。

ここは音譜を挙げなければならないところだが、歌詞ですませると、

「あ〜る〜はれたひ〜に〜」

と、

「ラ〜ヴィズア〜メニ〜　スプレンダ〜ドシング〜」

というあたりがそっくりという気がするのであるが、どうだろうか。

わりあい近年の作品では、南仏出身の作家、マルセル・パニョル（１８９５〜１９７４）の小説を原作とした『マルセルの夏』の中で、チョウに異様に執着する老人が出てくるところが面白かった。ただし、よく目をこらして画面を見ると、飛んでいるチョウは、ヨーロッパにはいないはずの黒いアゲハのようであった。たぶん、マレーシアあたりのバタフライ・ファームから、蛹《さなぎ》の状態で送らせたものを、撮影用に放蝶したのであろうと、筆者は邪推した。日本でそんなことをしたら農水省の植物防疫の方に叱られるが、あっちはおおらかなものである。

虫めづる姫君

さてチョウやガの、あるいはその幼虫の現れる文学作品の中でもっとも優れたもののひとつは、平安時代後期に書かれたとされる『堤中納言物語』の中の『虫めづる姫君』であろう。はじめのほうから読んでみる。

蝶《てふ》めづる姫君の住《す》み給ふかたはらに、按察使《あぜち》の大納言の御むすめ、心にくゝ、なべてならぬさまに、親たちかしづき給ふ事かぎりなし。

（「虫めづる姫君」『日本古典文学大系13　落窪物語　堤中納言物語』松尾聰、寺本直彦校注　岩波書店）

と、この物語は始まるのであるが、ここでいう「蝶めづる姫君」とは、「蝶＝美しいもの」という世間の常識を単に大事にしているに過ぎない姫君のこと、そして、その隣に、変人・奇人の主人公「虫めづる姫君」が住んでいるわけである。

この姫君《ぎみ》のの給ふ事、「人々の花蝶やとめづるこそ、はかなくあやしけれ。人はまことあり、本地《ほんち》たづねたるこそ、心ばへをかしけれ」とて、よろづの虫のおそろしげなるをとり集めて、これが成らむさまを見むとて、さまぐ〵なる籠箱《こばこ》どもに入れさせ給ふ。中にも、「かはむしの心ふかきさました

るこそ心にくけれ」とて、明暮《あけくれ》は耳《みゝ》はさみをして、手のうらにそへふせてまぼり給ふ。

この主人公の「按察使の大納言の御むすめ」というのは、もちろん年若い美人であるが、そんな綺麗なお姫様が、あろうことか毛虫のような虫けらを愛玩する。しかも、その主張するところは、正しく、かつ知的であって、なかなか論破しがたいのである。

隣近所のお姫様もそうだが、世間一般の人が、花よチョウよと愛《め》でるのは、〝花やチョウは美しいもの〟という通念に従っているにすぎない。あんなのは何も見ていないのと同じことで、それよりも、自然を自分の目でよく見、虫の成長を知り、変態するさまを観察することのほうが真であり、心ばえゆかしきことである、と姫は言われる。

この物語は、早くにアーサー・ウェイリー（1889〜1966）の英訳が出され、欧米にも紹介されたが、この主人公は、世界的にも、女性の虫好きの嚆矢《こうし》として、日本人が誇るべき存在である。同じ女性の虫屋としても、『イモムシ変態図説』をあらわしたオランダの昆虫画家マリア・シビラ・メーリアン（1647〜1717）などの時代よりはるかに昔のものであって、ファーブルがこれをもし読んでいたら、驚き、感激したのではないかと思う。

「毛虫をよく見てごらん、その感慨深そうな様子の奥ゆかしいこと」と姫君は言って、長い髪をうるさそうにかきあげて耳をあらわにする。手の平に虫を這《は》わせて、毛虫がもこもこと歩くのを楽しそうにじっと見ているわけである。

若き人々は、怖《お》ぢまどひければ、男《を》の童《わらは》の物怖ぢせず、いふかひなきを召しよせて、箱の虫どもを

取らせ、名を問ひ聞き、いま新しきには、名をつけて、興じ給ふ。

年若い女房たちは、別に自分の頭で考えたり、自分の感性によって、ということもなく、ただひたすら子供の時に、「女の子は虫などいじるものではありません。変なものに興味を持つと男の人に好かれませんよ」と教えこまれた通り、虫を見るとキャーキャー言うだけである。だからこの姫君は、身分の低い男の子で、虫取りの上手な、敏捷《びんしょう》なのに採集させては、虫の名前を聞いてみる。外で遊んでいる子供たちは、虫の名前はよく知っているが、その連中でも知らない虫は、いわば新種だから、新しく命名をする。

もちろん図鑑などはなく、虫に名前をつけることが、まさか学問になるとはだれも思っていない時代なのだが、ただ唐の国の本草書には、拙劣な絵に添えて、難しい漢名と、薬としての効能が出ている。

「人はすべてつくろふところあるはわろし」とて、眉さらに抜き給はず、歯ぐろめさらに、うるさし、きたなし、とてつけ給はず、いと白《しろ》らかに笑みつゝ、この虫どもを朝夕《あしたゆふべ》に愛し給ふ。

この姫君のような自然思想の持ち主は、当然のことだが、人体を傷つけたり、変形したりする化粧は大嫌いである。当時は12歳ぐらいになると眉毛を抜いて眉墨をはき、鉄漿《かね》で歯を真っ黒に染めるという時代であったらしい。そういう化粧をして、今の世に出てきたらわれわれとしてはぞっとするところだけれど、この姫君もそういう化粧法を「うるさし、きたなし」と退けるわけで、まったく同感である。『源氏物語』の中でいえば、若紫が小さい時に子雀がどうしたこうしたと言って騒いでいるところがあって、大変かわいいのだが、われわれには、虫めづる姫君のありのままの姿、日光の中で白い歯を見せてほがらかに笑っている健康なさまは、いかにも感じがいい。

人々怖《お》ぢわびて逃《に》ぐれば、その御方《かた》は、いとあやしくなむの、しりける。かく怖《お》づる人をば、「けしからず、はうぞくなり」とて、いと眉黒《まゆぐろ》にてなむにらみ給ひけるに、いとゞ心《ここ》ちなむまどひける。

女房たちが虫を見ておびえ騒ぐと、「けしからず、はうぞくなり」と姫が叱りつける。「はうぞく」というのは、『岩波古語辞典』をひいてみると、「ばうぞく《放俗の意か》たしなみのないこと。ぶしつけ」と説明してあるが、若い女房どもの反応は、まさに凡であって俗なわけである。

親《おや》たちは、「いとあやしく、さまことにおはするこそ」とおぼしけれど、「おぼしとりたることぞあらむや。あやしきことぞと思ひて、聞《きこ》ゆる事は、深くさいらへ給へば、いとぞかしこきや」と、
これをもいとはづかしとおぼしたり。

親たちも本当に変わった子だと思っている。何か悟っているとでもあるのだろうか、おかしいではないかと言っても、しっかり反論するものだからおそれいるわいと、娘が理屈っぽいことまでもみっともないと思うのである。

「さはありとも、音聞《おとぎ》きあやしや。人はみめをかしき事をこそこのむなれ。むくつけゞなるかはむしを興《きよう》ずなると、世の人の聞かむも、いとあやし」と聞え給へば、「くるしからず。よろづの事どもをたづねて、末をみればこそ事《こと》は故《ゆゑ》あれ。いとをさなきことなり。かはむしの蝶とはなるなり」。そのさまのなり出《い》づるを、取《と》り出《い》でて見せ給へり。「きぬとて人々の著《き》るも、蚕《かいこ》のまだ羽《はね》つかぬにし出《い》だし、蝶になりぬれば、いともそでにて、あだになりぬるをや」とのたまふに、いひ返すべうもあらずあさまし。さすがに親たちにもさし向かひ給はず、「鬼と女とは人に見えぬぞよき」と、案じ給へり。母屋《もや》の簾《すだれ》をすこしまきあげて、几帳《きちやう》いでたてて、かくさかしく言《い》ひ出《い》だし給ふなりけり。

「それは理屈では姫の言う通りだけれど、外聞が悪いではありませんか。もう年頃なんだから、人並みの化粧をしないと、男の人に好かれませんよ。むくつけき毛虫を面白がるなんて、人聞きが悪い」と言うだけ。それに対する姫の答えは実に立派で、「あら、私は平気よ。いろいろな現象の根本を追究して、結果を突き止めてこそ、ものごとには趣があるのですもの。だれにでもわかることでしょう。チョウのもとは毛虫なのよ」と言うわけである。

「チョウのほうが、イモムシ、ケムシより外見がいい、とおっしゃいますけれど、ねえお母さん」と、カイコなど実物を見たこともない母親に、カイコや繭や、それが成虫になるところを見せて、人間の着ている絹にしても、繭からカイコがチョウ（ガを含むわけだが）になって出てしまったら、繭の糸が切れて使い物にならなくなってしまうのよと言う。これでは母親もなんと叱っていいかわからず、「お父さん、なんとか言ってくださいよ。だいたいあなたが甘やかすからいけないんです」というところであろう。

この父親の按察使の大納言という人は、どういう人か、あまり詳しくは出てこないのだけれど、おそらくはインテリなのだろう、娘の傾向にひそかに賛成しているに違いないという感じがする。ある上達部《かんだちめ》の息子で、いたずら好きなのが、ヘビのおもちゃを作って、袋に入れて姫をびっくりさせようとした時。姫もヘビはさすがに怖く、女房どもが悲鳴をあげて逃げてしまうと、この親父《おやじ》殿が太刀をとって駆けつける。「姫をほったらかしにして逃げ惑うとは何ごとだ」、と姫を案じ、女房どもの実のなさを怒るわけである。

この家にいる女どもの大半は、姫の思想に反感を持って、陰で文句を言っているのだが、年かさの女房で、「チョウが綺麗などとおっしゃる人もちっとも立派だとは思われません」と、チョウをけなして姫の弁護を展開する人もいる。

この物語を読む人の反応は実にさまざまだろうと思われる。この物語の成立は11世紀頃と研究書に書いてあるが、それ以後、時代とともに読者の賛否の比率は変化したであろうけれど、やはり姫に対する女房どもの反感のような感じ方は、根強く今でも残っていると思われる。

小さい頃は、男の子ほどではなくても、女の子も虫に興味は持つものなのだが、それを世間体やらなにやらを考えて、虫嫌いに育ててあげるのはその先輩の女性たちである。

この『虫めづる姫君』の物語は、なんとなく滑稽な形で終わってしまうのだが、それが「女性虫屋」の宿命というところか。

北杜夫とフトオアゲハ、台湾の蝶の最珍品

北杜夫（1927〜2011）は、筆者の憧れの作家であった。高校生時代の学校の帰り、大阪の田舎の本屋で、『羽蟻のいる丘』という小説集を見つけて、何気なく手に取った。

『ドクトルマンボウ航海記』が、その頃すでにベストセラーになっていて、それで筆者はこの著者の本を手に取ったのか、あるいは、単に「羽蟻」という言葉に反応したのか、そのあたりの記憶はもはや曖昧である。表題の小説そのものは、女との別れ話かなにか、私小説風のもので、筆者は別段興味を惹《ひ》かれなかったが、ぱらぱらと頁《ページ》をめくった時、ちら、と、「フトオアゲハ」という文字が見えた。

「え?」という驚きで、その文字の見えたあたりを、前よりゆっくりめくってみた。

フトオアゲハ。台湾産の珍蝶。尾状突起に翅脈が二本ある。

今度は「台湾」という字、そして「ゴマシジミ」というチョウの名が出ているではないか。その作品は『谿間《たにま》にて』というのであった。ポケットにお金の持ち合わせはあった。買って帰って、むさぼるように読んだ。

その頃（そして今も）筆者は台湾とそこに産する虫とに夢中で、台湾という文字を見ると、び、びっと反応するのだったが、『谿間にて』の語り手の「私」が、山の中で出会った主人公は、チョウの採集人として、戦前の台湾で活躍した男なのである。主人公がこんなことを言う場面がある。

「俺が立上りかけたときだった。ひょいと見るとな、下の樹林が草地帯に移る辺りから、黒いアゲハが一匹、山腹にそってこっちに飛んでくるじゃないか。一目見て、昨日の奴だ、と俺は直感したな。目の錯覚じゃあない。何だかわからないが、とにかく今までお目にかかったことのある蝶じゃあないんだ。そのときは俺はもう草っ原の斜面を駆けだしていたね。そいつは真直《まつすぐ》にこっちに向ってきたんだが、急にむきを変えやがった。俺は夢中で走ったが、最後のところで追いつけなかった。しかし俺はハッキリ見たんだよ。そいつの尾は莫迦《ばか》に広かった。俺は気がついて叫んだよ、馬鹿野郎、あいつはフトオアゲハじゃないか！　ってな」

フトオアゲハという蝶は昭和七年ごろ台北州烏帽子河原ではじめて発見された珍種中の珍種である。特に変っているのは後翅《こうし》の尾状突起の幅が広く二本の翅脈《しみやく》を持っていることで、このような鳳《あげは》蝶《ちょう》は他に支那に一種知られているにすぎない。すでに種属保護のため採集は禁止されていたが、今までに採集された数はわずか六匹だけである。彼はそうした話を聞いてもいたし、雑誌に載った原色写真を見せられてもいた。

（「谿間にて」北杜夫『羽蟻のいる丘』文藝春秋新社）

この小説の結末を語ることはやめよう。読者に叱られる。

これを読んでからしばらくして『ドクトルマンボウ昆虫記』が「週刊公論」に連載され（その頃は週刊誌が新聞社からのみならず出版社からも次々と創刊された）、私の兄貴なんかが買って来てくれたのを切り抜いて読んだ。

その後大学のフランス語の先生になってから、虫の随筆を書いて思いもかけず読売文学賞を貰《もら》ってすぐ、平凡社の雑誌「アニマ」から、北さんとの対談の話があった。「北杜夫と対談！　賞を貰ってよかったなあ」と、この時しみじみ思った。

場所は忘れもしない、渋谷に近い、代官山の「小川軒」。フランス料理店だが、量の多いフランス料理がどっと出てくるのではなく、日本の懐石料理のように、少しずついろいろ出てくる。もう、かなり満腹の頃、ビフテキが出た。すると、北さんは、ちらと見て、「これ食べないと損だなあ……」とつぶやかれた。

『谿間にて』の語り手は、北さん自身だろうと思うが、この小説は、終戦直後の食糧難の時代に、松本から島島線（当時）に乗り、途中下車した農家で、二升あまりの米を手に入れるところから始まる。

なにしろ餓《う》えていた時代である。「もちろん私はその米を寮に持帰り皆とわけあうつもりだったが、その前にせめて二合、いや四合の米を炊き、一人きりで食べてしまいたいという誘惑を防ぐことは難しかった」と、「彼」は告白している。そんな記憶が北さんの世代にはみんなある。

気取らないと言えば気取らない、しかし、天性の品の良さが北さんにはあって、それは文章そのままであった。

それから北さんのお家について行ったり、駒込の筆者の家に近い鮨《すし》屋で飲んだりするような機会があった。

「医局にいた時、アルバイトでお金が入って……」

と北さんは駒込東銀座にあった「太郎寿司」のカウンターで話し始めた。もうかなりいい気分のように見えた。私もだったが。

「この金でベートーベンのレコードを買おうか、広沢虎造の浪花節《なにわぶし》のレコードを買おうか、悩みました」

そうして、一息置いたと思ったら、

「旅～ゆけ～ば～、駿河の国にい～、茶の香りい～」

と唸《うな》り出した。その声がなかなか渋いのである。鉤《かぎ》の手に曲がったカウンターの向こうの端の二人の客は、どうやら、北さんのことを知っているらしく、一応知らない顔をして飲んでいるものの、ずっと耳がダンボになっていた、ということを覚えている。

それからしばらく経《た》って、岩波書店の浦部さんという編集者が間に立ってくれた。岩波の「図書」に阿川弘之先生の『志賀直哉』、北さんの『斎藤茂吉』が連載されていたが、そこに筆者の『干支《えと》セトラ、etc.』も加えてくれたのである。

この三人で鼎談《ていだん》会をしたこともあった。その頃北さんは大変な躁状態で、会場へのタクシーに乗ってしばらくして、「あっ、ユンケル黄帝液忘れたっ！」と言って引き返したり、しきりにのどが渇くと言って水ばかり飲んだり、始まる前から波乱含みであったけれど、会場に着くと猛烈な勢いで喋《しゃべ》り、とうとうそれは活字にはならないというようなこともあった。結局もう一度やり直しで、決着がついた。

その頃がいちばん、お二方に頻繁にお会いする機会のあった時代である。あるお正月など、阿川邸で飲んでいて、「マンボウ呼ぼうか」と先生が言われ、夜半にお呼びしたこともある。硯《すずり》と筆を用意しておいて、色紙を書いてほしいとお願いしたら、「悪筆で……」と謙遜しながら書かれた歌が斎藤茂吉そっくりの、味わいのある字だった。

「奥本さん、僕の標本整理してくれませんか」と頼まれたのは、そんな時より大分前、初対面の頃のことだったが、畳紙《たとう》包みになっている、松本高校時代の採集品の中には、チョウや甲虫以外の、いわゆる雑虫に、結構珍しい、いいものがあった。それはわが「ファーブル昆虫館」に大切に保存してある。

「標本になったら、コガネムシだけ返して下さい」

と言われていたから、ちゃんと展足して、ドイツ箱に入れて返したのだが、

「あの中にオオチャイロハナムグリがあったはず。奥本さんが盗《と》った」

と、ずっと言われ続けて、困ったような、可笑《おか》しいような気持ちであった。

実は、筆者もその頃忙しくて、標本作りに時間が割けない。それで、昆虫浪人に下請けに出して、標本にしてもらっていたのだが、その男も「えっ？　オオチャイロ？　入ってませんでしたよ」という調子であった。オオチャイロハナムグリはなかなかの珍品で、標本商の店で買って返そうにも売っていなかったのである。今なら、飼育して殖《ふ》やした個体が手に入るであろう。いずれにせよ、北杜夫は、虫屋文学者の中の白眉である。


北杜夫が信奉し、『楡家《にれけ》の人々』のモデルとしたのは、トーマス・マン（1875～1955）の『ブッテンブローク家の人々』だったそうだが、旧制高校の学生は、一般にドイツ文化に憧れを持っていたようである。

そのドイツ人で、北さんも愛読したフリードリヒ・シュナック（1888～1977）が『蝶の生活』という本を書いている。これは戦前に植村敏夫訳で出版されたのだが、「コムラサキ」が「ニムラサキ」となっているのである。そういえばヘルマン・ヘッセの訳でも「ニムラサキ」なのだ。私は子供の時からそれが気になっていたのだが、大学生になってから、その疑問が解消した。つまり、みんなが頼りにしていた有名な独和辞典にそういう誤植があったのである。

『蝶の生活』のコムラサキ

『蝶の生活』からコムラサキ（小紫蝶）（あるいはチョウセンコムラサキ）のところを引用しよ

う。シュナックが採集地としていた、かつてのフランスに、いかに自然が豊かであったかがよくわかる。まったく、夢のような光景である。

私はトラフタイマイの城から帰って来て、夏の国道を自転車で走っていた。フランスのジュラ山脈のふもとの、ある小さな町へ通じる道である。はるか前方に姿を現してきた山の中で、私は白い羽をもつアポロウスバシロチョウを採集したいと思ったのだ。もしかするとほかにも二、三珍しい蝶が採れるかもしれない。

（フリードリヒ・シュナック『蝶の生活』岡田朝雄訳　岩波文庫）

「アポロウスバシロチョウ」は、アルプスなどの高山に棲《す》む、ヨーロッパの代表的なチョウで、採集家憧れの種である。白い半透明の翅に、血のような紅《あか》い紋があって、ギリシャ神話の太陽神の名を貰っている。アポロアカボシウスバシロチョウともいう。

その朝は、前夜ひどく雨が降ったにもかかわらず、からりと晴れて、暑かった。途中、ある闊葉《かつよう》樹《じゅ》の森の近くにやって来た。道はそこへも通じていた。巨大な梢《こずえ》の聳《そび》えた森がぐんぐん迫ってきた。木の葉の海の中を走るのは気持ちがよかった。太陽は丘の向こうにあり、木の影を長く路上に投げていた。この日の当たらない場所では、道がまだ前夜の雨で湿っていた。あちこちにある水溜《みずた》まりには青空と木々の輝く緑がきらきら映っていた。その水溜まりの縁《ふち》はしかし、ピクピク動く光の輪にとりかこまれていた。

何と不思議な光だ！　千夜一夜物語の宝石のきらめきか？　森に眠る魔術師が魔法の宝石を撒《ま》き散らしたのか？　この山は紫水晶の砕け落ちるあの「開けゴマ！」の山だったのか？　その紫水晶がこの路上に転がり落ちてきたのだ……

蝶だ！

おびただしい数の、吸水しているコムラサキだ！

夏の暑い日など、このタテハチョウの仲間は、しばしば群れをなして、地面で吸水するのである。フランスには、日本と共通のコムラサキのほかに、大陸系で、少し大型、そしてより輝きの強いチョウセンコムラサキがいる。

私は自転車に乗ったまま捕虫網をなびかせて突進し、ブレーキをかけた。コムラサキはもう濃密な雲のように舞い上がり、私はその真っ只中《ただなか》へ乗り入れてしまった。百や二百はいたろうか。私の周りを驚いた蝶の群れが騒然と飛びまわった。

青い炎の輪が私をとり囲んだ。この世のものとは思えない火炎が。羽の稲妻がひらめいては消えた。セント・エルモの火がさっと動き、戯れ、踊った。鬼火が輝いては消え、再び光って消える、この繰り返しであった。

白い帯と白い斑点のある褐色の蝶で、その羽は、まるで私をその不思議な華麗さで惑わそうとするかのように、その屈折光をきらりと私に向かって輝かせた。蝶は地面に降り、びっくりしたように舞い上がり、またとまって、徐々に落ち着いてきた。

するとコムラサキは小さい池や大きい池の周りに群らがった。蝶は口吻《こうふん》を突っ込んで、吸い、飲み、たたんでいた羽を呼吸をするかのように開いた。そうするたびに、まぶしいアヤメの紫色が見え隠れした。二、三の落ち着きのない、臆病ものたちはそこに長くとまっていることを好まず、さっと、斜めに空と森の方へ飛んで行った。蝶の不思議な光が稲妻のように青く燦《きら》めいた。

私は自転車を降りて、すばらしい光景に魅了されて路上に立ちつくしていた。もしそのときこの美しい蝶をネットで採ろうと思えば一ダースくらいは簡単に採れたであろう。が、私は何もせずに驚嘆して眺めているだけで満足した。

おそらくコムラサキは雨の夜を木々の屋根の下で眠って過ごし、目を覚ましてから朝の飲み物を飲みに水溜まりに突進してきたのであろう。蝶は森のすぐ際まで路上に群らがっていた。群らがっていない場所は森の高い木々が影を落としている所であった。

私が再び自転車に跳び乗ると、蝶も一斉に舞い上がった。そして蝶の群らがり飛ぶ丸天井の下を行く私の周囲を荒々しく飛びまわった。私は紺青《こんじょう》にきらめく雲をあとにして、涼しく美しい森の中を走り続けた。

この体験に心を満たされて、私はたっぷり三十分も走ってから、自転車を置いておく予定の古めかしい小さな町に着いた。今度は私自身がのどが渇いていたので、大通りの近くの噴泉に行った。ところが見たまえ！　その泉にもコムラサキの群れがいるではないか。噴泉は銀色の光のような水を貝殻の形の石の水盤へ注ぎ、その水盤はあふれた水を細く静かに大盤の水槽に落としていた。その小さな水盤の縁をコムラサキが宝石の飾りのようにびっしりと覆っていたのだ。蝶は吸水していた。

今は、アポロチョウは採集禁止の場所が多い。特にドイツは厳しい。チョウどころか、山菜を採っていた日本人が、シカの餌を奪うとか、自然破壊だとかいって、逮捕されそうになったりした事件さえあった。採集していいのはキャベツの害虫のモンシロチョウだけ。だから、東南アジアやトルコなどでチョウや甲虫を採集しているドイツ人によく会う。彼らは、母国で採集出来ないために、やむを得ず、国外に獲物を求めているのである。

実際に、ドイツに行ってみると、気候が寒冷で、針葉樹が多く、昆虫は非常に少ない。日本などは、これに比べると、虫だらけの国である。いやその日本でも、農薬と、杉や檜《ひのき》の人工植林のために虫が減っているのは、ご存知の通りである。

第13章 セミ——やがて死ぬけしきは見えず

セミの命

セミは、半翅目《はんしもく》の昆虫である。半翅目に属するものとしてはセミのほかに、カメムシやタガメ、ナンキンムシなどがあり、前翅《ぜんし》を開くと、その半分だけが甲虫のように硬く、後の部分は薄く膜のようになっているものがあるために、こう名づけられている。

かつてこの仲間は、有吻類《ゆうふんるい》とも呼ばれていたが、それは口が細い管のようになっていて、植物の幹、あるいは茎にその針のような口を差し込んで汁を吸うことから、そう呼ばれたわけである。

セミは、何よりも大きな声で鳴くことによって人に知られている。日本では、命の短い、儚《はかな》い虫の代表のようにいわれることもある。実際に成虫としての命は1週間から10日前後といわれているが、なにぶん、木の汁を吸うというような虫であるから、飼育が難しく、寿命についても確認しがたいのである。

しかし、幼虫の期間が大変長いことはよく知られており、世界でいちばん長いものでは、北アメリカにジュウシチネンゼミといって、17年もかかって成虫になるものがいる。その間、地中にあって、木の根から吸汁するのである。

このように幼虫期間が長いのは、木の汁の栄養価が高くないことによる、と考えられている。また北米のジュウシチネンゼミは、一度に大量発生す

ジュウシチネンゼミ。北アメリカ産。
17年に1回、大発生を繰り返す。

ることによって、天敵による捕獲の犠牲を少なくするようになっているともいう。すなわち、樹幹や地上を覆いつくすほどの大量のセミが一時に発生すると、鳥やネズミなどもさすがに食べきれない、というわけである。

日本のアブラゼミなどは幼虫期間が、7年とか6年とかいわれているが、それは普通の木の根の汁を吸う場合であって、アロエで飼育すれば、4年で成虫になった、というような報告もある。いずれにせよ、研究に長い時間がかかるために、なかなか十分なことは調べられないようである。もっとも、これが難病の治療薬になる、などということがあれば、研究開発に莫大《ばくだい》な資金がかけられるから、話は別であろう。アマチュア任せでは進展しにくい研究がある。

セミを捕まえようとすると、「ちっ」と鳴いて、小便を引っ掛けて飛び立つ。そのため、南仏などでは、利尿剤として処方されてきたという。セミを干しておき、尿の出にくくなった人に煎じて飲ませたのだそうである。「知らない間に私も飲まされたかもしれない」と晩年、尿毒症に苦しんだファーブルが書いている。しかし、その効能については不明である。

セミは先に述べたように、成虫になってから大きな声で鳴く故に、人に知られているのであって、もし鳴かなければ、こんなに人に意識されることもなかったであろう。

これは、日本や中国やギリシャ、南フランスなど、比較的暖かい国でよく知られている虫である。もちろん東南アジア、南米、アフリカにも、さまざまな種のセミがいる、というよりセミの本場は熱帯地方なのである。

ただし、翅《はね》の色が美しい熱帯の種は、大抵、体にカンタリジンという毒物を含む〝毒蟬《どくぜみ》〟であるから、食べる時は気をつけたほうがよいようである。そういう種、たとえば台湾などに産するアカアシハグロゼミなどは、あまり飛ばず、動きものろのろと変であるし、つまむと臭いがあるから、何となく嫌な感じがして、少なくとも食欲はそそらないものである。

セミの句

セミを謳《うた》った俳句は日本にたくさんあるが、第2章で取り上げた江戸中期の俳人横井也有《よこいやゆう》の「蟬あつし松きらばやと思ふまで」等は有名である。大事にしている松を伐ってしまおうかと、つい思ってしまうほど、セミの声が暑苦しく聞こえる、そういって声のうるささを強調したあたりには、なんとなく江戸趣味が感じられるというか、江戸の漫画を思わせるところがある。

尾張藩の重臣、その横井也有という人は、江戸詰めであったが、彼がその声を暑がったセミはアブラゼミであろうか。関西だとクマゼミ、アブラゼミの両方が大変に暑そうな声で鳴くし、ミンミンゼミの声も聞きようによっては暑苦しい。

露英という俳人に、

日盛《ざかり》は煮えたつ蟬《せみ》の林かな

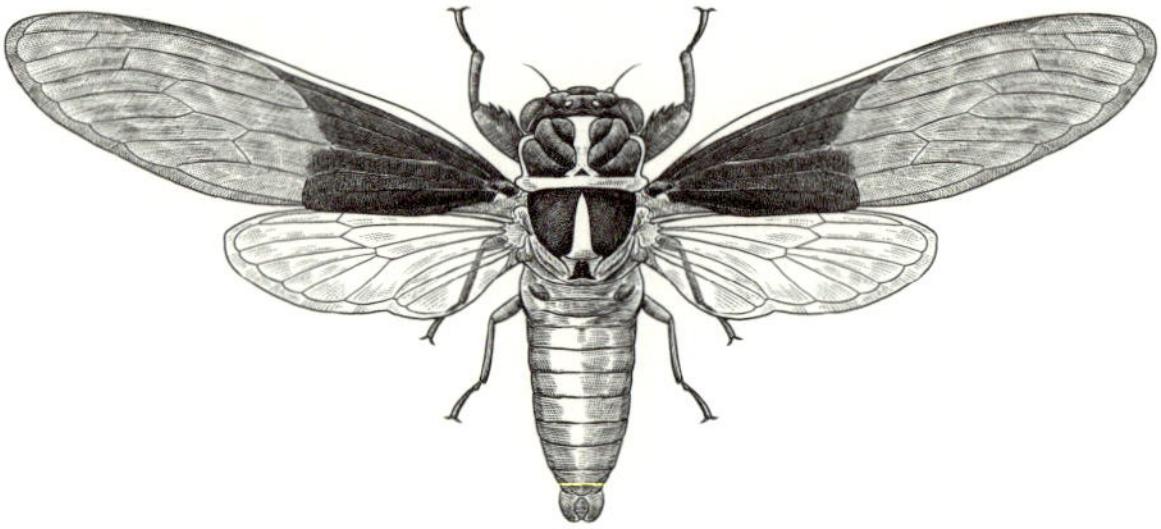

アカアシハグロゼミ。毒蟬。この仲間は台湾、マレーシアなどに産する。

という句があり、

煮えてゐる水ばかりなり蟬の声　太無

という、やはり暑そうな句がある。そして

風はみな蟬に吸はれて一木《ひと》かな　鳥酔

などは、無風で暑いのをセミのせいにしていて、とばっちりを食ったセミとしては大迷惑である。あるいは、

ありたけの木に響きけり蟬の声　稲起

というのもセミのうるささを謳ったものである。しかし、セミの声のあまりのやかましさ、暑苦しさに、大切な松の木を伐ろうかとさえ言った、先の横井也有でも、

蟬に出て蛍に戻る納涼《すずみ》かな　也有

になると、もうセミを許している。

江崎悌三の「昆虫文化学」

さて、ここまでセミの俳句をいろいろ挙げてきたけれど、セミは当然のことながら、川柳にも登場する。

九州大学教授江崎悌三《えさきていぞう》（１８９９〜１９５７）という昆虫学者は、知る人ぞ知る博学の人で、専門の昆虫学のほかに「昆虫文化学」とでもいうべき分野で、「虫聖」と呼ばれ、慕われた。筆者も小学生の頃は、将来九州大学に行って、この先生の弟子にしてもらうつもりであった。子供は、大学教授に定年というものがあることを知らなかったし、残念なことに、先生はわずか55歳で亡くなられた。

その江崎先生に『日本の昆虫文学』という著作がある。先生の学問は、博学まさに驚くべきもので、この方がいなかったら、日本の博物学史、特に昆虫に関する分野は、今よりはるかに痩せたものになっていただろうと思われる。国文学者にはあまり知られていないかもしれないが、筆者は、ここにその片鱗《へんりん》を紹介することを光栄とするものである。

江崎先生は、「韻文学中の和歌と俳句に出る昆虫ははなはだ多く、古くは万葉から現代に至るまで、研究すべき領域ははなはだ茫邈《ぼうばく》たるを覚える」と書き、こう続けている。

（前略）有益なる資料は近世に至るほど多く、さらに写実的な俳諧に至っていっそう豊富となるのを覚える。一歩下って川柳に至ればその描写がいっそう率直で単刀直入になり、また内容の民衆化せ

る点で、当時の大衆の虫に対する認識を現実的に表現したものが多く、われわれの立場から極めて注目すべき幾多の資料が発見される。恐らく他のいかなる文学よりも遥《はる》かによくその実際を伝えたものが少なくないのである。ここにその若干を例示して、川柳によっていかによく江戸時代の庶民生活における昆虫の位置が表現されているかを述べて見たい。

（「日本の昆虫文学」『江崎悌三著作集　第二巻』思索社）

そういって例に挙げられた虫の川柳のうち、セミが登場するものだけを、ここに引用しておく。

蟬《せみ》のなく下に子供が二三人　（川傍柳三）

とかまる《ママ》と地声になつて蟬はなき　（川傍柳四）

蟬をしばつてと仕事のそばへ来る　（柳樽十三）

だまつてる蟬をまゝつ子持つて居る　（川傍柳初）

まゝつ子にあてがって置くおしの蟬　（柳樽廿四）

（中略）

みんみんがなくぞと息子おこされる　（柳樽九）

ひまな事せみのぬけるに二三人　（柳樽十二）

たてかけた長持へ来て蟬がなき　（柳樽十二）

みんみんのなくに白むくぶつ重ね　（柳樽七）

うろたへ蟬は鎧《よろひ》へ来てとまり　（川傍柳初）

通り丁うろたへて来た蟬の声　（柳樽二）

銅《あかがね》の鳥居にやけどする蟬　（武玉川十一）

このうち「ひまな事……」の句の後に江崎先生は、「今ならば側に自転車二、三台」、また「たてかけた……」から「うろたへ蟬は……」までの3つには、「いずれも土用干の風景」と、注をつけている。「白むくぶつ重ね」の句は、ミンミンゼミを捕ってやろうと、大事な白無垢《しろむく》の絹を、上からばさっと被《かぶ》せた、ということであろうか。

日本漢詩のセミ

変わって、鎌倉五山の漢詩の中にも、セミを愛したものがある。たとえば、岐陽方秀《きようほうしゅう》（1362〜1424）に、次のようなものがある。方秀は臨済宗の禅僧である。京都のお寺には今もセミが多いけれど、14、15世紀はもっと多かったであろう。

秋蟬《しゅうぜん》を　　　　岐陽方秀

急管と　繁絃《はんげん》とは　天上の　楽にして
陽春と　白雪とは　郢中《えいちゅう》の　歌なり
山陰に　暑さの退けば　渾《すべ》て　事は無けれども
只《ただ》　愛す　秋蟬の声の　更に　多からんのみを

(『日本古典文学大系89　五山文学集　江戸漢詩集』山岸徳平校注　岩波書店)

注によれば、「秋蟬」はツクツクボウシ。「管」は笛、「絃」は琴のような楽器である。その急調子の、指づかいの激しい音楽、つまりセミの声は天上の楽の音のようである。これこそ、まさに伝説の名曲「陽春」「白雪」にも等しい。涼しくなるのはありがたいけれど、ただツクツクボウシの声がさらに多ければ、とのみ思うという、セミ愛好者の詩である。

芭蕉のセミ

セミの句でもすぐれたものはやはり松尾芭蕉の作で、有名な「閑《しずかさ》や岩にしみ入る蟬の声」あるいは「やがて死ぬけしきは見えず蟬の声」などは、ほかの俳人のものとはひとつ違ったところがあるように思われる。

先ほど挙げたセミの俳句(川柳ではなく)は、実をいうと、『歳時記』などを見ながら筆者が自分で拾い出したものではなく、ラフカディオ・ハーンの「蟬」と題するエッセイ(『小泉八雲　蝶の幻想』長澤純夫編訳　築地書館)からとったものなのである。ハーンがどうしてこんなに日本の句をよく知っていたのか、と不思議がる人もいるであろうが、それについては後で述べる。

ギリシャのセミの詩

古代ギリシャの詩人、アナクレオーンにセミを謳った有名な詩がある。次のようなものである。

あはれ蟬《せみ》よ、われ等《ら》は汝《ナレ》を幸あるものと思ふ、
そは汝王の如《ごと》くたゞ僅かなる露をのむのみにて
樹梢《じゆせう》に歌唱《うた》ひつゝ過ごせばなり、
野にて見るもの、時の産物皆これ凡《すべ》て汝のものよ、汝は亦《また》、野辺の農夫の友なり、誰一人として汝を害《そこな》はんとするものなし。
人は汝を楽しき先駆として讃美し、ミューズの神は汝を深く寵《いつく》しむ、フエブス神は汝を寵し鋭き歌声を汝に与へき。
長き時世、汝を滅ぼすことなし。
あはれ恵まれたるものよ、——地上に生れて歌を好み、苦痛をなめず、肉あれど血のなきものよ、
なれこそはげに神にも近きものなるかな。

（荒川重理『趣味の昆蟲界』警醒社書店）

アナクレオーンはこう言って「神にも近きもの」とセミを讃《たた》えているのだが、その声は、ローマ神話のフエブス神が与えたことになっている。

ギリシャ神話では、セミはティートーノスという名前で出てくる。ティートーノスは美少年だったが、彼を愛した曙《あけぼの》の女神エーオースが、ティートーノスに永遠の生を与えるよう、ゼウスに願う。ところが、その時に永遠の若さを願うことを忘れたので、ティートーノスはだんだんと老いさらばえてゆき、嫌気のさした女神が彼をセミに変えてしまう。そのため老いたティートーノスは弱々しい声で鳴いているという実にあさましい話である。

中国のセミの詩

セミの詩の本場というべきは中国である。彼の地では、セミは羽化登仙《うかとうせん》する高貴な虫として、古代から貴ばれてきたようである。

死者を埋葬する時には、その口中に玉《ぎょく》で象《かたど》ったセミを入れ、これを「含蟬《がんせん》」といったことは、第5章で述べた通りであるが、今も骨董《こっとう》市などに行くと、本物か贋作《がんさく》か、含蟬が、それぞれ適当な、怪しい値段で売られている。

また瀬川千秋『中国　虫の奇聞録』には、高貴な人物、というより、最高権力者の冠の正面に、黄金のセミのバッジが付けられていたことについて詳しい考証がある。

もちろん、詩にも謳われており、中国のアンソロジーによく出ているのは、次の4作、すなわち、魏の曹植《そうしょく》「蟬賦」、西晋の陸雲《りくうん》（士龍）「寒蟬賦」、唐の虞世南《ぐせいなん》「蟬」、同じく唐の駱賓王《らくひんおう》「在獄詠蟬」である。しかし、これらのほかにも、セミの詩は中国には、無数にありそうである。「露を飲み、汚れなき、高潔な生活をする」というセミについての形容は、いずれもアナクレオーンの詩と同工異曲といってよいほど似ているのである。虞世南の作を例に引く。

蟬《せみ》　　**虞世南《ぐせいなん》**

緌《ずい》を垂れて清露を飲み
響きを流して疎桐《そとう》より出《い》づ
高きに居れば声自《おの》ずから遠し
是《こ》れ秋風を藉《か》るに非《あら》ず

（瀬川千秋『中国　虫の奇聞録』大修館書店）

虞世南は、褚遂良《ちょすいりょう》、欧陽詢《おうようじゅん》と共に、唐の三筆として有名で、筆者もその法帖を手に入れ、四十の頃から、遅ればせの手習いを試みたりしていたが、いっこうに効果はなかった。

『中国　虫の奇聞録』の瀬川千秋の解説によれば、この詩には次のような意味が含まれているという。すなわち、

（前略）詩はセミに仮託して、冠をかぶって緌《ずい》を垂らしているほどの者（高位高官）のあるべき姿を暗に詠《よ》んでいる。声望とは俗な名利を求めず、恬淡《てんたん》として孤高を守っているからこそ天下に聞こえるのであり、権勢や財力によって響きわたるものではないのだ、と。

確かに、中国の詩には、詠物詩といえども、政治的、あるいは哲学的な暗喩が含まれている。一見格調が高いようだが、それがあまり頻出すると、類型的に見えないこともない。というような感想は別として、この詩をやはり素人の気楽さで自由訳すれば、次の通り。

蟬《せみ》は謳《うた》う　虞世南

冠の紐《ひも》を優雅に垂らして　清らかな露を飲み、
桐《きり》の高木の梢《こずえ》を越えて　鳴きしきる蟬。
高所で鳴くが故に　声は遠くにまで響きわたる。
秋風のそよぎに力を借るようなことは、してはおらぬ。

（拙訳）

フランス人にとってのセミ

明治中期に日本に来たフランスの軍人で旅行作家のピエール・ロティ（ロチ　1850〜1923）にとって、夏の日本のセミの大合唱は、きわめて印象的であったらしい。それをロティ好きの永井荷風《ながいかふう》（1879〜1959）の訳で紹介することにしよう。ロティが初めて日本に来た時の印象。

「………延長した奇態なこの入江の端《はづ》れに、まだ見る事の出来ないナガサキがあるに違ひない。沖合の風はぱつたり凪《な》げて、いつか四辺《あたり》は寂《しん》としてゐた。空気は非常に暑くなると共に、花の薫りに満たされ、驚くべき蟬《せみ》の合奏が、この入海《いりうみ》の岸から岸へと互《たがひ》に呼応してゐる。其《そ》の数知れぬ物音は山々に響き渡つてゐるので、絶間もなく水晶の玉を振動かしたやうに陸地一面が鳴り出してゐるとも思はれた。」

（「日本の庭」『荷風全集　第五巻』中央公論社）

フランスでは、ロワール川から南の、リヨンあたりからセミが鳴き始める。それより北では、冬の地中温度が低過ぎて、幼虫が生きていけないようである。

そのためセミは、南フランスの象徴となっている。19世紀、南フランス出身で、パリに出てきた文士たちの仲間の集まりは、「蝉の会」といった。
セミはラ・フォンテーヌ（1621~1695）の詩、あるいはイソップの寓話の頃から、老後のことなどを考えずに夏、つまり人生の盛りの間じゅう歌って遊んで暮らすものの象徴になっている。

ラ・フォンテーヌのセミ

現在では、易しい現代語に改変して教えられているけれど、17世紀フランスのラ・フォンテーヌが、イソップの『寓話《ぐうわ》』を詩に訳した「セミとアリ」は、フランスの小学校で、まず最初に暗誦《あんしょう》させられる詩であった。

セミとアリ

ジャン・ド・ラ・フォンテーヌ

夏じゅう歌っていたセミは、
北風が吹くころひどく困った。
ハエやミミズのかけらひとつ口に入らぬ。

ラ・フォンテーヌ『寓話』初版、フランソワ・ショーヴォーの挿絵。絵の右下の地面に描かれているのがセミとアリ。ラ・フォンテーヌは「セミ（cigale）」という語は知っていたが、実物のセミは見たことがなかった。

お隣りのアリの家まで、
お腹《なか》が空《す》いてたまらぬから、
来年の春までの食べ物に、
コムギを少し貸して下さい、と頼みに行った。
「お願いです、収穫の前にきっと、
元利そろえてお返しします」とセミはアリに言った。
アリは貸すことがきらいだ、
――それがアリの、一番小さい欠点で。
「暑い頃には、何をなさって？」
借り手のセミにアリは訊《き》く。
「はばかりながら、昼も夜も、みんなのために
歌を唄ってあげていました」
「歌を唄っていらしたの？　結構ですこと。
それじゃ今度は、踊ってらっしゃい」

（拙訳）

ラ・フォンテーヌ『寓話』のギュスターヴ・ドレの挿絵。虫は擬人化され、セミは寒い季節に困っている旅芸人になぞらえられている。

ここではセミが享楽的な女の歌手、もしくは芸人として表わされており、アリは勤勉だが、冷酷な主婦の役割を振られている。食べ物を乞うセミに、「それじゃ今度は、踊ってらっしゃい」とは、あんまりな。アリは働いてばかりいて楽しむことを知らない人間の象徴でもある。ところでラ・フォンテーヌは、実をいうと、セミ（cigale）というのがいったいどんな虫であるか、まったく知らなかったし、また興味もなかったようである。彼はただギリシャのイソップが書いていることを訳しただけで、せいぜい鳴く虫ということで、キリギリスかコオロギのような虫を思い浮かべていたらしい。

南仏人のファーブルは、詩人としてのラ・フォンテーヌは大いに評価していたものの、セミに対するその無知ぶりに「セミがミミズなどを食うもんか」と憤り、『昆虫記』に、プロヴァンス語で真実のセミの生態を描いている。

ジャン・エカールのセミ

ジャン・エカール（１８４８〜１９２１）は近代フランスの詩人である。ラフカディオ・ハーンは、帝大での講義で次に挙げるエカールの「蟬」という詩を紹介している。そしてその中で南仏トゥーロン出身のエカールは、いわば「虫に身の上話をさせている。」、と紹介者のラフカディオ・ハーンは言う。

蟬

ジャン・エカール

私は気高い虫である。
夏至の頃、かっと日の射す夜明けから、香気の充つる松の林で、
悠揚迫らず鳴いている。その歌は、歳《とし》の廻《めぐ》り、陽《ひ》の廻りのように、
規則正しく、常に変わらぬ。
この歌こそが、激しく、暑い、夏の言葉そのもの。
やがて、麦刈りの農夫たちが、麦の束を積み上げることに疲れ果て、
日陰に横たわって、真昼のあまりの暑さに、肩で息をしながらまどろんでいる時、
そんな時こそ、この私は、喜びに我を忘れ、ここを先途と鳴きしきる。
歌の一節を二重に震わせ、命の限りに。
身の周りに動くものとて、何物も見当たらぬ時、
我が胸はときめき、我が太鼓《タンブール》は鳴り響く。
陽光は勝ち誇り、草原一帯に、
光の歓喜たる、私の声しか聞こえない。

蝶と同様、私は、花々の芯から吸い上げる、

涙のように、夜が滴らせた、あの澄んだ露を。
私は、全能の太陽から、命を授かっているのだ。
ソクラテスは私の歌を聴いたし、ウェルギリウスは私に名をつけてくれた。
私は詩人や神々に愛された昆虫なのだ。
熱い太陽は私の複眼に姿を映じ、
私の褐色の腹は熟したスモモのように、白い粉を吹いている。
歌を歌って震える腹は、精巧な金銀の鍵盤のよう。
繊細な翅脈《しみゃく》の走る、透明な四枚の翅。それを透して見えるのは、黒い背中の金の産毛。
霊感を受けた詩人の額に輝いている星のごとく、私の頭部に輝くのは、
赤いルビーの三つの単眼。

（拙訳）

南仏の農民は、セミという虫の鳴き声を、麦を「刈れ！　刈れ！」（Fauche, fauche!　フォーシュ、フォーシュ）と聞いていたそうである。西欧世界には珍しい、虫の声の聞き做《な》しの例である。

もう一度中国でのセミの詩に戻れば、この虫は高貴な詩人の象徴になることがよくある。筆者にとって、漢詩、漢文のような中国の古文は手も足も出ないので、どちらかというと、一度英語にでも訳したものを参考にしながら、読んだほうがいっそ楽である。

そのため、ラフカディオ・ハーンの講義からセミの漢詩を引用する。筆者はハーンがどうしてあんなに日本の句をよく知っていたのか、感心するとともに疑問に思っていたが、ハーンの傍《そば》には松江中学時代からの忠実な元学生がついていて、さまざまな資料を提供したようである。そしてそんな明治の学生は、漢文も英語もよく出来たから、おかげで、われわれまでもが助かることになる。

ハーンが例に挙げているセミの漢詩に、先に挙げた陸雲（士龍）の「寒蟬賦」という作品がある。陸雲は「蟬の五徳」を、

頭ニ綏《ずい》有ルハ文ナリ
気ヲ含ミ露ヲ飲ムハ清ナリ
候ニ応ジテ常有ルハ信ナリ
黍《しょ》〔稷〕ヲ享《う》ケザルハ廉ナリ
処《を》リテ巣居《さうきよ》セザルハ倹ナリ

と謳っている。これをラフカディオ・ハーンが先の「蟬」というエッセイの中で英語に訳し、

さらに日本語に訳されている。そのため、われわれには漢文よりわかりやすいのである。すなわち、

「一、蟬《せみ》は、その頭部に、なんらかの模様、あるいは標徴を持っている。これは、書かれた文字、文体、文学を表したものである。

「二、蟬は、地上にあるものはなにも食べない。ただ露だけを飲んで生きている。これは、蟬が清潔、清廉、礼節の心を持っている証拠である。

「三、蟬は、年ごと一定の季節に現れる。これは、蟬が貞節、誠実、真実の念に厚い証拠である。

「四、蟬は、麦や米の贈り物を受け取ろうとはしない。これは、蟬が廉直、方正、正直であることの証拠である。

「五、蟬は、自分がすむための巣というものを作らない。これは、蟬が質素、倹約、経済の念に厚い生物であることの証拠である。

（『小泉八雲　蝶の幻想』長澤純夫編訳　築地書館）

中国ではこのように、セミは高貴なものとして表されることが多く、その点ではギリシャと共通するものがある。

先に述べたような、死者の口の中にセミを象ったものを入れて埋葬する習慣（含蝉）は、おそらく古代エジプトの死者の胸の上にスカラベを象ったものをのせる習慣とつながりのあるものではないかと思われる。

実際に中国には、スカラベの仲間が糞《ふん》を転がし、土の中に入ってセミになり、再び地上に出てくるという言い伝え、あるいは迷信があって、『浮生六記《ふせいろっき》』という小説の中にもそういう場面が出てくることは第5章にも述べた通りである。

虫を主題とした芸術が少ない西洋

南仏のセミの焼き物

ヨーロッパには、昆虫を象った玩具や工芸品の類いは、テントウムシとミツバチを除いてきわめて少なく、また詩や民話の中にも虫が出てくることは稀《まれ》なのだが、南フランスではセミを象った陶製の一輪挿しなどの土産物が有名である。筆者は南仏に行く度にこの土産物を買ってくるのだが、いつも、どうして南仏にだけ、それこそ、特異的にこういうものがあるのか、不思議に思っていた。

木製の壁掛けや焼き物、あるいは石鹸《せっけん》、キーホルダーなどにもこのセミを象ったものが土産物屋で見かけられるが、ある時フランスの昆虫写真家クロード・ニュリザニーからその原型のようなブロンズ製のセミを貰った。19世紀のものらしい。それでなるほどと思ったのだが、セミを象ったそのブロンズの置物は、実は、日本に起源があるものではないか。

日本には「自在」といって、明治時代に作られた虫などの関節までもが動く鉄製の置物がある。「自在」のセミをここに並べてみると、どうやらふたつのつながりが目に見えるような気がする。つまり、このセミもジャポニスムの産物と考えられるのである。

ちなみに、「自在」にはクワガタムシやヤドカリなどを象ったものがあり、これは明珍《みょうちん》という、甲冑《かっちゅう》などの製作に携わる技術集団の人たちが作ったものである。大英博物館や京都の清水三年坂美術館に保管されているものが有名である。

先日、漱石が学生時代に下宿していたという、文京区の団子坂に近い「大観音」の墓地を、散歩がてら何気なく覗《のぞ》くと、そこに「明珍」と刻した墓があって、おや、と思った。自分の長い間住んでいたところの近所にそんな墓があったのを、気付かずにいたのである。

パリの国立自然史博物館の教授でセミ類の専門家、ミシェル・ブーラール教授とベルナール・モンドン氏共著の『セミの博物誌』(エキノックス出版)によると、陶製のセミが作られるようになったのは、ある陶器・瓦製造会社が、1895年に、南仏在住の陶芸家ルイ・シカールに、お得意客のための贈答品として依頼したのが、初めてであるという。

シカールはその時ちょうど、ファーブル『昆虫記』の、セミの章を読んだばかりであった。そ

オリーブにセミをあしらった小さな焼き物の壺。南仏土産。

して、誤解され不当におとしめられているセミの復権を、と考えていたところらしい。そこで即座に、求めに応じ、オリーヴの枝に止まっているセミの文鎮を考案したのだという。それ以来、セミの焼き物が南仏で作られるようになったそうである。

アール・ヌーヴォーの芸術と虫

何度も言うように、ヨーロッパの工芸品の中に虫が扱われることは大変少なく、それが現れるのはやっと19世紀の終わりから20世紀初めの、アール・ヌーヴォーの作品において、である。たとえば、エミール・ガレのガラス器や、ルネ・ラリックの髪飾りなどに、昆虫のモチーフがたくさんある。シカールのセミも、その大きな流れの中にあるものと考えてよいであろう。

その大本をたどって行けば、葛飾《かつしか》北斎《ほくさい》の漫画などにたどり着く。そして、１８６７年のパリ万博という、ジャポニスム上の大事件がある。また、ガレの本拠地ナンシーには、高島北海という日本人が実際に訪れていて、彼もまた花や生き物のスケッチなどで、ガレにヒントを与えている。

近代ヨーロッパ美術における虫のモチーフは、要するにジャポニスムであったのだ。日本人が、ガレやラリックを好むのは、いわば当然なのである。

彼らは、虫などの小さい生き物、花一輪、そして一枚の木の葉が工芸品のモチーフになるとい

セミの自在。鉄製。翅や肢が自在に動く。南仏の焼き物のヒントになったか。
宗好作。清水三年坂美術館蔵。

うことを発見して、最初は驚いたのではあるまいか。

ハーンの解釈

ラフカディオ・ハーンも、西洋の詩の中に昆虫を謳ったものが少ないことをなんとか説明しようとしている。

ハーンの母はギリシャ人であるが、南欧ギリシャにはセミがいて、セミを愛する文化がある。ハーンは日本にたどり着いて、日本人がセミや、そのほかの鳴く虫を愛するところを見て非常に嬉《うれ》しく思ったようである。

古代ギリシア人はおびただしい量の美しい虫の詩――とりわけ調べを奏でる虫、たとえば、日本の歌人が幾百年にも及んで書き続けてきたコオロギとか、蟬とかその他もろもろの虫の詩――を書き残している。ところが、西洋の現代詩には、相対的にみて、虫の詩がきわめて少ない。英国詩人はみな、鳥の歌、それもとくに囀《さえず》る鳥の歌はよく書くが、虫――鳴く虫――を題材にして書かれたものはまことに少ない。(中略)だからそれらだけを題材にして特別に講義することなど、私には不可能である。

(「虫の詩」『ラフカディオ・ハーン著作集　第七巻　文学の解釈・Ⅱ』伊沢東一訳　恒文社)

と、ラフカディオ・ハーンは帝国大学で行なった「虫の詩」という講義の中で述べている。そしてその終わりのほうで、虫に関する詩が、西洋、イギリスやフランスにおいて少ないことの理由を、彼はキリスト教に求めているのである。

動物の〈心〉を話題にすることは、教会から教えられるような人間の魂の存在に対してキリスト信仰が疑念を投げかけることにもなろう。

というのであるが、しかし、それはなぜなのか、キリスト教以前にまでさかのぼって考えたすえ、ハーンはこんなふうに言っている。

ユダヤ教の勃興したアジア古代民族間には、虫にまつわる奇妙で不吉な信仰――古代アッシリアの迷信、古代バビロニアの信仰――が存在した。そうした昔の人々には、虫はまことに神秘的な生きものであったらしい（その点は実際には今もって変わりない）。どうやら虫はデーモンや悪霊の世界と密接な関係があると考えられていたふしがある。

こんなふうに彼は説明するのだが、しかしハーンも、これでは、昆虫以外の、鳥そのほかの動物が、詩の中でいくらでも謳われていることについては説明が出来ないわけで、その説明はだんだんと苦しくなってくる。

やはり、昆虫の主題がキリスト教の世界では危険であったということだけでなく、そこに住む人たちの目の違いということについて考えなければならないと思う。

もともと寒冷なヨーロッパ諸国では虫が少ないということがあるが、その虫が少ない世界に住む人たちは、子供の時から虫を相手に遊ぶということが少なかった。日本の子供は、セミを捕ったり、トンボ捕りをしたり、クワガタ同士を闘わせたり、カブトムシに糸をつけてマッチ箱を引かせて遊んだりした。そういう遊びを子供の時に経験しないと、虫に注目する習慣を持たないまま大人になってしまう。

つまり日本の花鳥風月の文化、芸術というものは、虫や、花を、接写レンズのような目で見るところから起こっているわけだが、西欧世界にはそれがないのである。その代わり、風景の中に家畜が点在するさまを広く見渡すようなものの見方をしている。つまり、広角レンズのような目で自然を見ているのではないか。

哺乳動物、家畜などについて、またそれを食べる時の、部位による味の違いなどについて、西洋人は大変に詳しいが、昆虫を見ることは少ないようである。それ故にか、昆虫が絵に描かれることも少なく、詩に謳われることも少なく、そしてまた工芸品などに昆虫のモチーフが現れることも少ない。

われわれ日本人としても、古くからの日本の芸術で特徴的な、自然の小さな生き物をこと細かに見てその中に美を発見すること、また小さい時から虫と遊んで色と形の美しさを学ぶということが、今の時代に、もう一度あってもいいのではないか。そうしないと、日本の古い文化との断絶がこれからますます起こるであろう。昆虫採集の復権も、単に遊びとしての昆虫採集ではなく、大きくいえば文化の復興につながると私は思っている。

間違った昆虫発生説が伝承される理由

『大言海』の限界

ところで第1章の冒頭で筆者は、辞書『大言海』を作った大槻文彦博士の「虫」という語の語源説について、〝駄洒落《だじゃれ》のようだ〟と言ったのだが、実のところこれは、博士の深い学識に基づいたものなのである。

すなわち、1847年（弘化4年）生まれの大槻博士は、中国の古典によって教育され、中国由来の知識を頭に叩《たた》き込まれていた学者である。

その、中国由来の学問とは何かといえば、それは、第10章「ハチとアリ」ですでに記したように、まず何よりも、官吏登用の試験である科挙に合格するための受験準備の勉強である。科挙に通ること――そのことに、本人のみならず一族の盛衰が懸かっていた。今の日本の受験勉強などは、まだまだ甘いくらい、といえるであろう。

では、そのためにどんな準備が必要か、といえば、それは何よりも四書五経を、主要な注釈書とともに、頭に叩き込むことなのであった。

四書とは、『大学』『中庸』『論語』『孟子』。

五経とは、『詩経』『書経』『易経』『春秋』『礼記』である。

その内容を、幼少時から丸暗記する。中国の偉人伝などを読むと、その人物がいかに早熟であったか、いかに素晴らしい〝神童〟であったか、が強調されていることが多い。「三歳にして論語をそらんじ……」などと書いてある。本当か嘘《うそ》か、とにかく頭の柔らかいうちから、徹底的に知識と思考法を学んだのである。

先人の考えを祖述する

「聖典」に反論などは許されない。まずは書物に書かれてあることをその通り暗記することが学問というもので、自分独自の説を唱えることなどはもってのほかの時代だったのである。

自分の観察したことが本に書いてあることと違っているなら、それは自然が間違っている、とまでは言わぬまでも、見方が間違っていると言われるような時代だった（西欧でも、たとえば、アリストテレスの書物に書いてあることを学ぶのが学問なのであって、直接自然を観《み》るのは、いわばルール違反であったようだ）。

東京の文京区にかつての三菱財閥の岩崎小弥太《いわさきこやた》が蒐集《しゅうしゅう》した典籍が基礎になった「東洋文庫」という、世界に誇るべき図書館がある。筆者は、大学の先輩の紹介でそこに潜り込ませてもらい、『嶺南異物誌』などという書物の本物の匂いをかがせてもらったのだが、もちろん判読程度の理解でも、同じ文章が、また別の書物にあればおや、と思う。まさにそっくり同じ文章で、孫引きどころの話ではない、まったくの引き写しなのである。

「どうして、こんなことになるのですか」と訊《き》いてみれば、「昔の中国では先達の文章に異を立てるのはいけないこと、大人しくそのままを繰り返すのが正しい学問とされていたのだ」、と先に記したことを教えられた。

これを「述ベテ作ラズ、信ジテ古ヲ好ム」というのだそうである。

広大な領土、巨大な人口、多様な民族と文化を擁する中華世界を統治するには、独創的な考えの持ち主は、むしろ「害虫」であった。中央の方針通り、同じ価値観を持って事に臨む従順な能吏と民衆こそが「益虫」ということになる。

そしてその古典に、たとえば、第10章「ハチ」のところに示したように、こうあるのだ。

螟蛉《めいれい》に子あり、蜾蠃《から》これを負う。（『**詩経**』）

すなわち、アオムシ、イモムシの子がいると、ジガバチはこれを自分の子として引き受け、ハチとして育ててあげる。そしてこの考えの中には、子供がなく、家が断絶してしまうことが、最大の不孝であり、また不幸でもある、という観念が含まれている。それ故、ハチは、自分とは血のつながらぬアオムシであろうと何であろうと、育て上げ、それを跡継ぎとするのである。

そして次には、ジガバチには雌がいない、という考えまでがつけ加えられたのであろう。

あるいはまた、

腐草《ふさう》蛍と為《な》る（『**礼記**』）

という。水辺の草が腐ると、それがホタルとなる、あるいはそこからホタルが発生する。というようなことも古書には書かれている。すなわち「化生説」である。

子供の時以来の「聖典」ともいうべき書物、そして受験参考書でもある本にそんなことが書かれており、科挙を目指す子供は、朝から晩までそれを勉強させられたし、周りの人間もそう信じていたのである。

しかも、試験に通るのは早くても三十過ぎであったという。これでは、経典に書かれている知識に、それこそ骨がらみになってしまう。ほかの考えはとてもとても抱きにくい。

しかもその「化生説」などを後の書物が、次々にバトンリレーのように、無批判に伝えていくのである。『淮南子《えなんじ》』『本草綱目《ほんぞうこうもく》』『菜根譚《さいこんたん》』『抱朴子《ほうぼくし》』エトセトラ、エトセトラ。

話を始めに戻せば大槻文彦博士も、科挙こそ受験しないものの、この学問体系のうちに組み込まれていた人物である。それ故に「虫」は、「湿熱ノ気蒸シテ生ズ」ということになったという次第。

繰り返していえば、『礼記』でも、『本草綱目』でも、古代中国以来の化生説を基盤にしたもので、「腐草、蛍となる」「スズメ海中に入って蛤《はまぐり》となる」などという類いの〝科学〟からなっている。

これらは、彼の地で数千年間も信じられてきた学説であり、〝常識〟なのである。

中国だけではない。先述の通り、古代ギリシャでも、アリストテレスは『動物誌』の中で、「キャベツの露がチョウの卵になる」などと、現代人からすれば笑うべき謬説《びゅうせつ》を述べている。

自然に学ぶのが学問ではなく、権威ある書物に書いてあることを学ぶことが長らく、学問だったというわけである。

ただし西欧世界では、キリスト教が、また、別の偏見というか世界観を植え付けた。旧約聖書の「創世記」あたりの記述が、進化論の前に立ちはだかったし、今もその力は残っているようである。

それに、いわゆる俗信はどこにでもある。つい近年まで、

「雨が降ると、カエルが、雲の中から落ちて来る」

「ウナギは水の中から湧いて来る」

などということは、西洋でもいわれて来た。

日本では、「溜《た》まり水に蚊が湧く」「男やもめにウジが湧く」といったが、これも一種の比喩というものであろう。

古代世界の文明圏には交流がないように見えて交流がある。あるいは、人間は、同時多発的に同様のことを考え出すのかもしれないが。プリニウスの『博物誌』、中国の『詩経』や『山海経』のような古代の書物には、しばしば同じ類いのことが記されている。

古代世界ばかりではなく、民衆のいわゆる迷信は、古代から生き残っているものが多く、たとえば英国18世紀の牧師ギルバート・ホワイトの残した『セルボーンの博物誌』などを読むと、人々の迷信の中に、古代ケルト文明の信仰の痕跡が見受けられるようである。これらはキリスト教会が躍起になって退治しようとしたものの、どうしても根絶できなかったものである。

やがて化生説は、西欧世界では、昆虫のように比較的大きい生き物に関しては、否定されるようになってきたけれど、微生物にいたっては、それが否定されたのは、やっと19世紀の半ば、あ

のパストゥール（1822〜1895）のハクチョウの首型のフラスコによって、なのである。人々の心の中では、依然として「虫は湧くもの」なのである。

現代のわれわれは、しっかりした科学的教育を受け、宇宙の神秘、ミクロの世界の不思議について、充分な知識を有しているつもりであるが、それがどれほどあやふやなものに過ぎないか、やがて思い知らされる時が来るような気がしてならない。筆者もせいぜい長生きをして、そうした常識の大転換を見るのが愉《たの》しみである。

あとがき

本書の参考文献は、世界のほとんどすべての書物である、とトボケたことが言いたくなるけれど、直接利用したのは、それぞれの箇所に引用したものである。

日本、中国、西欧の古典文学叢書《そうしょ》、全集のほかに、虫文学のアンソロジーとして、以下のものを利用した。

荒川重理『趣味の昆蟲界』
金井紫雲『蟲と藝術』
江崎悌三著作集
小西正泰『大名博物学の系譜』『虫の文化誌』
長谷川仁、大野正男、梅谷献二、上田恭一郎、中村和夫、田中誠の諸氏らのそれこそ、無数の論文。
『中国古典文学全集』

『新釈漢文大系』

『ラフカディオ・ハーン著作集』

瀬川千秋『中国　虫の奇聞録』

瀬川千秋さんの『中国　虫の奇聞録』のことは特筆しなければなるまいと思う。瀬川さんには、中国におけるコオロギ相撲に関する著書『闘蟋《とうしつ》　中国のコオロギ文化』（大修館書店　サントリー学芸賞）があり、それも私にとっては有益な本であったが、この著者は、中国語が出来、古文も読みこなす実力と調査力の持ち主のようである。

漢文というのは、つまり、中国の古文であって、筆者などは、漢文大系のテキストを、漢文学者、中国文学者の読み下し文と、翻訳、注釈を頼りにたどたどしく解読していくしかなかった。しかし、その学者先生方の中には、自然そのものに興味がなく、虫の実物のことがあまりよくわかっていない人もおられ、しばしばチンプン漢文の観があった。そこを、痒《かゆ》いところに手が届くように書いて下さったのが、瀬川さんの上掲書であった。ここに書名を明記して、感謝の意を表する。

2019年6月4日　著者

作品リスト

【第1章　むしめづる人々――宇宙の豪奢を覗き見る小さな窓】

『西遊記（二）』　中野美代子訳　2005年　岩波文庫
「黄金虫」『ポー短編集Ⅱ　ミステリ編　モルグ街の殺人・黄金虫』　巽孝之訳　2009年　新潮文庫
安部公房『砂の女』　1962年　新潮社
『バルザック全集　第十二巻　幻滅（下）』　生島遼一訳　1974年　東京創元社
アーサー・コナン・ドイル『新訳シャーロック・ホームズ全集　バスカヴィル家の犬』　日暮雅通訳　2007年　光文社文庫
「花物語～常山の花」『寺田寅彦随筆集　第一巻』　1947年　岩波文庫
「クジャクヤママユ」　ヘルマン・ヘッセ『蝶』　岡田朝雄訳　1984年　朝日出版社
エルンスト・ユンガー『小さな狩――ある昆虫記』　山本尤訳　1982年　人文書院（ただし本文中は著者によるオリジナル訳）

【第2章　『百蟲譜』――虫の日本文学・文化総説】

「鶉衣～百蟲譜」　横井也有『日本古典文学大系92　近世俳句俳文集』　阿部喜三男、麻生磯次校注　1964年　岩波書店

「斉物論」『荘子（上）全訳注』 池田知久訳注 ２０１４年 講談社学術文庫
「本朝文粋」『日本古典文学大系69 懐風藻 文華秀麗集 本朝文粋』 小島憲之校注 １９６４年 岩波書店

【第3章 トンボ――日本の勝虫、西洋の悪魔】

『日本古典文学大系67 日本書紀 上』 坂本太郎、家永三郎、井上光貞、大野晋校注 １９６７年 岩波書店
「とんぼつり」 松井一郎 『随想 睡生夢死 あるごくらくとんぼのたわごと』 １９８１年 中日本蜻蛉談話会
「下手もの漫談」『小出楢重随筆集』 １９８７年 岩波文庫
「昆虫界の脅威――トンボ」 アラン・デボー 『動物界の驚異と神秘』 １９６６年 日本リーダーズダイジェスト社
「虫の詩」『ラフカディオ・ハーン著作集 第七巻 文学の解釈・Ⅱ』 池田雅之、伊沢東一、立野正裕、中里壽明訳 １９８５年 恒文社

【第4章 ハエとカ――文武文武と夜も眠れず】

『新編 日本古典文学全集18 枕草子』 松尾聰、永井和子校注・訳 １９９７年 小学館
「蒼蠅を憎むの賦」『新釈漢文大系 第16巻 古文真宝（後集）』 星川清孝著 １９６３年 明治書院

『中国古典文学全集　第1巻　詩経・楚辞』目加田誠訳　1960年　平凡社
ジョナサン・スウィフト『ガリヴァー旅行記』平井正穂訳　1980年　岩波文庫
『対訳　ブレイク詩集――イギリス詩人選(4)』松島正一編　2004年　岩波文庫
「東西ほくろ考」堀口九萬一『随筆集游心録』1930年　第一書房
「秋の蚊」「冬温かし」『江戸詩人選集　第五巻　市河寛斎・大窪詩仏』揖斐高注　1990年　岩波書店
「濹東綺譚」『荷風全集　第九巻』1964年　岩波書店
「いざ蚊枕」平田俊子『戯れ言の自由』2015年　思潮社
椎名誠編著『蚊學ノ書』1998年　集英社文庫

【第5章　スカラベ・サクレ――太陽神の化身】

「鮨」『岡本かの子全集5』1993年　ちくま文庫
「平和」アリストパネス『世界古典文学全集　第12巻』高津春繁ほか訳　1964年　筑摩書房
『完訳　ファーブル昆虫記　第1巻　上』奥本大三郎訳　2005年　集英社
沈復『浮生六記』松枝茂夫訳　1981年　岩波文庫
段成式『酉陽雑俎3』今村与志雄訳注　1981年　平凡社 東洋文庫
常木勝次『戦線の博物学者　北支篇 蒙古篇』1942年　日本出版社
『漢詩大系　第十八巻　黄山谷』倉田淳之助　1967年　集英社

【第6章　ホタル――鳴かぬ蛍が身を焦がす】

金井紫雲『蟲と藝術』1934年　芸艸堂
喜多村筠庭『嬉遊笑覧（五）』長谷川強ほか校訂　2009年　岩波文庫
『日本古典文学大系6　万葉集　三』高木市之助、五味智英、大野晋校注　1960年　岩波書店
「蛍」『新編　日本古典文学全集22　源氏物語③』阿部秋生、秋山虔、今井源衛、鈴木日出男校注・訳　1996年　小学館
瀬川千秋『中国　虫の奇聞録』2016年　大修館書店
ジュール・ルナール『博物誌』岸田國士訳　1954年　新潮文庫
金子光晴『マレー蘭印紀行』1978年　中公文庫
「戦場の博物誌」『開高健全集　第9巻』1992年　新潮社

【第7章　ハンミョウとツチハンミョウ――毒殺の虫】

「〈探虫三昧〉⒂ 斑蝥と地膽」西原伊兵衛『農薬春秋No.62別刷』1991年　北興化学工業
フレデリック・ミストラル『プロヴァンスの少女――ミレイユ』杉冨士雄訳　1977年　岩波文庫
「龍潭譚」『鏡花全集　巻三』1941年　岩波書店
三島由紀夫『命売ります』1968年　集英社
平山修次郎『原色千種　続昆虫図譜』1937年　三省堂

【第8章　マツムシ・スズムシ・コオロギ――暗きところは虫の声】
『中国古典文学全集　第1巻　詩経・楚辞』目加田誠訳　1960年　平凡社
「野分」『新編　日本古典文学全集22　源氏物語③』阿部秋生、秋山虔、今井源衛、鈴木日出男校注・訳　1996年　小学館
『日本古典文学大系84　古今著聞集』永積安明、島田勇雄校注　1966年　岩波書店
『集字墨場必携㈡秋冬』福本雅一選訳　1994年　二玄社
「月見座頭」『日本古典文学大系43　狂言集　下』小山弘志校注　1961年　岩波書店
「虫の音楽家」小泉八雲『仏の畑の落穂　他』平井呈一訳　1975年　恒文社
「断腸亭日乗　巻之四」『永井荷風日記　第一巻』1958年　東都書房
「想い出すさまざまなこと」宇野信夫『うえの』1990年7月号　上野のれん会
「虫が鳴く」池田摩耶子『三省堂選書9　日本語再発見　新版』1977年　三省堂
『狐物語』鈴木覺、福本直之、原野昇訳　2002年　岩波文庫
荒川重理『趣味の昆蟲界』1918年　警醒社書店
「フランスの虫の詩数編」『ラフカディオ・ハーン著作集　第九巻　人生と文学』池田雅之、小沢博、田中一生、浜田泉、引地正俊、安吉逸季訳　1988年　恒文社
「虫のこゑごゑ」『内田百閒全集　第八巻』1972年　講談社

【第9章　飛蝗――数も知られぬ群蝗】
『中国古典文学全集　第1巻　詩経・楚辞』目加田誠訳　1960年　平凡社

パール・バック『大地(一)』新居格訳　中野好夫補訳　1953年　新潮文庫
「ばった」アルフォンス・ドーデ『風車小屋便り』村上菊一郎訳　1951年　新潮文庫
「村の夜」『江戸詩人選集　第五巻　市河寛斎・大窪詩仏』揖斐高注　1990年　岩波書店
「除蝗録」大蔵永常『日本農書全集　第十五巻』小西正泰ほか解題・校注　1977年　農山漁村文化協会（ただし本文中の校正と図版は原本を元にした）
「蝗の大旅行」『佐藤春夫全集　第九巻』1968年　講談社
荒川重理『趣味の昆蟲界』1918年　警醒社書店

【第10章　ハチとアリ――働き者の社会】

『中国古典文学全集　第1巻　詩経・楚辞』目加田誠訳　1960年　平凡社
段成式『酉陽雑俎3』今村与志雄訳注　1981年　平凡社 東洋文庫
「緑衣の女」蒲松齢『聊斎志異　上巻』松枝茂夫、増田渉ほか訳　1963年　平凡社
ジュール・ルナール『博物誌』岸田國士訳　1954年　新潮文庫
『三好達治詩全集　一』1970年　筑摩書房
瀬川千秋『中国　虫の奇聞録』2016年　大修館書店

【第11章　ノミ・シラミ・ナンキンムシ――馬の尿する枕元】

『アリストテレス全集7　動物誌　上』島崎三郎訳　1968年　岩波書店

『ふらんす小咄大全』 河盛好蔵訳編 1968年 筑摩書房
「虱とるひと」 ランボー 『上田敏全訳詩集』 山内義雄、矢野峰人編 1962年 岩波文庫
『原語による台湾高砂族伝説集』 台北帝国大学言語学研究室編 1935年 刀江書院
『日本古典文学大系89 五山文学集 江戸漢詩集』 山岸徳平校注 1966年 岩波書店
「法王庁の抜け穴」 アンドレ・ジッド 『石川淳全集 第18巻』 1992年 筑摩書房（ただし本文中は著者によるオリジナル訳）
「虱」『芥川龍之介全集 第一巻』 1977年 岩波書店
「坑夫」『漱石全集 第三巻 虞美人草 坑夫』 1966年 岩波書店

【第12章 チョウとガ――てふの出て舞う朧月】

『太平記㈠』 兵藤裕己校注 2014年 岩波文庫
『新編 日本古典文学全集54 太平記①』 長谷川端校注・訳 小学館
「栗毛虫」『長塚節全集 第二巻』 1977年 春陽堂書店
「雪国」『日本の文学38 川端康成』 1964年 中央公論社
『山家鳥虫歌―近世諸国民謡集―』 浅野建二校注 1984年 岩波文庫
「蝶の仕返し」 蒲松齢 『聊斎志異 下巻』 松枝茂夫、増田渉、村松一弥ほか訳 1963年 平凡社
「堤中納言物語～虫めづる姫君」『日本古典文学大系13 落窪物語 堤中納言物語』 松尾聰、寺本直彦校注 1957年 岩波書店
「谿間にて」 北杜夫 『羽蟻のいる丘』 1960年 文藝春秋新社
フリードリヒ・シュナック 『蝶の生活』 岡田朝雄訳 1993年 岩波文庫

【第13章　セミ――やがて死ぬけしきは見えず】

「日本の昆虫文学」『江崎悌三著作集　第二巻』　1984年　思索社
『日本古典文学大系89　五山文学集　江戸漢詩集』　山岸徳平校注　1966年　岩波書店
荒川重理　『趣味の昆蟲界』　1918年　警醒社書店
瀬川千秋　『中国　虫の奇聞録』　2016年　大修館書店
「日本の庭」『荷風全集　第五巻』　1948年　中央公論社
『小泉八雲　蝶の幻想』　長澤純夫編訳　1988年　築地書館
「虫の詩」『ラフカディオ・ハーン著作集　第七巻　文学の解釈・Ⅱ』　池田雅之、伊沢東一、立野正裕、中里壽明訳　1985年　恒文社

奥本大三郎（おくもと・だいさぶろう）

1944年大阪府生まれ。フランス文学者、作家、NPO日本アンリ・ファーブル会理事長。埼玉大学名誉教授。おもな著書に『虫の宇宙誌』（読売文学賞）、『楽しき熱帯』（サントリー学芸賞）など。『完訳 ファーブル昆虫記』で第65回菊池寛賞受賞。一連の活動に対して2018年第53回JXTG児童文化賞受賞。

装丁・デザイン／石倉ヒロユキ、和田美沙季（レジア）
DTP／中島由希子
イラスト／小堀文彦
撮影／西村智晴（20、145、146、168、204、224、403、426ページ）
　　　柳沢牧嘉（80ページ）
校正／玄冬書林
制作／浦城朋子　斉藤陽子
販売／小菅さやか
宣伝／阿部慶輔
編集／宮川 勉（小学館）　実沢真由美
協力御礼／志垣由美子様、伊沢東一様、山本東次郎様（順不同）

虫の文学誌

2019年7月17日　初版第1刷発行

著　者　奥本大三郎
発行人　杉本 隆
発行所　株式会社　小学館
　　　　〒101-8001 東京都千代田区一ツ橋2-3-1
　　　　編集　03-3230-5686
　　　　販売　03-5281-3555
印刷所　三晃印刷株式会社
製本所　若林製本工場

ISBN978-4-09-388706-9